Essener Sportbund (Hg.)

SPORTSCHAU ESSEN 2020

Texte / Koordination:
Dominik Hamers

Redaktion und Produktion:
Achim Nöllenheidt

IMPRESSUM

1. Auflage Mai 2021
Satz und Gestaltung:
Medienwerkstatt Kai Münschke, Essen
Cover-Design: Volker Pecher, Essen
Druck: Grafisches Centrum Cuno
GmbH & Co. KG, Gewerbering
West 27, 39240 Calbe

ISBN 978-3-8375-2414-7

KLARTEXT

Klartext Verlag
Jakob-Funke-Platz 1
45127 Essen
info.klartext@funkemedien.de
www.klartext-verlag.de

FOTOS:
Funke Foto Services:
Stefan Arend, Hans Blossey, Michael Gohl, Ute Freise, Markus Kaatz, Christoph Köpsel, Kerstin Kokoska, Georg Lukas, Dieter Meier, Sybille Meier, Klaus Micke, Uwe Möller, Oliver Müller, Arnold Rennemeyer, Detlev Seyb, Heinz Stajncz, Socrates Tassos, Jürgen Theobald, Bodo Tietz, Thorsten Tillmann, Knut Vahlensieck, Vladimir Wegener, Hubert Wildschütz

Und außerdem:
AFP, dpa, Genobank Essen eG, Getty Images, Hot Rolling Bears e.V., Essener Sportbund e.V., imago, Ralf Schultheiß/Stadt Essen, Team Talente Essen

TEXTE:
Johannes Alberts, Ilias Abawi, Kira Alex, Erik Asmussen, Bianca Belouanas, Tobias Blasius, Benedikt Burgmer, Heiko Buschmann, Tizian Canizales, Cathrin Crämer, Achim Faust, Thorsten Flügel, Ute Freise, Tobias Fülbeck, Markus Fuhrmeister, Robert Gerlings, Björn Goldmann, Rolf Hantel, Andreas Heinrich, Michael Heiße, Daniel Henschke, Markus Kaatz, Theo Körner, Petra Köster, Carsten Liebfried, Dominik Loth, Stefan Loyda, Georg Lukas, Wulf Mämpel, Dieter Meier, Sybille Meier, Dietmar Mauer, Iris Müller, Fabrice Nühlen, Boris Orlowski, Cedric Pelka, Erwin Remplewski †, Markus Rensinghoff, Thomas Richter, Marcus Schymiczek, Christian Schwarz, Theresa Steven, Winfied Stöckmann, Nick von Przekowski, Krystian Wozniak, Hubert Wildschütz, Ralf Wilhelm, Joshua Windelschmidt, Julia Witte, Eberhard Wühle, Olaf Ziegler

KLARTEXT

Inhalt

Justin Müller und die Handballer von Tusem Essen stiegen in die 1. Bundesliga auf.

espo 100 Jahre
1921-2021
ESSENER SPORTBUND e.V.

Essener Kanupolo-Duell beim Allbau Cup: Lennart Unterfeld von Rothe Mühle im Angriff gegen Andreas Hug von der KG Wanderfalke Essen.

Aufatmen bei Maximilian Riebe und den Moskitos Essen: Ein neuer Sponsor rettet den Essener Eishockey.

Romario Biswane und die Hot Rolling Bears spielten in der 2. Rollstuhlbasketball-Bundesliga eine hervorragende Saison, verpassten aber am Ende den Aufstieg.

WOHNKOMPANIE

Schauen gebannt dem Elfmeterschießen im DFB-Pokalfinale gegen den VfL Wolfsburg zu: die Fußballerinnen der SG Schönebeck.

Fredrik
Genz
1
Torwart

Aufstiegsfeier im Autokino: Wegen der Corona-Verordnung müssen die Handballer des Tusem Essen improvisieren. Auf dem Gelände des Flughafens Essen-Mülheim lassen sich Trainer Jaron Siewert und die Spieler feiern.

Sensation in der ersten Runde: Rot-Weiss Essen wirft Bundesliga-Aufsteiger Arminia Bielefeld aus dem DFB-Pokal.

HARFID
ROT-WEISS ESSEN
5
WEISS ESSEN
9
ATZEK
CONDÉ

Sensationeller Erfolg: Marius Kusch von der SG Essen wurde in Glasgow Europameister über 100 Meter Schmetterling.

Verlängerte Vorbereitung auf die Olympischen Spiele: Medaillen-Hoffnung Max Hoff bei der Deutschen Meisterschaft in Duisburg.

Das Triple ist perfekt! Die Skaterhockeyer der SHC Rockets holen zum dritten Mal in der Vereinsgeschichte die Deutsche Meisterschaft.

Liebe Leser*innen,

behalten Sie mit der 31. Ausgabe der *Sportschau Essen* den Überblick auf das vergangene Sportjahr in Essen!

Zugegeben, das Jahr 2020 war auch für den Essener Sport kein normales Jahr. Dennoch kann die *Sportschau Essen* uns Leser*innen an starke sportliche Leistungen des letzten Jahres erinnern und detailreich Siege sowie Niederlagen für uns Revue passieren lassen.

Ich verrate nicht zu viel, wenn ich spontan an die sportlichen Highlights erinnere, die mir im Gedächtnis geblieben sind:

Was war das für ein Herzschlagfinale der Frauen des SGS Essen im DFB-Pokal im Juli letzten Jahres. Ein knappes Ergebnis nach Verlängerung und Elfmeterschießen! Das heißt eigentlich, dass die Mannschaften gleich stark waren. Die Fußball-Damen der *Sportgemeinschaft Essen-Schönebeck 19/68 e. V.* sind eine Extraklasse im Essener Sport.

Auch für die Essener Fußball-Herren lief es 2020 prächtig. Mit dem Neustart unter Trainer Christian Neidhart gelang es der Mannschaft von Rot-Weiss Essen bis zur Winterpause kein einziges Spiel zu verlieren und die Hinserie auf dem 1. Platz zu beenden. Auch das nachgeholte Finale im Niederrheinpokal 2019/20 gewann Rot-Weiss Essen eindeutig. In 2020 begann der lange und erfolgreiche Weg von Rot-Weiss Essen im DFB-Pokal bis zum sagenhaften Viertelfinale im neuen Jahr. Wir kennen das Spielergebnis. Aber das ist der Heldenstoff für die Sportschau 2021.

Der Aufstieg der Handballer des TUSEM Essen in die 1. Bundesliga hat mich begeistert. Ich erinnere mich gut an die Einladung des TUSEM. Der Mannschaft im Sommer zum Aufstieg in die höchste deutsche Spielklasse zu gratulieren, war für mich eine Ehre.

Liebe Leser*innen, in diesen Tagen ein Grußwort zu schreiben, ohne auf das Thema Corona einzugehen, ist fast unmöglich. Die Covid-19-Pandemie hat zum Beispiel den SHC Rockets Essen – unserem amtierenden deutschen Meister, mehrfachen Pokalsieger und Europacup-Sieger im Skaterhockey – die Saison verkürzt. Schade für die Skaterhockey-Mannschaft. Andererseits sind die Rockets damit zwei Jahre lang amtierender deutscher Meister – so kann man es auch sehen.

Die Covid-19-Pandemie hat in 2021 immer noch das Gesellschaftsleben fest im Griff. Ich hoffe, wir blicken bald erleichtert auf die überstandenen Corona-Jahre zurück.

Lassen wir beim Lesen die Pandemie mal beiseite und freuen wir uns jetzt erst einmal auf den sportlichen Rückblick ins Jahr 2020.

Viele Spaß beim Lesen der *Sportschau Essen 2020*!

Mit freundlichen Grüßen,

Ihr

Thomas Kufen
Oberbürgermeister der Stadt Essen

Trotz furiosem Start: RWE steigt wieder nicht auf

Eine abermals enttäuschende Saison endet für Rot-Weiss Essen auf Rang vier

Christian Titz ärgert sich. Auch in der Saison 2019 hat RWE den Drittliga-Aufstieg verpasst.

Welch ein Start in die Regionalliga-Saison 2019/20! Unter dem neuen Trainer Christian Titz startete Rot-Weiss Essen nahezu perfekt aus der Sommerpause und holte aus den ersten acht Regionalliga-Spielen sieben Siege. Dazu gab es ein 1:1-Remis gegen den ebenfalls als Aufstiegskandidaten gehandelten SV Rödinghausen.

Auf die Anfangseuphorie folgte jedoch schnelle Ernüchterung. Durch drei Niederlagen in Serie brachte sich RWE um die Position in der Spitzengruppe und hatte nach 14 Spieltagen zehn Punkte Rückstand auf Aufstiegsplatz eins.

Den belegte der SC Verl, der unter anderem dank eines 4:1-Erfolges im direkten Duell zehn Punkte vor den Essenern stand. Doch die Mannschaft von Christian Titz schickte sich an, sich im Aufstiegsrennen zurückzumelden. Nach einer Serie von fünf Siegen und einem 0:0 im Nachholspiel gegen Schalke 04 II war man nach 18 Spieltagen plötzlich wieder bis auf vier Punkte am Spitzenplatz dran.

Es entwickelte sich ein Vierkampf zwischen dem SV Rödinghausen, dem SC Verl, Rot-Weiß Oberhausen und Rot-Weiss Essen. Die Bergeborbecker verpassten es dabei jedoch, in den entscheidenden Spielen zu punkten. So ging das direkte Duell mit dem SVR Anfang Februar 2020 mit 2:0 an die Ostwestfalen.

Obwohl RWE gut zwei Wochen später sein Derby gegen RWO mit 1:0 gewinnen konnte, waren Rödinghausen und damit Platz eins acht Punkte entfernt. Aufgrund der ausbrechenden Corona-Pandemie folgten noch drei Spiele, ehe die Saison ausgesetzt und schließlich abgebrochen wurde.

In der Endabrechnung wurde der Drittliga-Aufsteiger durch die Quotientenregel ermittelt. Mit einem Durchschnitt von 2,13 Punkten pro Spiel belegte RWE schließlich Platz drei. Meister wurde der SV Rödinghausen, der einen Quotienten von 2,42 nachweisen konnte. Die Ostwestfalen beantragten jedoch keine Drittliga-Lizenz und verzichteten somit auf den Sprung in den Profifußball. Dadurch rückte der Zweitplatzierte SC Verl nach und stieg in die 3. Liga auf. Rot-Weiss Essen blieb nur die Rolle des Gratulanten. In der Folge musste Christian Titz gehen und Christian Neidhart übernahm den Posten des Cheftrainers.

Tizian Canizales

KFC-Revanche und Schützenfeste: RWE gewinnt den Niederrheinpokal

Drittligist Uerdingen ist der einzige echte Brocken. Christian Neidhart holt seinen ersten Titel

In der Vorsaison noch im Niederrheinpokal-Halbfinale gegen den KFC Uerdingen ausgeschieden, konnte Rot-Weiss Essen 2019/20 in vielerlei Hinsicht Revanche nehmen. Nicht nur, dass die Bergeborbecker den Pokal am Ende einer denkwürdigen Runde gewannen. Der Weg führte auch noch über eben jenen Drittligisten KFC Uerdingen, der die Pokalträume in der Vorsaison so jäh beendet hatte.

Nach einem glatten 5:0-Erstrundensieg über den Duisburger Landesligisten Genc Osman bekam RWE in der zweiten Runde die Krefelder zugelost. Unter Titz sollte nun vieles anders laufen als noch vor wenigen Monaten. In einem Spitzenspiel, das man ob der Zugänge von Rot-Weiss Essen als ein Duell auf Augenhöhe hätte bezeichnen können, behielt der Regionalligist diesmal die Oberhand. Oguzhan Kefkir (32.) und Joshua Endres (68.) schossen RWE mit 2:0 in Front. Ali Ibrahimajs Treffer zum 2:1 (90.+1) kam zu spät und markierte lediglich den Endstand.

Von nun an waren die Bergeborbecker als klassenhöchstes verbliebenes Team klarer Titelfavorit. Durch ein fulminantes 9:0 gegen den ambitionierten Oberligisten SpVg Schonnebeck und ein 9:1 gegen den SV Burgaltendorf untermauerte Essen auf dem Weg ins Halbfinale seine qualitative Vormachtstellung.

Dort wartete der Oberligist TVD Velbert. Aufgrund der im März 2020 ausgebrochenen Corona-Pandemie fand diese Partie jedoch erst Mitte August statt. Anstelle des zwei Monate zuvor entlassenen Titz stand nun Christian Neidhart an der Seitenlinie. Und dessen Pflichtspiel-Premiere verlief erfolgreich. Durch Tore von Joshua Endres (46.) und Simon Engelmann (83.) gewann RWE mit 2:0 und stand im Finale des Niederrheinpokals. Der erste Triumph seit 2016 war zum Greifen nahe.

Im Weg stand lediglich noch der Oberligist 1. FC Kleve. Der hielt gut mit, konnte Dreierpacker Simon Engelmann (38., 56., 82.) jedoch nur den zwischenzeitlichen Ausgleich durch Nedzad Dragovic (52.) entgegensetzen. RWE gewann schließlich souverän mit 3:1 und holte in einer unglücklich verlaufenen Regionalliga-Saison immerhin den Niederrheinpokal.

Tizian Canizales

Die Spieler von Rot-Weiss Essen bejubeln den Gewinn des Niederrheinpokals.

Der Kampf mit der Corona-Krise

Bei allen Problemen genießt für RWE-Chef Marcus Uhlig der Aufstieg nach wie vor Priorität

RWE plant die neue Saison und nur der Aufstieg zählt für die Essener, so viel steht fest. Scheitern sei keine Option, ist stets von den Verantwortlichen zu hören. Aber Rot-Weiss hat, wie alle anderen Klubs auch, mit der Corona-Krise zu kämpfen. Auch wenn man versucht, so langsam alles auf das Sportliche zu fokussieren, schwebt Corona über allem.

- **Marcus Uhlig, mit welchem Gefühl, welchen Gedanken sind Sie nach Herzlake ins Trainingslager gereist?**

Wir sind jetzt zum dritten Mal in Herzlake und immer, wenn wir hier sind, finden wir tropische Temperaturen vor. Bekanntlich sind ja aller guten Dinge drei und ich gehe davon aus, dass dieses Trainingslager so etwas wie der Startschuss zu einer besonderen Saison sein wird. Wir wollen aufsteigen und finden hier für die Vorbereitung für unser großes Ziel optimale Bedingungen vor. Natürlich ist es schade, dass uns nicht, wie die Jahre vorher, einige Fans nach Herzlake begleiten durften. Doch wir müssen es so nehmen, wie es kommt. Überhaupt denke ich, dass wir in dieser unklaren Gemengelage versuchen sollten, uns nur auf die Dinge zu konzentrieren, die wir auch beeinflussen können. Und das ist natürlich unsere sportliche Vorbereitung.

- **RWO-Präsident Hajo Sommers sagt, dass es unter diesen Bedingungen auf Dauer für Oberhausen schwierig werden dürfte. RWE befindet sich derweil im Trainingslager, hat mit Simon Engelmann, Daniel Davari und Felix Backszat drei Top-Spieler verpflichtet, den Trainer gewechselt: Welche Spuren hat Corona bislang bei Rot-Weiss Essen hinterlassen?**

Wir haben ja schon kommuniziert, was Corona uns in der letzten Saison gekostet hat. Für diese Saison war und ist unsere oberste Prämisse, eine Mannschaft zusammenzustellen, die das große Ziel Aufstieg erreichen kann. Zusätzlich mussten und müssen wir natürlich auch das Finanzielle extrem im Auge behalten, weil sich durch Corona die Einnahmeströme limitieren. Und niemand weiß, wie lange das noch der Fall sein wird. Fakt ist aber, dass wir uns in diesen Zeiten auf eine große, solidarische Fan-Gemeinde verlassen können. Und wenn ich mir das Volumen der jetzt schon abgeschlossenen Sponsoren-Verträge anschaue, dann gilt hier das gleiche: Es ist in diesen Zeiten alles andere als selbstverständlich, dass und in welcher Form sich so viele Unternehmen weiter zum RWE-Sponsoring bekennen. Dennoch wäre es eine komplett falsche Wahrnehmung, wenn man denkt, wir würden im Geld schwimmen. Das ist ganz sicher nicht der Fall. Wir bemühen uns trotz Corona, unseren sportlichen Verantwortlichen die gleichen finanziellen Mittel zur Verfügung zu stellen, wie in der vergangenen Spielzeit.

RWE-Chef Marcus Uhlig blickt nachdenklich in die Ferne.

Kevin Grund und Oguzhan Kefkir im Trainingsspiel der Essener.

• **In der Liga wird viel über Rot-Weiss Essens Etat gesprochen. Wie hoch ist dieser für die Erste Mannschaft?**
Ich werde jetzt sicher nicht öffentlich über Zahlen sprechen. Das werden wir im Rahmen der noch nachzuholenden Mitglieder-Versammlung in aller Ausführlichkeit machen. Noch mal: wir sind weit davon entfernt, mit Geld um uns zu schmeißen. Auch wir müssen und werden jeden Cent umdrehen. Wir haben uns aber auf die Fahne geschrieben, dass wir trotz dieser Unwägbarkeiten eine sportlich maximal ambitionierte Mannschaft ins Rennen zu schicken.

• **Inwiefern hat sich Ihre Arbeit in der Corona-Zeit geändert?**
Für die Operative bei Rot-Weiss Essen hat sich die Arbeit durch Corona stark verändert. Und Corona hat uns weiter im Griff. Das fordert maximalen Einsatz und maximale Flexibilität. Aber dieser Situation, dieser Herausforderung wollen und werden wir uns weiter stellen. Ich bin ja mittlerweile auch schon ein halber Corona-Experte (lacht).

• **Aber Sie werden nicht in die Politik wechseln, oder?**
Um Gottes willen (lacht) … Nein, ich bin bei Rot-Weiss Essen sehr zufrieden.

Krystian Wozniak

RWE-Trainer Christian Neidhart.

Neidhart bevorzugt die Offensive

Der neue Cheftrainer von Rot-Weiss Essen will mit seiner Spielweise begeistern und den Aufstieg feiern

Neue Herausforderung, neue Leidenschaft – so ist das, so muss es sein. Für den neuen Cheftrainer Christian Neidhart (51) gibt es viel zu tun bei Rot-Weiss Essen, wobei das Ziel glasklar formuliert ist. Jeder weiß, was von ihm verlangt wird: RWE will nach Jahren des Scheiterns am Ende der Saison 2020/21 endlich die Sehnsucht stillen und in die 3. Liga aufsteigen.

Anfang Juli gewann Neidhart sein bisher letztes Drittligaspiel mit dem SV Meppen gegen den Zweitliga-Aufsteiger Eintracht Braunschweig mit 4:3. Danach war Schluss für ihn: Nach 270 Pflichtspielen und sieben Jahren endete im Emsland eine Ära. „Es war definitiv ein schöner und gelungener Abschied, nicht nur wegen des Sieges“, fand Neidhart. In Meppen haben sie ihn geliebt und geschätzt, dort hatte der Mann das erreicht, was er in Revier noch schaffen muss: „Der gemeinsame Aufstieg in die 3. Liga war der mit Abstand schönste Moment.“

RWE-Trainer Christian Neidhart beobachtet das Spiel seiner Mannschaft.

Neidhart sieht Essen als Chance

Doch der Fußballlehrer spürte in der Meppener Wohlfühloase auch, dass etwas passieren muss. „Nach sieben Jahren in einem Verein war es für mich wichtig, aus diesem Trott herauszukommen, etwas Neues zu erfahren.“ Das meint Neidhart gar nicht mal negativ, erst die Anfrage aus Essen habe ihn nachdenklich gestimmt. Kein Rückschritt, sondern die Chance, sich selbst weiterzuentwickeln. Ausgerechnet dort, wo die Fans im Erfolgsfall mit Trainer und Spielern ausgelassen zur Humba hüpfen, wo es aber auch in miesen Zeiten verdammt ungemütlich werden kann.

Ganz klar, in Meppen geht es vermutlich beschaulicher zu als bei RWE, der Erwartungsdruck ist dort längst nicht so hoch. „Einen Platz über dem Strich zu stehen, ist Champions League. Aber Druck hat man in unserem Job überall, auch in Meppen.“

Neidhart weiß dennoch, was von ihm erwartet wird und sagt es auch frei heraus: „Du kannst nicht nach Essen kommen und sagen, du willst Zweiter oder Dritter werden.“ Er gehe aber total positiv an die Aufgabe heran. „Ich weiß, was ich will und habe auch eine Erwartung an mich, wie ich das mit dem Verein und den Jungs hier wuppen möchte.“

Ein schwieriger und weiter Weg

So offensiv wie RWE das Aufstiegsrennen angeht, so offensiv soll auch sein Team auftreten. Neidhart war früher Stürmer und bevorzugt als Trainer noch immer die Offensive. Allerdings müsse man auch Spiele verlieren dürfen, sagt er, wichtig sei nur, wie man verliert. Es gehe darum, die Zuschauer mit dem Auftreten zu begeistern und mitzureißen. „Gelingt uns das, weiß jeder, was hier los ist.“

Christian Neidhart kennt das Geschäft. Er weiß, dass in Essen vor ihm schon einige Trainer gescheitert sind. Und nichts ist gefährlicher für einen Favoriten als Überheblichkeit. Also warnt er: „Es bleibt ein schwieriger und weiter Weg. Wenn wir das Ziel erreichen wollen, muss auch viel zusammenpassen.“

Rolf Hantel

„Ente" Lippens: „Bundesliga werde ich nicht mehr erleben"

RWE-Legende Willi Lippens über das moderne Fußballgeschäft, Fans und Aufstieg

Willi Lippens ist Rot-Weiss Essens Vereinslegende. Der 74-Jährige spielte 13 Jahre für RWE und hat sich in den 1970er-Jahren in Fußball-Deutschland einen großen Namen gemacht. „Ente", wie er aufgrund seines charakteristischen Laufstils, der an den Watschelgang des Wasservogels erinnerte, genannt wird, bestritt für Rot-Weiss 172 Bundesligaspiele (79 Tore). Heute lebt er in Bottrop-Welheim. Doch der Fußball zieht ihn immer noch an. Lippens verfolgt nicht nur die Bundesliga, sondern fiebert auch mit seinem Verein in der Regionalliga mit.

RWE-Legende Willi Lippens im Gespräch.

- **Herr Lippens, warum waren Sie nach Ihrer aktiven Zeit nie längere Zeit Trainer, Manager oder Berater?**

Willi Lippens: Weil ich nach meiner aktiven Zeit die Schnauze voll hatte. Ich war froh, dass die Karriere zu Ende war. Ich wollte meine Ruhe haben.

- **Haben Sie eigentlich früher einen Berater gehabt?**

Ich habe meine Geschäfte selbst gemacht. Ich bin ja gelernter Kaufmann, da brauchte ich keinen Berater. Aber die waren damals auch schon unterwegs. Nur eher etwas halbseiden. Ich habe immer viele Angebote gehabt und war ein gefragter Spieler. Wenn du gut genug bist, dann brauchst du keinen Berater – die Vereine kommen von alleine, und das Geld bleibt dann bei dir hängen. Heutzutage habe ich manchmal das Gefühl, dass die Berater wichtiger als die Spieler sind.

- **Wünschen Sie sich manchmal, in der heutigen Zeit zu spielen?**

Fakt ist, wenn ich heute spielen würde, würde ich ja jünger sein. Das wäre schön (lacht). Aber ich will mich nicht beschweren. Zu meiner Zeit war es eine gute Zeit. Ich habe meine Spuren im Fußball hinterlassen und bin zufrieden. Ich bin per Anhalter mit einem Persil-Karton angereist, habe gefragt, ob ich mal mittrainieren darf und habe es geschafft. Es ist eine Gnade Gottes, dass ich das Privileg genießen durfte, Fußballprofi zu sein. Ich war immer dankbar dafür und bin ich selbst geblieben. Es ist wichtig, dass man nicht abhebt und plötzlich die Menschen nicht mehr erkennt oder respektiert. Das finde ich sehr schade.

- **Rund 11.000 Zuschauer kommen noch im Schnitt zu Heimspielen von Rot-Weiss Essen …**

Ja, das ist doch Wahnsinn. Da könnte ich sofort wieder auflaufen (lacht). Die Leute machen seit Jahren diesen Murks mit und kommen immer wieder zurück. Warum? Weil sie positiv bekloppt sind und Rot-Weiss lieben. Ich hoffe nur, dass sie schon bald für diese schlechten Zeiten mit Profifußball und großen Spielen in Essen entschädigt werden.

- **Glauben Sie, dass Sie Rot-Weiss Essen noch einmal in der Bundesliga erleben werden?**

Bundesliga, fragen Sie? Nein, das werde ich nicht mehr erleben. Vielleicht die 3. Liga. Da habe ich noch Hoffnung. Wenn RWE dann wieder gegen Rostock, Kaiserslautern oder Braunschweig um Punkte spielt, dann wäre das mal wieder schön.

Krystian Wozniak

Simon Engelmann: „Rot-Weiss Essen gehört nicht in diese Liga"

Mit 26 Toren in 26 Spielen wurde Simon Engelmann Torschützenkönig der Regionalliga West

- **Simon Engelmann, Sie waren bei einigen Drittligisten im Gespräch. Warum fiel Ihre Entscheidung letztendlich zugunsten von Rot-Weiss Essen?**

Ja, es stimmt: Mein Berater Sascha Brinker und ich haben auch Gespräche mit Drittligisten geführt. Natürlich muss man ehrlich sagen, dass die Drittligisten aufgrund der Corona-Situation auch nicht so gut planen konnten, wie es normal gewesen wäre und auch das zu der Entscheidung beigetragen hat. Man konnte ja verfolgen, wie es den Drittligisten ergeht. Manche Klubs wollten die Saison zu Ende spielen, manche Vereine plädierten für den sofortigen Saisonabbruch. Aber in erster Linie waren es die guten Gespräche mit RWE und die Überzeugung, dass wir gemeinsam sportlich viel erreichen können und wir uns als Familie auch in Essen in der Stadt und dem Verein wohlfühlen, die mich überzeugt haben. Rot-Weiss Essen hat mir ein klares Konzept vorgelegt, mit dem ich mich voll identifiziere. Ich habe diese Entscheidung mit der vollsten Überzeugung getroffen.

- **Sie haben gegen Essen bisher mit Mannschaften wie Verl, Lotte, Oberhausen oder Rödinghausen gespielt. Hatten Sie schon immer mal den Wunsch, für RWE aufzulaufen?**

(lacht) Ich glaube, dass jeder Viertligaspieler, der einmal das Stadion in Essen betritt, sofort merkt, dass Essen kein normaler Regionalligist ist und es etwas Besonderes ist, in Essen zu spielen. RWE ist einfach ein außergewöhnlicher Verein und es ist eine besondere Atmosphäre an der Hafenstraße. Und das sage nicht nur ich, sondern auch viele andere Spieler. Da gibt es keine zwei Meinungen in der Liga: Rot-Weiss Essen ist ein besonderer Verein und gehört nicht in diese Liga. Die Infrastruktur, das Stadion, die Fans, das Umfeld, die Historie: RWE riecht förmlich nach einem großen Fußballklub.

Nun im rot-weissen Dress: Torjäger Simon Engelmann.

- **Was dürfen die RWE-Fans von Simon Engelmann erwarten? Auch 26 Tore ...?**

Ich weiß nicht, wie viele Tore ich für Essen schießen werde. Klar ist, dass ich hierher komme, um der Mannschaft, dem Verein bei seinen Zielen zu helfen. Mein Job ist es, Tore zu schießen. Wie viele es am Ende werden, schauen wir mal.

- **Das Ziel kann doch nur Aufstieg in die 3. Liga lauten, oder?**

Um aufzusteigen, muss alles passen. Sicherlich gehe ich nicht nach Essen, um Zweiter oder Dritter zu werden. Das ist doch kein Geheimnis. Aber wir werden nichts geschenkt bekommen und für jeden Gegner ist die Hafenstraße etwas Besonderes und das Spiel in Essen vielleicht das Highlight der Saison. Deswegen müssen wir als Mannschaft vielleicht auch noch gefestigter sein. Aber wenn wir gemeinsam alles raushauen und die Fans hinter uns stehen, so wie ich das aus Essen kenne, dann wird Rot-Weiss eine tolle nächste Saison erleben. Davon bin ich überzeugt und dann werden wir sehen, welcher Platz am Ende dabei rumkommt. Aber ich habe immer gesagt, dass ich nochmal in die 3. Liga möchte und auch wenn ich nun einigen Drittligisten abgesagt habe, so habe ich weiterhin dieses Ziel.

Krystian Wozniak

Mit neuer Qualität zum Aufstieg

RWE holt Christian Neidhart und Simon Engelmann. Die Saison startet vielversprechend

Rot-Weiss Essen bejubelt den späten Ausgleich von Felix Backszat (2. von rechts) im Spiel gegen Borussia Dortmund II.

Neuer Trainer, neues Glück: Nachdem der ehemalige HSV-Trainer Christian Titz den Drittliga-Aufstieg mit Rot-Weiss Essen verpasste, soll es nun Christian Neidhart richten. Der neue Cheftrainer kommt vom Drittligisten SV Meppen. Mit ihm und Simon Engelmann, der in der Vorsaison mit 26 Treffern Torschützenkönig der Regionalliga West wurde, tätigt RWE im Sommer 2020 zwei wichtige Verpflichtungen. Dazu kommen Spieler wie Felix Backszat oder der erstliga-erfahrene Torhüter Daniel Davari. RWE scheint wieder einmal eine Mannschaft beisammenzuhaben, die bereit für die 3. Liga ist.

Dementsprechend klar sind die Ansagen. Neidhart steht für offensiven Ballbesitzfußball und formuliert ein klares Saisonziel: „Die Zielsetzung ist klar. Wir wollen Meister werden", sagt er im Vorfeld der Saison. Für ihn ist der neue Torjäger Engelmann einer, der den Unterschied machen kann. „In der letzten Saison hat ein Torjäger gefehlt. Vielleicht hätte es dann schon gereicht. Mit Simon haben wir einen Torjäger verpflichtet, der immer getroffen hat", sagt Neidhart über den Neuzugang vom SV Rödinghausen.

Obwohl der Neue direkt im Auftaktspiel gegen den SC Wiedenbrück zur Führung trifft, startet die Saison mit einem Dämpfer. Durch Daniel Latkowskis Sonntagsschuss in der Nachspielzeit erkämpft sich der Aufsteiger ein 1:1 und entführt einen Zähler aus Bergeborbeck.

Erfolgreicher ist RWE neun Tage später im DFB-Pokal, wo das Neidhart-Team den Erstligisten Arminia Bielefeld mit 1:0 aus dem Wettbewerb kegelt. Und auch in der Liga läuft es immer besser. Im ersten Spitzenspiel kommt Essen spät zu einem Remis. Neidharts Team liegt bis tief in die Nachspielzeit mit 0:1 zurück, ehe Neuzugang Backszat praktisch mit dem Abpfiff das 1:1 besorgt (90.). Taylan Duman hatte den BVB zuvor in Führung gebracht (70.).

Es folgen knappe Siege, wie gegen Rot-Weiss Ahlen (3:2) oder den Bonner SC (1:0), aber auch souveräne Erfolge. Gegen den SV Lippstadt 08 (3:0) und Fortuna Düsseldorf II (2:0) bleibt RWE ohne Gegentor.

Einzig gegen die hoch gehandelten Teams tut sich das Team von Christian Neidhart schwer. Nach dem Remis gegen Borussia Dortmund II gibt es auch gegen Fortuna Köln nur ein 1:1. Die frühe Führung von Simon Engelmann aus der 18. Minute reicht nicht, weil Nico Brandenburger kurz nach der Halbzeit ausgleichen kann (50.). Nach dem 9. Spieltag und einem 1:0-Erfolg über den Drittliga-Absteiger Preußen Münster sind die Bergeborbecker Vierter, haben jedoch gute Chancen auf den Aufstieg. Die Tabellenspitze ist gerade einmal zwei Punkte entfernt, dazu hat RWE noch eine Partie in der Hinterhand.

Tizian Canizales

Spaß haben ist einfach.
Wenn man sich bereits um alles Wichtige gekümmert hat. Mit uns haben Sie einen kompetenten Partner für Ihre Finanzen. Lassen Sie sich gleich beraten.
sparkasse-essen.de
Wenn's um Geld geht
Sparkasse Essen

Der erste Titel seit 2007

Rot-Weiss Essen siegt beim NRW-Traditionsmasters und schickt eine Ansage ans Regionalliga-Team

Zielsicher auch danach: Stefan Lorenz verabreicht Siegerpokal und Kollege Alexander Thamm eine Bierdusche, Vincent Wagner assistiert.

Der Morgen danach ist der entscheidende: „Aus dem Bett kam ich noch ganz gut raus, aber jetzt merke ich doch meine Knochen", lautete das Befinden von Stefan Lorenz, da schon wieder in seinem Beruf für die Privatbauerei Stauder „an der Schüppe". Der Tag zuvor war kräftezehrend, ungewöhnlich lang und setzte am Ende ein paar Glückshormone frei: Die Traditionself von Rot-Weiss Essen sicherte sich nach Jahren der Erfolglosigkeit (2007) mal wieder den Titel beim NRW-Traditionsmasters in der Mülheimer Innogy-Halle.

Schon vor dem Abpfiff des 2:0-Finalsieges über die Mülheimer Allstars konnte Stefan Lorenz das Wasser nicht mehr halten und spritzte es großzügig hinter der Bande auf den Kunstrasen. „Wir wollten den Titel unbedingt, und nach dem Halbfinalsieg über Schalke war uns klar: Wir holen das Ding." Sprach's und verabreichte dem meterhohen Siegerpokal und Mitspieler Alexander Thamm gleich eine ausgiebige Bierdusche – der Mann sitzt halt an der Quelle!

Die 2.500 Zuschauer*innen in der mal wieder ausverkauften Mülheimer Halle hatten einen würdigen Sieger und Nachfolger von Rot-Weiß Oberhausen gesehen, die den Cup in den beiden Vorjahren geholt hatten und vom Hattrick träumten. Souverän waren die Rot-Weissen durch ihre Gruppe gerauscht: Stefan Lorenz selbst eröffnete den Torreigen im ersten Spiel gegen den MSV Duisburg, beim 3:1-Sieg über die alten Zebras gelang ihm zum 1:0 ein Beinschuss. Bruder Michael legte das 2:1 nach, Kamil Bednarski setzte den Schlusspunkt.

Besonders eng ging es im Halbfinale gegen den ewigen Erzrivalen Schalke 04 zu. 2:2 (Tore: Czyszczon, Manske) stand es nach regulärer Spielzeit, im Neunmeter-Schießen behielten die Essener die Nerven, zweimal gleich jagte Erwin Koen die Kugel humorlos an Torhüter Oliver Reck in die Maschen zum 6:5-Sieg. Eine klare Angelegenheit wurde dann der 2:0-Finalsieg wiederum gegen Mülheim, den Koen schon in der ersten Minute und Calik sicher stellten. „Die Mülheimer hatten im Halbfinale gegen RWO die letzten Körner rausgehauen, die waren ein bisschen platt", bekannte Lorenz, der sich darüber freute, dass die „Blutauffrischung" bei seinem Team so gut funktioniert hatte: „Mit Serkan Calik und Kamil Bednarski haben wir uns richtig gut verstärken können, man sieht schon, dass Calik noch letzten Sommer voll im Saft stand."

Der türkische Ex-Profi, der die Hafenstraße vor gut zehn Jahren mit seiner frechen Spielweise noch zu letzten Zweitligazeiten verzückte, wurde auch zurecht zum besten Spieler des Turniers gewählt. „Wir haben wie versprochen jetzt vorgelegt, hoffentlich wird es das rot-weisse Jahr", schickt Stefan Lorenz gleich mal einen Gruß an die Regionalligatruppe. Und die Oldies selbst haben natürlich die Titelverteidigung geplant, dafür wird jeden Donnerstag an der Seumannstraße trainiert. „Wir haben eine tolle Truppe zusammen", bekennt Lorenz. Den Beweis lieferten sie beim Traditionsmasters ab.

Ralf Wilhelm

„Die Pandemie trennt die Guten von den Schlechten"

RWE-Kapitän Marco Kehl-Gomez spricht über Corona in der Schweiz und lobt seine Mannschaft

Marco Kehl-Gomez kann sich über Langeweile in seinem Homeoffice nicht beklagen. Die Familie des RWE-Kapitäns ist Anfang Februar 2020 vergrößert worden, der 27-Jährige ist stolzer Vater einer weiteren Tochter: Celia kam am 8. Februar in Essen zur Welt. „Allein unter Frauen", witzelt der Mannschaftsführer des Regionalligisten.

Tochter Liara (3) ist den RWE-Fans ja schon bestens bekannt, lieferte sie doch schon so einige La-Ola-Solorunden vor der Westkurve ab. Nun hält der jüngste Nachwuchs die Familie auf Trab – Tag und Nacht. Da ist der Fußball-Profi ganz froh, wenn er sich täglich die Joggingschuhe überstreifen kann und seine Laufrunden durch die Stadt dreht; elf Kilometer, wie bei einem Fußballspiel. „Da knall ich mir meine Musik auf die Ohren und kann einmal am Tag ganz für mich sein", freut sich der Schweizer auf sein Trainingspensum, auch so ganz ohne Ball.

Der Fußball ist für den gebürtigen Zürcher in weite Ferne gerückt, im Hause Kehl-Gomez herrschen viel wichtigere Themen vor. Die Familie von Gomez' Ehefrau stammt aus Pescara, einer italienischen Hafenstadt an der Adria, seine spanische Mutter, Onkel, Tanten, Cousins leben alle in Madrid. „Gestern noch habe ich mit meiner Tante telefoniert, da geht es nicht nur um die Existenz, dort hat man Angst um sein Leben", berichtet er.

Schweizer anfangs noch sehr sorglos

Die Szenerie dort bei rigorosen Ausgangssperren sei gespenstisch, sogar Einkaufstaschen werden nun kontrolliert, um man auch wirklich Besorgungen gemacht hat. Am Abend fahren Polizeiwagen mit heulenden Sirenen durch die Straßen und es gebe permanent Lautsprecherdurchsagen. Dazu die immensen Todeszahlen – einfach schrecklich.

Da habe es zu Anfang doch an Ernsthaftigkeit gemangelt. „Man hat uns anfangs belächelt", weiß er noch um die Anfänge. Selbst in der Schweiz; da, wo sein Vater lebt, sei man allzu sorglos mit Corona umgegangen.

Angst habe er um seine weit verstreuten Familienangehörigen nicht, aber er sei schon in Sorge, bekennt er. Deswegen engagiert er sich auch über Social Media und ruft zu besonderer Sorgfalt auf. Da rücken die eigenen Bedürfnisse in den Hintergrund. Kontakt zu seinen Mannschaftskameraden bei Rot-Weiss hält der Kapitän über diverse Whatsapp-Gruppen oder Videochats.

Und Marco Kehl-Gomez spricht mit großem Respekt von seinem Team: „Als es um die Kurzarbeit im Verein ging, haben wir alle innerhalb von 24 Stunden zugesagt, das ist nicht selbstverständlich und macht mich stolz. Es spricht für den Charakter in der Truppe."

Die Coronakrise sieht er dabei gesellschaftlich auch als Charakterfrage: „Es ist spannend zu beobachten, wie die Menschen nicht verzweifeln, sondern jeder seine ihm eigene Reaktion zeigt. Die Pandemie trennt die Guten von den Schlechten."

Ralf Wilhelm

Gemeinsam stark: die beiden Mannschaft der Startgemeinschaft Essen bei der DMS in Wiesbaden.

Viel Bewegung bei der SpVg Schonnebeck

Der Top-Torjäger ist weg, drei Neue sollen ihn ersetzen. Doch der Saisonstart misslingt

Marc Enger (links) und Dirk Tönnies (rechts) gehen nun getrennte Wege.

Die Spvg Schonnebeck zählt zu den Konstanten in der Fußball-Oberliga. Das Team von Trainer Dirk Tönnies wurde in den letzten Jahren immer nur feinjustiert, der Stamm wuchs immer mehr zusammen. In der Saison 2019/20 reichte dieses Erfolgsrezept zu Tabellenplatz drei. Wer aufsteigen wollte, musste erst einmal an den Mannen vom Schetters Busch vorbei. Doch nun kommt Bewegung in die Schwalbenträger, und das liegt nicht nur an der Coronazeit. Es war wohl Zeit, dass sich was bewegt.

Den schmerzhaftesten Abgang muss Schonnebeck wohl im Sturmzentrum verkraften: Marc Enger, die Torversicherung der Spvg der letzten Jahre, wechselt zum SuS Haarzopf II. Damit hört er auf sein Herz und geht dahin zurück, wo vor zehn Jahren seine Karriere begann. Mit im Gefolge sein mittlerweile guter Kumpel Thomas Denker. „Wir geben viel Erfahrung ab, ganz klar, aber wir werden sicherlich an Geschwindigkeit gewinnen, das steht fest.“, sagt Schonnebecks Sportlicher Leiter Christian Leben.

Ein Torjäger wie Marc Enger ist nicht zu ersetzen

Die Last des langen Enger-Schattens soll sich auf sechs Schultern verteilen: Die Neuzugänge Kreshnik Vladi (Burgaltendorf), Landesliga-Torjäger Daniel Schröder (Steele) und RWE-Talent Emmanuel Clinton Williams sollen die Lücke schließen. „Einen Enger kann man nicht ersetzen, aber mit den Dreien werden wir vielleicht etwas unberechenbarer auftreten“, hofft Leben.

Dennoch hat das Mittelfeld Potenzial, um das Herzstück des neuen Teams zu werden. Mit Rückkehrer Kevin Barra (Kray) und dem hochtalentierten Kapitän aus der RWO-Jugend, Leon Bachmann, sind die Schonnebecker gut aufgestellt, mit Tarkan Yerek und Luka Bosnjak kommt auch noch einiges an Routine hinzu. Besonders viel Freude macht dem Trainer in der Saisonvorbereitung der 19-jährige Bachmann, der die Sechser-Position intelligent ausfüllt: „Der hat bis jetzt alle hohen Erwartungen erfüllt“, freut sich Dirk Tönnies.

Zusammen mit seinem Manager freut sich der Trainer auch über den Coup der Verpflichtung der beiden RWE-Talente Williams und Görkem Dombayci. „Hätten wir uns zwei aussuchen können, es wären genau die beiden geworden“, so Leben.

Die gelungene Mischung aus Arrivierten und jungem frischen Material will das Trainerteam – dazu gehört noch Co-Trainer Nils Zander – zum gewohnt schlagkräftigen Kollektiv formen, schließlich hatte man es sich in den letzten Jahren meist unter den Top Drei gemütlich gemacht.

Der Beginn der neuen Saison verläuft dahingehend jedoch nicht optimal. Spielabsetzungen, eine nicht eingeplante Punkteteilung mit der Spvgg. Sterkrade Nord (2:2) und ein 2:4 gegen den SC Düsseldorf-West bescheren den Schwalben einen schwachen Start in die Spielzeit. Nach fünf ausgetragenen Partien haben die Schwalben gerade einmal sieben Punkte auf dem Konto. In der Tabelle spiegelt sich das in Rang 13 wieder.

Ralf Wilhelm

„Gute Ausbildung noch stärker fördern"

Jürgen Lucas ist neuer Sportlicher Leiter beim ETB Schwarz-Weiß

Jürgen Lucas hat mit dem ETB Schwarz-Weiß einiges vor.

Als Sportlicher Leiter des ETB Schwarz-Weiß Essen hat Jürgen Lucas einiges vor. Dabei hofft er auch, dass die Kooperation zwischen Rot-Weiss Essen und Schwarz-Weiß Essen wirklich gelebt wird. So, dass beide Klubs einen Mehrwert daraus ziehen können.

- **Warum haben Sie die Aufgabe beim ETB angenommen?**

Ich habe mich intensiv mit der möglichen Aufgabe beschäftigt, habe viele Jugendspiele, Trainingseinheiten verfolgt, um mir ein Bild zu machen. Das habe ich auch bei der ersten Mannschaft gemacht. Die Gespräche mit dem neuen Vorstand und der Jugendabteilung waren sehr intensiv und angenehm. Ich habe da großes Vertrauen gespürt und gemerkt, dass alle Seiten hier etwas aufbauen wollen und große Lust verspüren. Das ging mir nicht anders. Deshalb habe ich beim ETB unterschrieben.

- **Was haben Sie mit dem ETB in der kommenden Saison vor?**

Ich möchte den guten Ruf des Jugendbereichs stärken, ausbauen. Wir wollen noch viele Essener Talente fördern. Es sind gute Trainer am Werk, die die Jungs gut ausbilden. Es sind Jungs vom ETB in Leverkusen, in Dortmund oder bei Rot-Weiss Essen unterwegs. Wir wollen diese gute Ausbildung noch stärker fördern. Das wird uns gelingen, davon bin ich überzeugt. Natürlich ist die erste Mannschaft das Aushängeschild des Vereins, Wir wollen einfach attraktiven Fußball spielen. Wir wollen uns nicht an irgendwelchen Rankings messen lassen. Wir wollen auf uns schauen, unser Gesicht entwickeln, unsere Philosophie verfolgen, sodass wir vielen Leuten Spaß bereiten werden.

- **Sie sind dafür bekannt, ein Auge für talentierte Jungs zu haben. Wie wollen Sie talentierte U17- oder U19-Spieler für Schwarz-Weiß Essen begeistern?**

Wir werden Fördertraining anbieten und ich werde mich da in gewissen Bereichen auch selbst einbringen. Wir werden auch das eine oder andere extern machen. Wir werden da schon gute Jungs rausbringen, sodass einige Klubs zum Uhlenkrug kommen werden, um die Talente zu sichten.

- **Wie verläuft eigentlich die Kooperation mit Rot-Weiss Essen? Gibt es diese noch – oder eher nur auf dem Papier?**

Die Kooperation mit RWE ist in der Vergangenheit nicht so umgesetzt worden, wie sich das alle Seiten vorgestellt haben. Aber das ist Vergangenheit. Ich schaue nur nach vorne. Beide Vereine haben großes Interesse, dass die Kooperation neu formuliert und umsetzbar ist. Und natürlich wirklich gelebt werden kann. Ich kann verraten, dass die Kooperation bei meiner Entscheidung auch eine Rolle gespielt hat. Wir müssen, können und werden einen Mehrwert für beide Klubs aus dieser Kooperation ziehen. Rot-Weiss Essen hat im Jugendbereich immer von Spielern, die vom ETB kamen, profitiert. Das soll auch in Zukunft so sein. Und andersherum sollte es auch so sein. Ich glaube, dass ich da jetzt auch eine gute Kontaktperson zwischen den beiden Klubs bin.

Krystian Wozniak

„Will den Fußball in Kray verändern"

Dennis Brinkmann: Der Coach des FC Kray hat große Ziele

Mitte Februar 2020 wurde bekannt, dass Trainer Philip Kruppe den FC Kray am Saisonende verlässt, um sich mehr auf sein Privatleben konzentrieren zu können. Kurz darauf verpflichtete der Oberligist Dennis Brinkmann als Nachfolger.

Der 41-Jährige bestritt in seiner aktiven Karriere knapp 100 Pflichtspiele für Rot-Weiss Essen und lief für Alemannia Aachen sieben Mal im Uefa Pokal auf. Nach seine Profikarriere kickte er unter anderem für Blau-Weiß Mintard, ehe er seine Spielerkarriere beim SV Vonderort beendete. Als Trainer stand er in der Folge für den VfL Bochum, den Wuppertaler SV, TuRU Düsseldorf und den FC Gütersloh an der Seitenlinie

- **Herr Brinkmann, wie ist es zur Kontaktaufnahme mit dem FC Kray gekommen?**

Brinkmann: Ich habe einen guten Draht zu Günther Oberholz. Nachdem bekannt wurde, dass Philip Kruppe sein Amt am Ende der Saison zur Verfügung stellt, habe ich mich mit den Verantwortlichen zusammengesetzt. Wir haben dann ziemlich schnell eine Einigung erzielt.

Dennis Brinkmann will in Kray an der Offensive arbeiten.

- **Hat es vor dem Wechsel in Ihren Überlegungen eine Rolle gespielt, dass Sie als gebürtiger Essener einen besonderen Bezug zu der Stadt haben?**

Definitiv. Ich bin in Essen geboren und kenne den Verein. Dazu besitze ich die nötige Lizenz und sehe viel Potenzial in der Mannschaft. Die gute Jugendarbeit und das vorhandene Entwicklungspotenzial waren ebenfalls ausschlaggebend für meine Entscheidung.

- **Welche Ziele verfolgen Sie mit dem FC Kray?**

Ich will den Fußball in Kray verändern. Die Jungs wollen den Ball haben und agieren. Wir müssen gallig sein, den Gegner permanent unter Druck setzen und in der Offensive unsere Qualität ausbauen. Den neuen Stil wollen wir erfolgreich einstudieren.

- **Sie haben über vier Jahre für Rot-Weiss Essen gespielt und in dieser Zeit knapp 100 Pflichtspiele für den Verein absolviert. Verfolgen Sie noch die Entwicklung des Klubs?**

Wenn es der Zeitplan zulässt, gehe ich noch ins Stadion und schaue mir die Spiele an der Hafenstraße live an. Des Weiteren laufe ich für die Essener Traditionsmannschaft auf. Dementsprechend habe ich noch Kontakt zu einigen ehemaligen RWE-Spielern.

Fabrice Nühlen

Bittere Momente für die tragischen Heldinnen

Die SGS-Fußballerinnen verlieren ein dramatisches Pokalfinale gegen den VfL Wolfsburg

Es hat nicht gereicht: Die Essenerinnen blicken geschockt ins Leere nach der Entscheidung.

Marina Hegering lag auf dem Rasen, die Augen geschlossen. Sie wollte nicht sehen, was da einige Meter weit von ihr entfernt vor sich ging, sie wollte nicht hören, wie die Konfettikanonen knallten und silberfarbene Papierschnipsel niederregneten. In diesem Moment konnte sie den lauten Jubel der Fußballerinnen des VfL Wolfsburg nicht ertragen, die gerade im Müngersdorfer Stadion die Trophäe in die Höhe reckten, nachdem sie das DFB-Pokalfinale der Frauen mit 7:5 für sich entschieden hatten. „Da steht nicht der verdiente Sieger auf dem Podest", sagte Spielführerin Marina Hegering von der SGS Essen dann traurig, noch immer saßen Frust und Fassungslosigkeit tief. Knapp 20 Minuten später relativierte sie ihre Aussage in der Pressekonferenz: „Pure Leidenschaft und positive Energie" seien leider nicht belohnt worden, erklärte sie.

Leidenschaft. Energie. Es waren die Attribute, mit denen die Schönebeckerinnen im Pokalfinale überrascht und überzeugt hatten, auch ohne am Ende zu gewinnen. Überrascht hatten sie schon zu Beginn, da war das Spiel gerade einmal zwölf Sekunden alt. Das sahen auch die wenigen Ehrengäste auf den sonst leeren Tribünen, darunter Bundestrainerin Martina Voss-Tecklenburg und Oberbürgermeister Thomas Kufen.

Die Wolfsburgerinnen schauten etwas ungläubig nach dem schnellsten Tor in der Geschichte des Frauen-DFB-Pokals, aber sie berappelten sich schnell. Und die dänische Topstürmerin Pernille Harder bewies ihre gnadenlose Effizienz. Die Bundesliga-Torschützenkönigin (27 Tore) zog aus elf Metern mit Rechts ab. 1:1 in der elften Minute.

Und die SGS Essen? Schüttelte sich ebenfalls kurz und blieb cool.

Defensiv, nicht zu viel riskierend, aber immer für einen Konter gut. Das Tempo blieb hoch, es ging hin und her – und die in der Liga so selten geforderte Wolfsburger Abwehr offenbarte ungewohnte Schwächen. So auch beim Essener Eckball von Elisa Senß, den Marina Hegering per Kopfball zur erneuten Führung nutzte (18.). Der Favorit antwortete mit wütender Gegenwehr, Anna Blässe glich mit einem 25-Meter-Gewaltschuss erneut aus für Wolfsburg (70.), kurz zuvor musste Essens Nicole Anyomi ins Krankenhaus gebracht werden, die Angreiferin erlitt einen Steißbein-Bruch. Dann sorgte die Niederländerin Dominique Bloodworth per Kopf für die erste VfL-Führung (86.). Würde die Partie also das erwartete Ende nehmen? Nein, die eingewechselte Essenerin Irini Ioannidou sorgte per direktem Freistoß in der 90. Minute für die Verlängerung, die schließlich ins Elfmeterschießen mündete.

In dem zeigten die Wolfsburgerinnen jedoch die besseren Nerven, VfL-Torhüterin Abt parierte die Schüsse von Ioannidou und Nina Brüggemann, Wolfsburgs Pernille Harder verwandelte den letzten Schuss eiskalt. „Ich bin unfassbar traurig“, sagte Marina Hegering. „Nach solch einem Spiel ist man einfach nur am Ende.“

Es war auch das Ende einer „Ära“, wie SGS-Trainer Markus Högner die zurückliegenden Jahre nannte. „Wir hätten sie gerne mit diesem Titel gekrönt.“ Denn nach dem Finale hat der Klub seine Leistungsträgerinnen in geselliger Runde verabschiedet.

Björn Goldmann

SGS verabschiedet „Familienmitglieder“

Großer Umbruch im Sommer – und ein schwieriger Start in die neue Spielzeit

Wer der Garderobe der Essener Bundesliga-Fußballerinnen eine Bedeutung andichten wollte, hatte leichtes Spiel. Zwar waren die Trainingsanzüge der SGS schwarz, doch nach dem unglücklichen Verlauf des DFB-Pokalendspiels gegen den VfL Wolfsburg wohnte dem schwarzen Mannschaftsdress eine gewisse Symbolik inne. Zumal: Es rundete die Stimmung ab, in der unterlegene Underdog die Folgetermine nach dem Saisonhighlight in Köln beging. Die SGS beweinte nicht nur eine sportliche Niederlage, sondern auch den Verlust von vier „Familienmitgliedern“, die den Klub nach einer denkwürdigen Saison verlassen haben.

Irini Ioannidou, Kim Sindermann, Jacqueline Klasen und Ramona Petzelberger (v. l.) beim Empfang durch Oberbürgermeister Thomas Kufen im Essener Rathaus.

Turid Knaak, Marina Hegering, Lena Oberdorf und nicht zuletzt Eigengewächs Lea Schüller verließen den Klub von der Ardelhütte. Damit hatten alle vier Nationalspielerin ihren Weggang aus Essen beschlossen. Das Streben nach größeren sportlichen Erfolgen hatte sie jeweils zu einem Wechsel animiert. Nachvollziehbar, schließlich sind insbesondere diese vier Fußballerinnen mit wirklich starken Attributen ausgestattet. Und doch brach ein Teil eines Gesamtkonstruktes weg, das nach dem Ende der Spielzeit noch einmal gezeigt hatte, was es ausmachte.

Es war die Mannschaft allein, die die Verabschiedung der Spielerinnen inszeniert hatte. Kapitänin Irini Ioannidou übernahm die Moderation und wurde ihrem Ruf als Stimmungskanone wieder gerecht. Ihre Stimme war am nächsten Tag hörbar angekratzt. Doch das fing sich schnell wieder. Wie überhaupt das gesamte Team der SGS Essen nach diesem formidablen Saisonhöhepunkt, der aus Essener Sicht so unglücklich endete, sich in der Folge wieder aufrappelte.

Mit zwölf Zugängen schaffte es die SGS, zumindest zahlenmäßig wieder aufzuschließen, doch der Weg war ein anderer. Das U17-Trio Beke Sterner, Ella Touon und Katharina Piljic erhielt Verträge für die Bundesliga und war damit wichtiger Bestandteil einer radikalen Verjüngungskur, die sich der Klub – in Teilen auch unfreiwillig – verordnet hatte.

Dieser Umbruch brauchte Zeit, und die gab Trainer Markus Högner seinem Team, das etwas holprig in die Saison startete. Zwei Siege aus den ersten sechs Partien spülten die SGS Mitte Oktober auf Rang sieben – mit immerhin vier Punkten Vorsprung auf die Abstiegsränge.

Dominik Hamers

ABGÄNGE

Turid Knaak (Atletico Madrid), Josephine Plehn (SV Berghofen), Annalena Breitenbach (Carl Zeiss Jena), Marina Hegerin und Lea Schüller (FC Bayern München), Jule Dallmann (VFR SW Warbeyen), Lena Oberdorf (VfL Wolfsburg), Ramona Petzelberger (Aston Villa WFC), Nina Brüggemann (Bayer 04 Leverkusen), Mara Grutkamp (Creighton Bluejays), Ina Lehmann (Karriereende), Josephine Plehn (SpVg Berghofen), Jil Strüngmann

ZUGÄNGE

Eleni Markou (Apollon Limassol), Jill Baijings (SC Heerenveen), Selina Ostermeier (Eintracht Frankfurt), Nina Räcke und Antonia Baaß (VfL Wolfsburg II), Barbara Brecht (FC Bayern II), Sophia Thiemann (Arminia Bielefeld), Carlotta Wamser (SpVgg Brakel U17), Beke Sterner, Katharina Piljic und Ella Touon (eigene U17), Eleni Markou (Apollon Ladies FC), Estelle Laurier (Wake Forest DD)

Vom Funktionär zum Romanautor

Detlef Loeschin war SGS-Pressesprecher und -Teamkoordinator – jetzt schreibt er Bücher

In der vergangenen Saison wird sich Detlef Loeschin beim Blick auf die Tabelle der Frauenfußball-Bundesliga vermutlich einige Male die Augen gerieben haben und den Einzug der SGS Essen ins DFB-Pokalfinale gegen VfL Wolfsburg dürfte auch er nicht unbedingt erwartet haben. Dabei kennt er den Klub von der Ardelhütte ziemlich gut: Fast vier Jahre lang begleitete er das Team als Koordinator und Pressesprecher, fungierte dabei als Bindeglied zwischen Spielerinnen und Vereinsführung.

Aus beruflichen Gründen aber gab Loeschin sein Ehrenamt im vorangegangenen Jahrzehnt auf. Sowohl bei der SGS, aber auch bei ihm persönlich ist danach einiges passiert. Den Abstieg hatte Schönebeck damals durch ein 1:1 am letzten Spieltag gegen den SC Freiburg noch abwenden können und sich nach der Saison vom langjährigen Trainer Ralf Agolli getrennt. Doch die Zeiten haben sich auf beiden Seiten geändert.

Was Loeschin nach seiner Zeit bei der SGS durchlebt hat, vermag die Entwicklung an der Ardelhütte noch zu übertreffen. Zunächst einmal wurde ihm klar, dass sein Ehrenamt nicht länger mit der Arbeit in einer von ihm und seiner Frau geführten Steuerberatungskanzlei vereinbar war. „Ich stand damals so gut wie jeden Abend auf dem Trainingsplatz. Am Wochenende bei den Spielen war ich natürlich auch dabei. Darunter hat der Beruf gelitten“, erklärt er.

Detlef Loeschin hat nach vielen Schicksalsschlägen nun als Romanautor seine Berufung gefunden.

Für Loeschin war es eine gute Gelegenheit, Abstand vom Fußball zu gewinnen. Denn privat wurde sein Leben kurz zuvor von zwei Schicksalsschlägen erschüttert: Innerhalb von nur 43 Tagen waren seine Eltern verstorben. Als Loeschin schließlich nach Essen zurückkehrte, holte ihn die Realität aber schnell wieder ein und er verlor den Boden unter den Füßen. „Ich habe immer am Limit gelebt, es gab keine Entspannung“, sagt er rückblickend. Das Ergebnis: ein kompletter Zusammenbruch.

Fünfeinhalb Monate war Loeschin von der Bildfläche verschwunden und unterzog sich „intensiven Behandlungen“ in verschiedenen Kliniken. Burnout und Depressionen hatten ihn ausgebremst. Loeschin hat sein Leben neu geordnet. „Heute bin ich vollkommen zufrieden und weiß: Kreativität ist das, was dich am Leben hält.“ Und die half ihm auch, zusätzlich noch die Scheidung von seiner Frau durchzustehen. „Man kann schon sagen, dass sich mein Leben seit meinem 50. Geburtstag vollkommen verändert hat“, resümiert er. Statt mit Steuern lebt Loeschin seine entdeckte Kreativität beim Schreiben von Romanen aus.

Unter dem Pseudonym Linda May verfasst er erotische Literatur. „Es sind glaubwürdige Geschichten aus dem Leben, die nicht ins Schmierige gehen“, hält er fest. Sein erstes Werk „Marie“ erreicht aktuell Verkaufszahlen im „höheren vierstelligen Bereich“. Aktuell sind gleich vier Bücher auf dem Markt. „Kreatives Schreiben war schon immer meine Leidenschaft. Und das werde ich so lange weitermachen, wie mein Kopf mir Fantasien liefert“, sagt Loeschin. Und zwar ganz ohne den Druck und die Hektik, die ihn früher angetrieben haben.

Benedikt Burgmer

Die SGS sucht die nächste Lea Schüller

Die vorzügliche Nachwuchsarbeit beim Essener Erstligisten soll und muss weiter Früchte tragen

In Essen zur Nationalspielerin gereift: Eigengewächs Lea Schüller (schwarz) hat wie so viele die SGS Essen zum Saisonende verlassen.

Beke Sterner, Ella Toudon und Katharina Piljic haben es geschafft: Das Nachwuchs-Trio der SGS Essen gehört seit der Saison 2020/21 dem Kader der Frauenfußball-Bundesliga an. Ein enormer Sprung, nachdem sie zuletzt noch in der vereinseigenen U17 kickten.

Und auch wenn diese Beförderung erst einmal ein Versprechen in die Zukunft ist: Es ist gleichzeitig ein Zeichen dafür, dass die Nachwuchsarbeit in Essen weiter Früchte trägt. Und das muss sie auch: Denn nur die Ausbildung von Talenten kann langfristig den Erhalt der Eliteliga sichern, da „fertige" Spielerinnen – wie zum Beispiel der Wechsel von Lea Schüller zum FC Bayern zeigte – irgendwann den nächsten Karriereschritt gehen und sich einem Top-Klub anschließen. Vor diesem Hintergrund haben die Vereinsverantwortlichen eine Umstrukturierung des Nachwuchsbereichs beschlossen.

„Das Ziel muss es sein, den Abstand zur ersten Mannschaft sukzessive zu verringern und somit die Durchlässigkeit an Talenten deutlich zu erhöhen", erklärt Mädchenkoordinator Christian Kowalski. Grundlegend ist dabei die Unterscheidung eines Aufbau- und eines Leistungsbereichs: aIn ersterem zeichnet sich künftig Christian von Zwamen für die U11, U13 und U15 verantwortlich, während Kowalski den Trainer-Teams der U16, U17 und U20 vorsteht.

Neu ist dabei, dass auch die U20 an den Jugendbereich angedockt wird und somit ausschließlich auf Nachwuchsspielerinnen setzt. „Das soll den Ausbildungscharakter weiter stärken und den Spielerinnen etwas mehr Zeit geben, um sich für die Erste Liga zu empfehlen", erklärt Kowalski, der darin einen wichtigen Schritt in der Optimierung der Talentausbildung sieht.

Dazu gehört auch, dass die SGS in den Schwerpunktbereichen Torwart- und Athletiktraining sowie in der medizinischen Versorgung ihrer Talente aufrüsten möchte. Laura Neboli hat die SGS am Saisonende verlassen. Zuletzt trainierte sie die U20 in der Regionalliga. Den größten Erfolg als Trainerin feierte sie aber vor zwei Jahren mit dem Aufstieg in die 2. Bundesliga.

Neben den strukturellen Veränderungen brachte ihr Abgang an der Ardelhütte ein kleines Personalkarussell in Gang. Jonas Kaltenmeier trainiert die U20, hinterlässt aber wiederum eine Lücke in der U17, die ein Trainerinnen-Trio geschlossen hat. Und alle drei sind in Essen bestens bekannt, denn vor einigen Jahren spielten Kyra Malinowski, Sarah Freutel und Caro Hamann selbst noch für die Essenerinnen in der Bundesliga und standen unter Ralf Agolli sogar alle zusammen auf dem Platz.

„Wir haben damit in unserem Leistungsbereich Trainer, die sich voll und ganz mit den Ausbildungszielen des Vereins identifizieren können", erklärt Kowalski. Der Erfolg der Umstrukturierung wird sich jedoch erst in ein paar Jahren zeigen. Und dann – so hofft man – zum sportlichen Überleben der SGS in der Eliteliga beitragen. Denn klar ist: Eine neue Lea Schüller kann sich die SGS nicht kaufen, sie muss sie selbst ausbilden.

Benedikt Burgmer

Neue Wege für den Erfolg

Der Frauenfußball-Bundesligist setzt auf wissenschaftliche Trainingsbegleitung

„Entscheidend is auf'm Platz", sagte einst Adi Preißler, der Borussia Dortmund in den 50er-Jahren als Kapitän anführte und später als Trainer mit Rot-Weiß Oberhausen in die Bundesliga aufstieg. Noch heute ist es eine vielzitierte Weisheit, deren Gültigkeit wohl kaum jemand ernsthaft in Zweifel zieht. Doch im Streben nach dem absoluten Leistungsoptimum ist es längst nicht mehr einzige Wahrheit im Fußballgeschäft.

Eine mitentscheidende Frage ist die, wie man eine Mannschaft dazu bringt, auf dem Platz die bestmögliche Leistung abzuliefern. Und die Antwort darauf ist komplex. Längst handelt es sich um einen wissenschaftlichen Diskurs, der auch die SGS Essen in der Frauenfußball-Bundesliga erreicht hat.

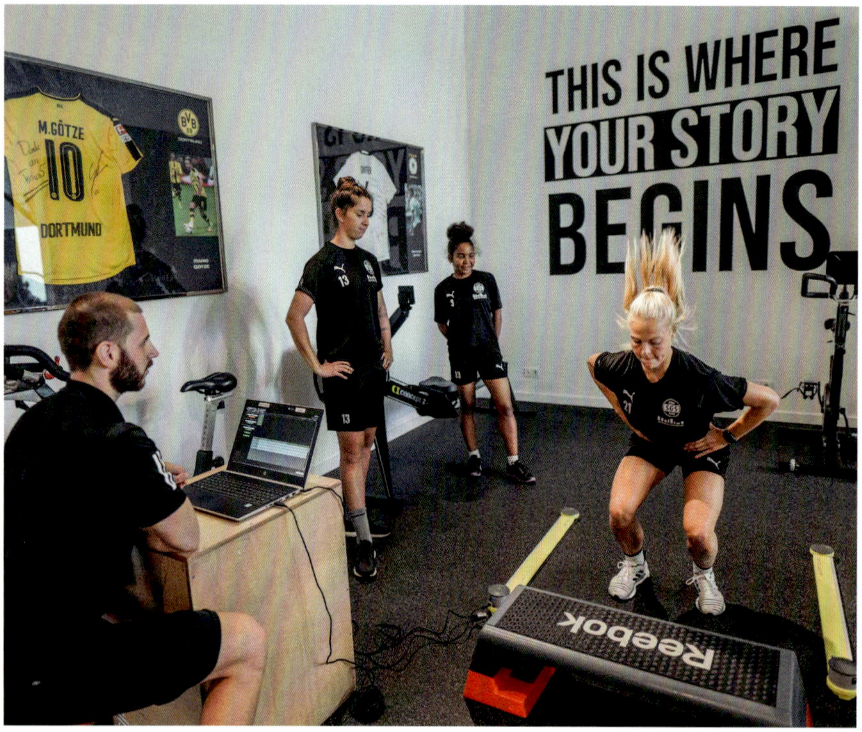

Die Spielerinnen Barbara Brecht, Ella Touon und Jill Baijings üben unter der Aufsicht von Physiotherapeut Timo Faulhaber, der die Daten erfasst.

„Die Art der Betreuung ist für viele unserer Spielerinnen neu, aber sie stellt die Weichen dafür, das höchste Leistungslevel zu erreichen", erklärt SGS-Manager Florian Zeutschler. Messbar sei das schon allein daran, dass es in der Spielzeit 2019/20 bei der SGS kaum eine schwere (Muskel-)Verletzung gegeben habe. Die Arbeit von Trainingspartner Fusion 5 basiert dabei auf fünf Säulen: Im Anschluss an eine individuelle Leistungsdiagnostik entwickeln die Mitarbeiter ein auf die Spielerinnen abgestimmtes Athletiktraining, um die Muskulatur gezielt und funktionell zu formen und gleichzeitig festgestellte Defizite mit Korrekturübungen auszugleichen.

„Im Fußball haben wir es da oft mit Problemen im Hüftbereich oder einer Verkürzung der hinteren Oberschenkelmuskulatur zu tun, was ein erhöhtes Verletzungsrisiko mit sich bringt", erklärt Sportwissenschaftler Laki Topouzoglou.

Eng damit verbunden, ist die richtige Ernährung als zweite Säule. Nicht einmal für den Kaffee bekommt man bei ihm Zucker. Und auch den Fleischkonsum sieht Topouzoglou kritisch. „Tierische Eiweiße lassen Muskeln groß werden. Wir wollen aber kein Wachstum, wir brauchen Schnellkraft." Um dementsprechend eine ausgewogene Ernährung zu erreichen, werden gemeinsam Rezepte erarbeitet und nachgekocht. Sogar beim Einkauf bekommen die Spielerinnen Hilfe.

Nicht weniger wichtig ist die Säule der Regeneration, da Überanstrengung das Risiko von Verletzungen ebenfalls steigen lässt. Ein fester Tag dafür, der auch physiotherapeutische Behandlungen einschließt, ist fest im Trainingsplan verankert. „Es geht gerade nach Spielen darum, die Muskeln zu pflegen und zu bearbeiten", erklärt Topouzoglou, der in seinem Center dafür auf eine Stromtherapie und die spezielle Kryo-Sauna setzt. Diese wird mit Stickstoff gefüllt und kühlt bis auf minus 180 Grad Celsius herunter.

Neuzugang Nina Räcke hat diese Kältetherapie gleich mal getestet und war verblüfft. Nach zwei Minuten kam sie aus der Kammer und konnte die Durchblutungsförderung in ihren Beinen bei normaler Raumtemperatur selbst mitansehen. „Damit erreicht man ein ganz anderes Niveau der Regeneration", erklärt der Center Manager. „Gerade nach hoher Belastung kann sie diese auf einen Tag verkürzen."

Abgerundet wird die Zusammenarbeit durch ein sogenanntes „Mental Coaching", in dem in persönlichen Gesprächen gerade der Umgang mit Drucksituationen thematisiert wird.

Benedikt Burgmer

Kreispokal findet keinen Sieger

Vor den Halbfinal-Partien durchkreuzt die Pandemie die Pläne

Im Essener Kreispokal war alles für zwei spannende Halbfinales angerichtet. Am 31. März 2020 sollten der Landesligist ESC Rellinghausen und der A-Ligist SG Schönebeck aufeinandertreffen. Tags darauf sollte sich RuWa Dellwig als zweiter verbliebener Kreisliga-A-Vertreter mit dem Landesligisten SV Burgaltendorf messen. Doch die Corona-Pandemie machte den Mannschaften einen Strich durch die Rechnung. Die Spiele wurden abgesetzt und nicht mehr nachgeholt, der Pokal stattdessen abgebrochen. Gerade für die Kreisligisten, bei denen solche Halbfinals nicht an der Tagesordnung standen, war es eine bittere Situation.

Der Weg ins Halbfinale startete für beide spektakulär. RuWa Dellwig schoss den FC Saloniki in Runde eins mit 11:3 ab, wobei sich vor allem Viererpacker Deniz Hotoglu hervortat. Ein engeres Spiel stieg dagegen in Schönebeck. Gegen den SuS Niederbonsfeld setzte sich die Mannschaft von Trainer Ulf Ripke letztlich mit 7:4 durch.

In Runde zwei hatte Schönebeck beim 9:1 gegen die Playhouse Kickers deutlich weniger Probleme. Knapper wurde es dagegen bei RuWa. Gegen die Essener SG gab es letztlich jedoch ein souveränes 3:1. Mit dem gleichen Ergebnis wurde in der dritten Runde auch Landesligist Blau-Weiß Mintard nach Hause geschickt. Für Schönebeck ging es dagegen gegen die SG Kupferdreh-Byfang. Trotz eines 1:2-Halbzeitrückstandes überstand die SGS auch diese Runde und zog durch ein 5:3 ins Viertelfinale ein.

Dort hatte Ripkes Mannschaft Losglück, denn es kam zum Duell mit dem A-Ligisten FSV Kettwig. Am Ende stand ein 3:1-Erfolg zu Buche. RuWa Dellwig ging den Schritt ins Halbfinale dagegen beim Bezirksligisten Vogelheimer SV. In einem engen Spiel fiel die Entscheidung erst in der vierten Minute der Nachspielzeit, als Marcel Schlomm den umjubelten Siegtreffer erzielte.

Im Viertelfinale noch umjubelter Siegtorschütze, doch das Halbfinale sollte schon nicht mehr stattfinden: RuWa Dellwigs Marcel Schlomm.

Landesligisten auf Sparflamme

Den auf dem Papier leichteren Weg hatten die Landesligisten ESC Rellinghausen und SV Burgaltendorf. Die erwarteten Schützenfeste blieben jedoch zunächst aus. Der ESC schlug den TC Freisenbruch mit 2:1, Burgaltendorf den Rüttenscheider Sportclub mit 2:0. Auch in der zweiten Runde gegen BV Eintracht setzte sich das Team von Julian Engelmeyer glanzlos mit 2:0 durch. Rellinghausen hingegen zeigte dem A-Ligisten Teutonia Überruhr den Ligenunterschied auf und gewann deutlich mit 7:1.

Auch die nächsten Hürden nahmen beide Teams souverän. Während der ESC den FC Blau-Gelb Überruhr mit 4:2 schlug, kam Burgaltendorf gegen Adler Union Frintrop zu einem 3:0-Erfolg. Ihre Viertelfinals gestalteten beide dagegen deutlich. Burgaltendorf ließ dem Bezirksligisten TuS Essen-West beim 6:1 ebenso keine Chance wie der ESC Rellinghausen dem B-Ligisten Juspo Essen West. Bei dem deutlichen 8:0-Erfolg mauserte sich Niklas Nadolny mit einem Dreierpack zum Mann des Tages. Dass all diese Siege am Ende des Tages nahezu wertlos waren, ahnte da noch niemand.

Tizian Canizales

Corona in der Landesliga: Von Pause, Abbruch und Neubeginn

Zunächst werden Essens Landesligisten im Unklaren gelassen, dann folgt der Saisonabbruch

Issam Said, Trainer des VfB Frohnhausen, läutete die Corona-bedingte Saisonunterbrechung mit Sonderurlaub für seine Mannschaft ein.

Nichts ging mehr auf der Platzanlage des SV Burgaltendorf. Für den sportlichen Leiter Jörg Oswald kam die Entscheidung, den Spielbetrieb aufgrund der Anfang des Jahres 2020 ausgebrochenen Corona-Pandemie zu unterbrechen, nicht überraschend. „Damit war zu rechnen. Es ist wichtig, den Ausbruch des Virus zu verlangsamen, auch wenn ich nicht denke, dass fünf oder sechs Wochen dazu reichen“, meinte er. Es sei daher auch nur konsequent, den kompletten Trainingsbetrieb einzustellen. Oswald: „Wir sind alle betroffen, daher ist es wichtig, den Ball flachzuhalten und sich an die Vorgaben zu halten.“

Auch beim VfB Frohnhausen lief nichts mehr. Zwar konnte Trainer Issam Said die Entscheidung nachvollziehen, empfand die angesetzte Zeitspanne von rund einem Monat aber als zu lang. Zudem fehle den Sportlern eine wichtige Ablenkung und auch die Möglichkeit, sich einmal auszupowern. Die Spieler hätten erst einmal zehn Tage Urlaub bekommen, danach würden sich alle zusammensetzen und überlegen, wie es weitergehen soll. „Wir müssen gucken, was wir machen können, damit die Jungs im Saft bleiben, vielleicht gehen wir laufen“, plante Said. Denn bislang war ja nicht sicher, wie es sportlich in den Ligen weiter gehen soll.

Diese Frage stellte sich auch Dirk Möllensiep, Trainer des abstiegsbedrohten Landesliga-Neulings Steele 03/09. Seine Mannschaft hat zum Zeitpunkt des Abbruchs bereits ein Nachholspiel, weitere sechs hätten hinzukommen können. „Natürlich gibt es wichtigere Probleme, aber als Fußballtrainer frage ich mich auch, wie wir die Saison beenden sollen“, sagte er.

Im Sommer wurde diese Frage schließlich vom Fußballverband Niederrhein beantwortet: Saisonabbruch, keine Absteiger, dazu Aufstiege nach Quotientenregel. Außerdem sollte die Saison 2020/21 pünktlich starten und bestenfalls regulär zu Ende gespielt werden.

Für den SV Burgaltendorf, den VfB Frohnhausen und die SpVgg Steele bedeutete das ein weiteres Jahr Landesliga. Die Spielklasse wurde am Niederrhein statt zweinun dreigeteilt, sodass weniger Vereine in einer Liga spielten. Dadurch fanden sich die drei Klubs gemeinsam mit weiteren Essener, Duisburger, Mülheimer und Oberhausener Vereinen in der Gruppe drei wieder.

Am besten lief es dort zu Saisonstart für die SpVgg Steele. Nach sieben Spielen standen schon elf Zähler und Tabellenplatz fünf zu Buche. Die Frohnhauser Löwen hielten sich mit zwei Zählern weniger auf Platz zehn und damit von der Abstiegszone fern. Einen Fehlstart legte hingegen der SV Burgaltendorf hin. Gerade einmal drei Punkte holte das Team von Trainer Julian Engelmeyer in den ersten sieben Partien. Damit lagen sie abgeschlagen auf dem letzten Tabellenplatz.

Petra Köster/Tizian Canizales

Essener Bezirksligisten profitieren vom Saisonabbruch

Zwei Essener Klubs profitieren: BG Überruhr steigt auf, SC Phoenix nicht ab

Stefan Lorenz schaffte mit Blau-Gelb Überruhr die direkte Rückkehr in die Landesliga.

Die Saison 2019/20 in den Ligen des Fußballverbandes Niederrhein ist auf dem außerordentlichen Verbandstag vorzeitig beendet worden und unter dem Strich ließ sich festhalten, dass einige Essener Bezirksligisten durchaus von dem Abbruch profitierten. So gab es eine großzügige Aufstiegsregelung: Neben den jeweiligen Tabellenführern zum Zeitpunkt des Abbruchs wurden auch die Hinrunden-Tabellenführer mit einem Aufstieg belohnt. Beide Varianten wurden nach der Quotienten-Regel entschieden. Dazu gab es keine Absteiger.

Einer der Gewinner wart Stefan Lorenz. Mit Blau-Gelb Überruhr schaffte er als unangefochtener Spitzenreiter in der Gruppe sechs die direkte Rückkehr in die Landesliga: „Der gesamte Verein freut sich über den Aufstieg. Die Entscheidung des FVN ist in Ordnung. Damit ist der Verband möglichen Klagen aus dem Weg gegangen. Wir hätten aber natürlich die Saison gerne sportlich beendet", sagte er.

Franco Di Felice steckte mit dem Heisinger SV in der Gruppe zwei dagegen im Abstiegskampf. Die Heisinger standen zwar auf einem Nicht-Abstiegsplatz und hatten fünf Punkte Vorsprung auf den Relegationsplatz, allerdings auch eine Partie mehr absolviert: „Die Entscheidung war für uns keine Überraschung. Ich denke, dass die meisten Vereine damit leben können. Da wir punktemäßig sehr gut aus der Winterpause gekommen sind, bin ich überzeugt, dass wir die Klasse auch ohne den Saisonabbruch gehalten hätten."

Auch der SC Phönix profitierte letztendlich von der Entscheidung des FVN, denn die Essener belegten einen Abstiegsplatz und hatten bereits fünf Zähler Rückstand auf das rettende Ufer. Trainer Arndt Krosch räumte ein: „Wir profitieren natürlich von dem Saisonabbruch. Die Entscheidung ist aber richtig, und alle Vereine haben jetzt Planungssicherheit für die nächste Saison."

Die garantierte dem SC zwar einen Platz in der Bezirksliga, nicht aber den neuerlichen Verbleib. Sicher war nur, dass Krosch seinen Trainerposten nach zwölf Jahren räumen und stattdessen das Amt des Sportlichen Leiters bekleiden würde. Christian Dzirvinskis und Jörg Funke sollten stattdessen dafür sorgen, dass an der Raumerstraße weiterhin Bezirksligafußball gespielt wird. Denn die Saison 20/21 ging nicht gut los. Gerade einmal einen Sieg holte der SC Phönix aus den ersten sechs Spielen der neuen Saison. Folglich reichte es in der siebten Gruppe nur zum letzten Tabellenplatz.

Besser stand da schon der Heisinger SV da, der sich in der gleichen Liga über dem Strich halten konnte. Neben einem Sieg gab es zwei Unentschieden und drei Niederlagen. Mit fünf Punkten belegte das Team von Di Felice den zwölften Tabellenplatz.

Blau-Gelb Überruhr dagegen schaffte es, eine Klasse höher einen guten Saisonstart hinzulegen. Als Aufsteiger holte die Mannschaft von Stefan Lorenz zehn Punkte aus den ersten sieben Partien, was zu einem Platz im Tabellenmittelfeld reichte.

Fabrice Nühlen/Tizian Canizales

Essen feiert Champions-League-Titel

Die Fußballerinnen des GTSV triumphieren im italienischen Vigevano

Essen ist Champions-League-Sieger! Sogar im Fußball – Es ist der GTSV, der den Titel an die Ruhr geholt hat.

Gehörlosen-Turn- und Sport-Verein 1910 Essen e. V. lautet der komplette Name des Vereins, und es sind die gehörgeschädigten Futsal-Kickerinnen, die den wichtigsten Pokal in ihrer Sportart in die Höhe stemmen durften – nun schon zum zweiten Mal hintereinander. Im Interview erklärt Trainerin Laura Hesseln, was ihre Spielerinnen auszeichnet und wie der Triumph im italienischen Vigevano gefeiert wurde.

- **Frau Hesseln, was bedeutet Ihnen und Ihrem Team der erneute Gewinn der Champions League, konkret der European Deaf Champions League Futsal?**

Laura Hesseln: Das bedeutet uns sehr viel! Bisher hat ja auch noch keine Damenmannschaft den Pokal zweimal hintereinander gewonnen. Für einige unserer Spielerinnen war es sogar das erste Mal. Wir haben also Geschichte geschrieben, und das macht uns sehr stolz.

- **Kann man sagen, dass der GTSV Essen das beste weibliche Gehörlosen-Futsal-Team der Welt ist?**

Momentan sind wir sicher das beste Team Europas, ja, aber der Welt? Wir haben keine Vergleichsmöglichkeiten und leider wissen wir auch nicht, ob in den anderen Kontinenten DCL durchgeführt wird. Wir veranstalten keine Klub-WM, wie es bei den Hörenden auf dem Großfeld der Fall ist. Brasiliens Frauen zum Beispiel wurden im November 2019 Weltmeister, für mich sind sie als Nationalmannschaft sehr stark. Falls sie ebenfalls in einem Verein spielen, dann würden wir uns sehr gerne mit ihnen messen. Sie haben Futsal im Blut.

- **Wie haben Sie den Sieg in Vigevano gefeiert?**

In der Kabine haben wir ein wenig gefeiert, ehe im Anschluss an unseren Wettbewerb das Herren-Finale und die Siegerehrung anstand. So durften wir erst am Abend den Pokal in die Höhe stemmen. Vor der internationalen Party haben wir dann noch schnell bei McDonalds gefeiert. Etwas unkonventionell, aber bei uns ist alles möglich.

- **Melissa Gracic wurde zur besten Spielerin gekürt, sie hat auch die meisten Tore erzielt. Was bedeuten die Auszeichnungen für sie?**

Man muss den Hut vor Melissa Gracic ziehen, sie hat das Jahr über, wie einige andere Spielerinnen, hart trainiert. Bei der letzten WM konnte sie ihre Leistung nicht vollständig zeigen, deshalb freuen wir uns umso mehr, dass es diesmal bei uns geklappt hat. Wenn das Team sie unterstützt und gut füttert, dann dankt sie es mit Toren und guten Leistungen.

- **Wie lange gibt es schon das Futsal-Frauen-Team beim GTSV Essen, wie oft trainieren Sie und spielen Sie auch draußen auf dem Feld Fußball? Falls ja, wo und in welcher Liga?**

Das GTSV-Team gibt es seit 2007, damals haben wir noch „normalen“ Hallenfußball gespielt. Als dann Futsal eingeführt wurde, wurde auch bei den Gehörlosen Meisterschaften nach den Futsal-Regeln gekickt. Wir trainieren einmal pro Woche in der Halle. Gerne würden wir lieber zweimal in der Woche trainieren, aber leider bekommen wir in Essen keine zusätzliche Halle beziehungsweise keinen weiteren Trainingstag.

Heiko Buschmann

Welch Freude: Die Futsal-Kickerinnen des GTSV Essen holten in Vigevano die Champions League – zu Hause erhoffen sie sich mehr Trainingsmöglichkeiten.

Der FC Kray ist neuer Hallenkönig

Nach der 4:0-Führung wird das Endspiel gegen den ETB zu einer engen Angelegenheit

Der FC Kray setzte sich bei der 26. Auflage der Hallenfußball-Stadtmeisterschaft am Hallo im Finale der gegen den ETB Schwarz-Weiß mit einem 4:3-Sieg zum vierten Mal nach 2001, 2006 und 2012 die Hallenkrone auf. Im gesamten Turnierverlauf verlor der neue Hallenkönig kein Spiel.

Für den ETB muss sich dieses Endspiel wie eine Fortsetzung des Turniers im vergangenen Jahr angefühlt haben: Bereits 2019 erreichte der Oberligist das Finale, musste sich aber dem VfB Frohnhausen denkbar knapp mit 6:8 nach Neunmeterschießen geschlagen geben. Somit wartet der Essener Traditionsverein weiterhin auf den ersten Titel beim Budenzauber.

Das Endspiel versprach viel Spannung und Dramatik: Immerhin trafen zwei Liga-Konkurrenten aufeinander. Vom eigenen Anhang mit Trommeln lautstark angefeuert, erwischte Kray einen Blitzstart und ging bereits nach 23 Sekunden durch Ilias Elouriachi mit 1:0 in Führung. Die erste Unaufmerksamkeit der Schwarz-Weißen war postwendend bestraft worden. Der ETB fand in der Anfangsphase überhaupt nicht statt. Kray dominierte und lag bereits nach knapp zehn Minuten mit 4:0 in Front. Kamil Poznanski und ein Doppelpack von Girolamo Tomasello, der vor der Saison von ETB nach Kray gewechselt war, brachten das Team von Coach Philip Kruppe früh auf die Siegerstraße.

Es roch nach einer Demütigung für die Elf vom Uhlenkrug. Doch so einfach wollte sie es dem FCK dann doch nicht machen. Begünstigt von zwei Zeitstrafen gegen Kray, kämpfte sich der ETB zurück und verkürzte innerhalb weniger Minuten auf 3:4. Sekunden vor Schlusspfiff, hatte die Truppe von Trainer Ralf vom Dorp sogar die Möglichkeit zum Ausgleich.

Insgesamt krönte sich der FC Kray dann aber verdient zum Hallenstadtmeister. Die kompletten drei Wochen war die Kruppe-Elf das beste Team und überzeugte mit großer individueller Klasse und filigranen Kabinettstückchen. Das einzige Spiel, dass die Krayer nicht erfolgreich gestalten konnten, war das torreiche 4:4-Remis in der Endrunde gegen den Vorjahressieger VfB Frohnhausen. Trainer Kruppe strahlte stolz: „Das haben wir uns erarbeitet. Wir waren die dominierende Mannschaft im Turnier. Im Endspiel haben wir es in den letzten Minuten zu spannend gemacht, weil wir unsere Chancen nicht konsequent genutzt haben."

Fabrice Nühlen

FC Kray jubelt: Der Fußball-Oberligist ist nach 2001, 2006 und 2012 zum vierten Mal Essener Hallenfußball-Stadtmeister.

BESTE SPIELER

Erstmals wurden bei der Essener Hallenstadtmeisterschaft zwei Spieler ausgezeichnet. Die beiden Hallenspezialisten Yassine Bouchama und Ilias Elouriachi zauberten seit dem ersten Turniertag im Verbund und waren die entscheidenden Akteure beim vierten Triumph des FC Kray.

BESTER TORSCHÜTZE

Issa Issa vom Bezirksligisten VfB Frohnhausen war zum zweiten Mal in Serie bester Torschütze des Turniers. Kurios: Der Angreifer setzte sich durch, obwohl seine Mannschaft als Titelverteidiger nicht am Finaltag vertreten war. In der Endrunde erzielte der 35-Jährige zehn Tore und verdiente sich den Preis.

BESTER TORHÜTER

Der Torhüter des ETB Schwarz-Weiß Essen wurde vom Organisations-Team dieser Stadtmeisterschaft zum besten Torwart des Turniers gewählt. Hauptverantwortlich für die Auszeichnung war das spektakuläre Torwart-Tor von Gröger in der Endrunde gegen den VfB Frohnhausen.

Al-Arz sammelt Spenden für Beirut

Die Explosion in der libanesischen Hauptstadt schockt auch den Essener Klub

Als sich am 4. August um 18.08 Uhr im Hafen von Beirut eine verheerende Explosion ereignete, hatte 4.000 Kilometer von der Hauptstadt Libanons entfernt Nemr Fakhro fast Feierabend. Der erste Vorsitzende des Essener Kreisligisten Al-Arz Libanon konnte kaum fassen, was er im TV sah. 200 Tote, mehr als 6.000 Verletzte – statt vom Entsetzen gelähmt zu sein, traf er sich am nächsten Vormittag mit den anderen Al-Arz-Vorstandsmitgliedern. Sein Bruder Nouri, Marwan und Bassam Allouche, Ahmed Ali-Khan und er waren sich sich schnell einig: „Wir müssen etwas tun!"

Sie eröffneten ein Konto beim Online-Bezahldienst PayPal und hofften, dass ein paar hundert Euro für die Hinterbliebenen der Opfer und den Wiederaufbau in Beirut zusammenkommen.

Zwölf Jahre zuvor hatte sich der Klub im Stadtteil Altenessen gegründet, wo sich vor Jahren eine größere deutsch-libanesische Community angesiedelt hatte. Gekickt wird auf der Sportanlage an der Bäuminghausstraße, wo der TuS Helene, der erste Verein von Trainerlegende Otto Rehhagel, zu Hause ist. „Viele Spieler mit libanesischer Herkunft haben vorher in verschiedenen anderen Essener Vereinen gespielt. Wir wollten denen eine sportliche Heimat bieten und gleichzeitig die Integration fördern", erzählt Nemr Fakhro.

Nemr Fakhro, Marco Brandowski, Bassam Allouche, Issam Said und Nouri Fakhro (v. l.) freuen sich über die Spenden.

Nicht das erste soziale Projekt des Vereins

Die Spendenaktion für Beirut war nicht das erste Projekt, mit dem der Multikulti-Klub sein soziales Engagement zeigte. Als Corona das öffentliche Leben ausbremste, stellte der Klub sein Vereinsheim für Hilfseinrichtungen zur Verfügung. Spieler und Vorstandsmitglieder gingen für Bedürftige einkaufen und ein Sponsor, ein arabischer Bäcker, spendete 200 Fladenbrote für die Essener Tafel.

„Als wir einst mit unseren Familien nach Deutschland kamen, sind wir hier gut aufgenommen worden. Dafür wollen wir etwas zurückgeben", erzählt Nemr Fakhro.

Nach der Sammelaktion ging eine vierstellige Summe in den Libanon – damit waren die Erwartungen übertroffen. „Ob Vorstandsmitglieder, Spieler, deren Familien oder andere liebe Menschen, die mit Al-Arz direkt nichts zu tun haben: So viele Leute haben sich beteiligt", freut sich Nemr Fakhro.

Allein 500 Euro kamen bei einem Freundschaftsspiel zusammen, zu dem sich Al-Arz und der VfB Frohnhausen kurzfristig trafen. „Wir hatten an dem Tag eigentlich auf unserer Anlage eine Art Trainingslager mit zwei Testspielen geplant, doch unsere beiden Gegner haben direkt verzichtet, als wir von unseren Plänen erzählt haben", berichtet Nemr Fakhro.

Heiko Buschmann

Nach zwölf Jahren endet eine Ära

Arndt Krosch hört als Trainer beim SC Phönix auf

Es ist im Fußballgeschäft eher ein Einzelfall, wenn ein Trainer mehr als zehn Jahre beim selben Verein tätig ist. Beim Essener Bezirksligisten SC Phönix und Trainer Arndt Krosch war das zwölf Jahre lang anders. Krosch übernahm Phönix im Jahr 2008. Zuvor war er Sportlicher Leiter bei TGD Essen-West. Die Entscheidung war gewagt: Der Essener hatte keine Erfahrung als Trainer im Seniorenfußball und der SC Phönix kickte in der Kreisliga B.
In der Gegenwart sieht das anders aus: Phönix spielt in der Bezirksliga und konnte im vergangenen Jahrzehnt einige Erfolge feiern. Vier Aufstiege bejubelte Trainer Krosch mit seiner Mannschaft. Dazu gewann der Essener Klub im Jahr 2011 sensationell als A-Ligist die Hallenstadtmeisterschaft und den Reviercup. Diese Ära ist beendet: Krosch legte sein Amt zum Ende der Saison nieder.

Zwölf Jahre stand Arndt Krosch bei Phönix Essen an der Seitenlinie.

Der Ex-Trainer schwärmt von seiner Zeit beim SC Phönix: „Wir sind von der Kreisliga B bis in die Bezirksliga marschiert. Die Garanten für den Erfolg waren Volkan Yilmaz, Bastian Thielert, Patrick Höftmann, Carsten Isenberg und Tuncay Kurmali, der im Verein verehrt wird. Die Aufstiege und der Gewinn der Hallenstadtmeisterschaft waren sehr besonders und emotional. Ohne die gute Zusammenarbeit mit unseren Sponsoren wären diese Erfolge nicht möglich gewesen“, betonte Krosch.

Aber Krosch hatte in seiner Amtszeit auch Misserfolge erlebt. So musste Phönix zwei Mal den Gang von der Bezirksliga in die Kreisliga A antreten. In der Saison 2019/20 stand der Bezirksligist erneut bei der Saison-Unterbrechung auf einem Abstiegsplatz, konnte sich aber durch den endgültigen Abbruch retten. Krosch glaubt, dass sein Team auch ohne fremde Hilfe den Abstieg vermieden hätte: „Ich bin überzeugt, dass wir in dieser Saison den Liga-Verbleib geschafft hätten. Das Vertrauen in die Mannschaft war groß.“

Christian Dzirvinskis und Jörg Funke übernahmen nach dem Krosch-Abgang das Ruder an der Raumerstraße. Die beiden wechselten vom Platznachbarn VfB Frohnhausen zum SC Phönix. Dort hatte das Trainergespann die U19 trainiert. Krosch, der dem Verein als Sportlicher Leiter erhalten bleibt, erklärt die Entscheidung: „Ich hatte das Gefühl, dass nach Corona der richtige Zeitpunkt ist, um den Trainerwechsel zu vollziehen. Wir haben mit Chris und Jörg ein Top-Trainerteam verpflichten können. Die beiden sprechen die Sprache der jungen Spielergeneration. Unterstützt werden sie von unserem langjährigen Spielführer Erol Serin, der sich in den letzten Jahren zu einem absoluten Führungsspieler entwickelt hat. Ich möchte dem Verein für die tolle Zusammenarbeit danken und freue mich auf die Herausforderung als sportlicher Leiter.“

Dominik Hamers / Fabrice Nühlen

Ein Turnier der Völkerverständigung

Beim „Danone"-Cup stehen die sportlichen Ergebnisse im Hintergrund

Die U14-Fußballer von Rot-Weiss Essen nach den Challenges bei der Siegerehrung.

Sonntagnachmittag, Flughafen Barcelona. Noch einmal ein paar Erinnerungsstücke in der Shopping-Passage gesichert, dann ging es für die U14-Fußballer von Rot-Weiss Essen und die U14-Juniorinnen der SGS Essen wieder in Richtung Heimat. Hinter sich ließen die beiden Teams ereignisreiche Tage in der katalanischen Hauptstadt. Schließlich hatten sie beim Danone Nations Cup – dem weltweit größten Fußball-Jugendturnier dieser Altersklasse – Deutschland vertreten dürfen. Über einen Sieg im Bundesfinale hatten sich die Rot-Weissen dafür qualifiziert.

RWE verließ Spanien mit dem achten Platz, die SGS mit Position sechs. Die Platzierungen waren weniger interessant. Das zeigte sich bereits nach dem Platzierungsspiel der Juniorinnen aus Schönebeck. Die Partie gegen Kanada, die unglücklich mit 0:1 verloren ging, war gerade beendet, da erntete die Mannschaft von Trainer Christian van Zwamen Sonderapplaus. Und zwar vor allem von den anwesenden Eltern der Kontrahenten.

„Hier geht es auch um Völkerverständigung", sagte van Zwamen. „Klar, die Mädels waren mit Ehrgeiz bei der Sache, viel spannender war es aber zu sehen, wie Kontakte unter den Teams aus den ganzen Ländern geknüpft wurden." So zum Beispiel mit den Französinnen, die am Ende Platz zwei belegt haben. „Da gab es bereits einige Instagram-Stories und auch beim Finale haben sie fleißig angefeuert."

Die SGS-Talente selbst erhielten vor dem Finaltag im RCDE Stadion von Espanyol Barcelona eine Videobotschaft von der ehemaligen U-Nationalspielerin Annalena Breitenbach, die bis zum Sommer Co-Trainerin gewesen ist und immer noch in der Bundesliga-Mannschaft der SGS spielt. Geholfen hat dieser Zuspruch auf jeden Fall SGS-Torfrau Alina Beer. Sie wurde als beste Torhüterin des Turniers ausgezeichnet.

Auch für RWE-Trainer Marcel Poelman waren die Ergebnisse beim Danone Nations Cup zweitrangig. Dabei hatten die Bergeborbecker die Gruppenphase mit Siegen gegen Andorra (11:0), die Schweiz (1:0), Algerien (2:0) und die USA (3:2) noch punktverlustfrei beendet. Im Viertelfinale unterlagen sie den Bulgaren mit 1:2 nach Neunmeterschießen.

„Wir haben sportlich natürlich einiges mitgenommen, dadurch dass wir gegen so viele Nationen angetreten sind", sagte Poelman, dem es im Endeffekt nicht mehr ganz so wichtig war, welchen Platz sie am Ende gemacht hatten: „Was wir erlebt haben, war einzigartig, da ist das schnell vergessen. Bei allem sportlichen Ehrgeiz ist das, was die Jungs menschlich gelernt haben, viel wichtiger als das, was sie auf dem Platz erreicht haben."

Einen Sieg hatten sie aber dennoch zu feiern. Bei den Challenges (u. a. Torwandschießen, Fußballtennis) belegte RWE den ersten Platz. Die Prämie: Neben Fußballschuhen auch eine Teqball-Platte. Eine Art Tischtennisplatte, die für Fußballtennis ausgelegt ist.

Die Mädels der SGS verpassten diese Prämie als Zweitplatzierte hinter den Argentinierinnen denkbar knapp. Für van Zwamen ist aber auch das absolut kein Problem: „Wir gönnen den Argentinierinnen den Sieg. Die sind hier ohne jegliche Klamotten angereist, weil dort der Frauenfußball nicht so respektiert wird wie hier. Wenn wir Erster geworden wären, hätten wir ihnen den Satz Fußballschuhe geschenkt."

Stefan Loyda

Co-Trainer schlägt jugendlichen Schiedsrichter

Übler Vorfall bei einem C-Jugendspiel an der Pelmannnstraße

Gewalttätige Übergriffe auf Schiedsrichter oder Spieler sorgen leider auch im Amateurfußball in Essen immer wieder für Schlagzeilen. Ende September kam es auf der Sportanlage an der Pelmanstraße in Holsterhausen zu einem Vorfall, der Verantwortliche des Fußballkreises erst einmal sprachlos machte.

Im Spiel um den Kreispokal in der C-Jugend trat der TuS Holsterhausen gegen den ESC Preußen Essen an. 14- und 15-jährige Kicker, die dem Ball hinterherjagen. Noch vor Ende der ersten Halbzeit brach der Schiedsrichter die Partie ab: Der Co-Trainer der Preußen-Mannschaft hatte dem Unparteiischen ins Gesicht geschlagen. Ein unglaublicher Vorgang. So etwas habe es im Essener Fußballkreis bislang noch nicht gegeben, sagte Schiedsrichter-Obmann Torsten Schwertfeger. Dabei wähnte man sich dort auf einem guten Weg.

Der Schiedsrichter war 17 Jahre alt. Der Co-Trainer, der übergriffig geworden ist, ist ein erwachsener Mann. Dass er als Trainer Jugendlichen eigentlich ein Vorbild sein sollte, machte auch aus Sicht des Offiziellen alles nur noch schlimmer. „14- und 15-Jährige sehen, wie ihr Co-Trainer zuschlägt. Und wir fragen uns später, wo haben die das nur her."

Torsten Schwertfeger hat nach Gesprächen versucht, den Hergang zu rekonstruieren. Der Schiedsrichter habe auf Tor für die Heimmannschaft erkannt. Daraufhin sei der Co-Trainer des Gästeteams laut geworden. „Der Schiedsrichter ist dann auf ihn zugegangen. Ob er ihn ermahnen oder des Feldes verweisen wollte, weiß ich nicht." Der Co-Trainer habe dann „relativ unvermittelt ausgeholt, um ihm eine Ohrfeige zu geben." Das Spiel sei daraufhin sofort unterbrochen worden. Der Vater des Schiedsrichters, der die Partie am Rande verfolgte, habe sich schützend vor seinen Sohn gestellt. Der TuS Holsterhausen rief die Polizei, die mit Streifenwagen anrückte. Er habe nie damit gerechnet, dass bei einem Fußballspiel ein Erwachsener gegenüber einem Jugendlichen gewalttätig werden könnte, sagte Schwertfeger fassungslos. Wegen Corona habe sechs Monate lang kein Spiel stattfinden können. „Es sollten doch alle froh sein, dass sie wieder Fußball spielen können."

Was den Co-Trainer dazu bewog, zuzuschlagen, blieb ein Rätsel. Letztlich spielte das aber auch keine Rolle. „Eine Grenze wurde überschritten", sagte Daniel Künzel, Vorsitzender des ESC Preußen Essen, der sich eigentlich auf einen ruhigen Abend gefreut hatte. Damit war es vorbei, als ihn die Nachricht von dem Übergriff erreichte. Künzel spach von einer „Vollkatastrophe", für die er sich als erstes beim TuS Holsterhausen entschuldigt habe.

Den Co-Trainer beschrieb Künzel als engagierten Mann, der schon sehr lange im Verein tätig sei. „Wir achten schon darauf, dass es passt", sagt Künzel über die Auswahl von Betreuern und Trainerteam. Letztlich sind sie auch bei ESC wie bei jedem anderen Verein froh, wenn sich jemand ehrenamtlich einbringt. Besondere Qualifikationen werden nicht verlangt, bestätigt Torsten Schwertfeger. Das Opfer, der 17-jährige Schiedsrichter, habe den Täter zudem angezeigt. Ein Fall für das Zivilgericht.

Marcus Schymiczek

Die Sportanlage an der Pelmannstraße wurde im September zum Schauplatz einer üblen Szene.

Tusem Essen wird für harte Arbeit belohnt

Nach sieben Jahren ist der Traditionsverein zurück in der Handball-Bundesliga

Carsten Ridder stieg mit Tusem Essen in die Bundesliga auf.

Der Traditionsklub Tusem Essen ist nach sieben Jahren Abstinenz zurück im Oberhaus des deutschen Handballs. Durch die Quotientenregelung hat der dreimalige Deutsche Meister den Sprung in die erste Liga geschafft, auch wenn Trainer Jaron Siewert durchaus lieber den sportlichen Weg eingeschlagen hätte: „So fehlt uns ein bisschen das Aufstiegsgefühl", sagte der 26-Jährige.

Doch auch wenn die Party nur daheim auf der Couch stattfinden konnte, sah es der scheidende Coach als „schönes Zeichen der Anerkennung". Die Anerkennung von harter Arbeit, die dem Tusem in den vergangenen drei Jahren unter Siewert viel Schweiß und durchaus Tränen gekostet hatte. Denn bevor der Berliner 2017 die Essener übernahm, waren sie dem Abstieg in die 3. Liga nur denkbar knapp entkommen. Von da an war klar, dass ein Neuanfang hermüsse. Der kam mit Siewert, der nach erfolgreicher Mission zurück zu den Füchsen Berlin gegangen ist. Dass es direkt zum Wiedersehen mit seinem alten Klub kommen würde – „Das war ja auch insgeheim unser Traum", verriet Siewert.

Die Bundesliga wird zur riesigen Herausforderung

Zwar ist die Entscheidung am „Grünen Tisch" gefallen, doch auch sportlich war das Team aus dem Ruhrgebiet auf einem guten Weg in Richtung Aufstieg. „Die Jungs haben sich das verdient", fand Geschäftsführer Niels Ellwanger, der seiner Mannschaft über die gesamte Saison hinweg „Kampf, Willen, Können und Teamgeist" attestierte. Vor allem der Start in die Spielzeit gelang den Essenern hervorragend, weil sie neben dem besten Angriff der Liga auch eine der stärksten Defensiven vorweisen konnte. In der Offensive wirbelte das Linksaußen-Duo Tom Skroblien/Noah Beyer, am Kreis zeigte Tim Zechel kaum Nerven und im Rückraum dirigierten Justin Müller oder auch Kapitän Jonas Ellwanger das Spielgeschehen. Eine eingespielte Mannschaft, die in den vergangenen Jahren sehr viel Lehrgeld zahlen musste, sich aber enorm weiterentwickelt hat.

Nach dem Aufstieg steht die nächste riesige Herausforderung ins Haus. Aus der 1. Bundesliga werden vier Mannschaften absteigen und naturgewiss wird es der Tusem als Aufsteiger mit begrenzten finanziellen Mitteln nicht einfach haben. „Jedes Spiel wird für uns eine Mammutaufgabe werden", sagt Jonas Ellwanger, „aber wir haben nichts zu verlieren und wollen für die eine oder andere Überraschung sorgen."

Joshua Windelschmidt

„Männer, ich bin stolz auf euch!“

Die Aufstiegs-Party der Tusem-Handballer muss unter Beachtung der Corona-Regeln stattfinden

Keine Sekt-Fontänen, keine Gesänge, niemand, der eine Trophäe nach oben stemmte oder sich mit einem Kumpel schunkelnd in den Armen lag. Aufstiegspartys zu Corona-Zeiten sind halt anders. „Aber immerhin haben wir es überhaupt geschafft, etwas zu organisieren“, sagte Herbert Stauber, Sportlicher Leiter bei Tusem Essen. Was wohl nicht viele Vereine von sich behaupten können.

Die Handballer von der Margarethenhöhe luden ein ins Autokino am Flugplatz Essen/Mülheim, um den erfolgreichen Moment zu würdigen. Der Tusem ist in die 1. Bundesliga aufgestiegen, doch so richtig hat das kaum einer mitbekommen, weil die Saison zehn Spieltage vor dem Ende abgebrochen wurde. Die Bilder von tanzenden Spielern und ausgelassen hüpfenden Fans, sie fehlten.

Es war Staubers Idee, überhaupt etwas auf die Beine zu stellen. Die Jungs hätten es sich verdient. Und Funk und Fernsehen berichteten an diesem Tag mit Live-Schalten von einer ungewöhnlichen Party. Ja, es war anders, zuweilen fast andächtig still – aber durchaus unterhaltsam auch für die Fans, weil zwischen den Ehrungen und Verabschiedungen Aufnahmen von sportlichen Highlights über die riesige Leinwand flimmerten. Und Erinnerungen wurden ebenfalls wach, als ein Grußwort des Ehrenpräsidenten Klaus Schorn verlesen wurde, dem ehemaligen Handball-Macher, der den Tusem einst auf die sportlichen Gipfel führte, aber nach der Insolvenz 2005 kein Bundesliga-Spiel mehr gesehen hatte.

Begleitung für den anschließenden Taxi-Dienst

Um die 250 Autos, viele in den Vereinsfarben rot und weiß geschmückt, füllten das weitläufige Gelände. Hübsch aufgereiht standen sie in gebührendem Abstand. Und in Reihe eins, na klar, da hatten die Handballer ihre kleinen Flitzern geparkt, mit denen sie in einem Korso vorgefahren waren. Auf dem Rücksitz Frau oder Freundin für den anschließenden Taxi-Dienst.

Denn der Aufstieg wurde natürlich ordentlich begossen. „Der Zechel ist doch schon wieder durch“, frotzelten sie aus ihrem Autofenster, als der Kreisläufer zur Ehrung antrat und im Vorübergehen die Windschutzscheiben mit Bierschaum bespritzte. Aber so viel Überschwang kam dann doch selten auf.

Oberbürgermeister Thomas Kufen überreichte die Urkunde der Stadt Essen an Handball-Chef Niels Ellwanger, der sie mit einem markigen „Hey“ in die Luft streckte. Ellwanger erinnerte daran, dass man vor drei Jahren fast in die 3. Liga abgestiegen wäre. Der Aufschwung war zweifelsohne auch ein Verdienst von Trainer Jaron Siewert, der damals das Team übernahm und nach erfolgreicher Mission nach Berlin wechselte. „Wir sind als jüngste Mannschaft der Liga mit sehr bescheidenen Mitteln aufgestiegen“, rief Ellwanger. „Wir haben uns das verdient. Männer, ich bin stolz auf euch!“

Rolf Hantel

Aufstiegstrainer Jaron Siewert vor rot-weiß-geschmückten Autos.

„Wir haben gelernt zu siegen“

Jaron Siewert verabschiedet sich vom Erstliga-Aufsteiger Tusem. Seine Zeit in Essen war prägend

Die Aufgabe schien groß für den damals erst 23 Jahre alten Jaron Siewert. Der junge Trainer sollte die Handballer des Tusem Essen zurück in die Bundesliga führen. Drei Jahre später verabschiedete sich der Coach aus der Ruhrmetropole: Mit erfolgreich erfüllter Mission.

- **Herr Siewert, haben Sie sich in der neuen alten Heimat schon wieder eingelebt?**

Jaron Siewert: Naja, also ich wohne ganz woanders als früher und weil die Stadt riesig ist, ist es schon etwas ungewohnt. Zumal sich die Füchse ja zum Teil auch verändert haben. Aber es wäre gelogen, wenn ich sagen würde, dass die Vorfreude nicht riesig wäre. Es geht schon ein Traum für mich in Erfüllung.

- **Sie sind mit dem Tusem aufgestiegen, außerdem ist unter anderem Ihr Sohn in Essen geboren. Was verbinden Sie mit der Stadt?**

Ich hatte drei wundervolle Jahre beim Tusem und alle Menschen dort ins Herz geschlossen. Der Aufstieg ist natürlich ein Erlebnis, das für immer bleiben wird. Aber ich habe auch privat starke Verbindungen geknüpft und schöne Erinnerungen daran. Ich kehre immer wieder gerne zurück, weil ich auch die gesamte Region, das Ruhrgebiet lieben gelernt habe.

- **Wie schwer ist Ihnen der Abschied gefallen?**

Energisch an der Seitenlinie: Tusem Essens Aufstiegstrainer Jaron Siewert.

Die Aufstiegsfeier im Autokino war sicherlich ein sehr emotionaler Moment. Aber es war durch die Corona-Krise auch ein Abschied auf Raten für mich, muss ich ehrlich sagen. Der zog sich über drei Monate, war also eine langsame Entwöhnung (schmunzelt).

- **Sie kamen als sehr junger Trainer. Was haben Sie in dieser Zeit gelernt?**

Unter'm Strich haben wir alle gelernt zu siegen. Die Mannschaft, aber auch ich. Für mich war aber immer das Allerwichtigste einen attraktiven Handball zu spielen, mit diesem Vorhaben bin ich damals gekommen. Und ich denke, dass wir eine tolle Siegermentalität entwickelt haben.

- **Der Tusem war Ihre erste Profi-Station als Trainer. Sie kamen kurz nachdem der Verein fast in die dritte Liga abgestiegen war. Haben Sie je Druck empfunden?**

Druck ist ein nettes Wort (schmunzelt). Natürlich wird der von außen herangetragen. Aber wir haben uns als Mannschaft auch Druck gemacht. Alle waren extrem ehrgeizig und wollten viel erreichen. Ich denke, dass wir diesem Druck letztendlich auch standgehalten haben.

- **Ihr Start war mit einem Sieg aus zehn Spielen damals eher holprig. Haben Sie damals gezweifelt?**

Es ist natürlich nicht einfach an mir abgeprallt. Das hatten wir uns auch anders vorgestellt. Aber ich habe immer das Vertrauen gespürt und gemerkt, dass die Mannschaft wollte. Das haben wir dann zum Glück auch zeitnah umgesetzt, auch wenn es für mich ein schmerzhaftes Lernen war (lacht).

- **Was bleibt Ihnen, neben dem Aufstieg, in Erinnerung?**

Spiele wie gegen Gummersbach in der ausverkauften Halle „Am Hallo“. Wenn 2500 Fans deine Mannschaft nach vorne peitschen, dann ist das sehr schön. Davon hatten wir viele Spiele.

Joshua Windelschmidt

Jamal Naji ist bereit für die Herkules-Aufgabe

Der neue Trainer des Tusem Essen weiß, dass die Herausforderung größer nicht sein könnte

Der Sprung ins kalte Wasser ist für die meisten Menschen schon nicht wirklich angenehm, aber der Sprung in die 1. Handball-Bundesliga dürfte noch mehr am Nervenkostüm reißen und Adrenalin ausschütten. Als neuer Trainer des Aufsteigers Tusem Essen erlebt Jamal Naji die bislang größte Herausforderung seiner recht jungen Karriere, sowohl sportlich als auch psychologisch.

Naji hat eine Wohnung auf der Margarethenhöhe bezogen und sich gleich ein erstes Bild von Essen gemacht. „Ich bin sehr positiv überrascht", staunte der 34-Jährige, „denn ich hätte nicht gedacht, dass Essen so grün ist. Als Dorfkind finde ich das schon mal sehr schön. Und die Margarethenhöhe ist auch eine tolle Ecke." Grün ist das Dorfkind mit marokkanischen Wurzeln aus seiner Geburtsstadt Bad Honnef gewohnt, in der er recht spät zum Handball gefunden hat. „Ich habe erst mit 14 Jahren angefangen, fand Handball dann aber spannender und interessanter als Fußball", schmunzelt Naji, der dann später eine Einladung zur Junioren-Nationalmannschaft erhalten sollte und selbst als Rückraumspieler in der 3. Liga zum Einsatz kam. Von seinem Heimatverein, der HSG Siebengebirge/Thomasberg ging es über die Nachwuchsakademie des VfL Gummersbach zum TSV Bayer Dormagen, wo er zuletzt Jugendkoordinator war und die A-Junioren trainierte.

Neu an der Seitenlinie: Trainer Jamal Naji.

Faible für amerikanische Sportarten

Handball ist aber nicht der einzige Sport, den Jamal Naji verfolgt. Vor allem die amerikanischen Sportarten haben es dem studierten Politikwissenschaftler angetan: „Davon kann ich mir viel abkupfern für den Handball. Die Amerikaner sind viel fortschrittlicher und genauer, was die sogenannten ‚Advanced Stats' angeht, also Statistik-Analysen. Da sind wir im Handball noch relativ weiter hinterher. Das wird aber noch eine ziemlich wichtige Rolle im deutschen Handball einnehmen, da bin ich mir sicher." Basketball, aber auch Football seien solche Sportarten, von denen Naji lernen könne. Aus diesem Grund plant der Tusem-Trainer mit seiner Mannschaft während der Saison-Vorbereitung sogar eine gemeinsame Einheit mit dem Essener Football-Team, den Assindia Cardinals.

In der oft zitierten „stärksten Liga der Welt" wird der Klassenerhalt mit dem Tusem eine Herkules-Aufgabe, die schier unlösbar scheint. Als Aufsteiger hat man es ohnehin nicht leicht, das zeigt die Erfahrung der vergangenen Jahre, zudem hat der Tusem das jüngste Team und den kleinsten Etat der Liga. Wie soll der Klassenerhalt gelingen? „Man muss kein großer Handball-Prophet sein, um zu erkennen, dass es brutal schwer für uns wird", sagte Naji kurz nach seiner Ankunft in Essen, „aber wir gehen nicht in die Liga und sagen, dass wir nur einen Punkt holen wollen. Ich habe bis jetzt auch noch keine Ahnung, wie sehr die Corona-Krise an anderen Vereinen nagt, möglicherweise werden sie noch schwächer. Und wenn wir nur im Ansatz eine Chance haben können, dann versuchen wir sie zu ergreifen."

Joshua Windelschmidt

Erneut eine Riesengaudi

800 Zuschauer sahen das Benefizspiel zwischen den AllbauAllstars und dem Tusem Essen

Es war wieder eine richtige Handballparty auf der Margarethenhöhe. Die Allbau Allstars forderten den Zweitligisten Tusem Essen heraus und rund 800 Zuschauer kamen, um gemeinsam mit den Spielern zu feiern. Dieses Event, das auch noch einem guten Zweck dient, hat in der Essener Handball-Szene längst seinen Platz gefunden hat.

Nur einer kam nach dem Spiel bedröppelt daher: Dirk Bril. Der Trainer des Landesligisten DJK GW Werden war an diesem Abend Chef bei den Profis und hielt fest: „Ich habe noch nie gewonnen." Und tatsächlich: Bril war zum neunten Mal beim Allstar-Spiel dabei, konnte aber noch nie einen Sieg feiern. Denn in den ersten sieben Jahren betreute er die Stadtauswahl, die stets verlor. Doch vor zwei Jahren wechselte er die Seiten – und prompt verlor der Tusem.

Aber natürlich sah es der Sportsmann mit einem Augenzwinkern und freute sich auch über einen erneut gelungenen Abend am Lührmannwald. Heraus kam zudem ein ordentliches Sümmchen: 7200 Euro werden an das Stadtteilprojekt „Storp9" im Essener Südostviertel überwiesen.

Das Traditionstreffen hat einen ernsten Hintergrund, der allerdings während des Spiels allenfalls in den Hinterköpfen der Zuschauer verweilte. Denn was sich auf der Platte abspielte, war wie immer unterhaltsam. Die Profis versuchten zu zaubern, die Allstars spielten mutig und durften so manchen „Joker" zur Hilfe nehmen. Und wann immer einer der Akteure Latte oder Pfosten traf, schrien vereinzelte Fans „Durst!" – und der schnellste bekam einen Gutschein für ein Getränk. Auch so kann man Zuschauer einbinden.

Die Minis Juca und Vincens helfen beim Siebenmeter aus

Immer wieder sorgten beide Teams für Höhepunkte: Ein Traumtor folgte dem nächsten. Außerdem traf Torhüter Fredrik Genz für den Tusem vom Siebenmeterpunkt, genauso wie die Minis Luca und Vincens, die spontan auf das Spielfeld gerufen wurden. Und für die Allstars war der Abend an sich ein nicht alltägliches Ereignis.

„Es hat ordentlich Spaß gemacht", freute sich Max Reimann von der SG Überruhr und ergänzte: „Ehrlich gesagt war es vor und nach dem Spiel noch mal eine Nummer geiler, weil die Leute und Mitspieler einfach überragend sind." Reimann und seine Mannschaft wurden immerhin von Profi-Trainer Jaron Siewert trainiert, was auch zu spüren war. „Das war schon was anderes, ein richtiges Erlebnis", sagte Reimann.

Aber bei aller professionellen Unterstützung ging es natürlich ziemlich lockerer zu. Zum Beispiel in der Halbzeitpause. Eine lange Team-Besprechung gab es nicht, stattdessen versammelten sich die Allstars an der Theke. Reimann lachte: „Der Trainer hat gesagt, dass wir einfach so weitermachen und Spaß haben sollen. Wir in der Mannschaft waren uns dann recht schnell einig, dass wir eben an den Bierstand gehen." Ob das dafür gesorgt hat, dass die Stadtauswahl am Ende mit 49:39 gewinnen konnte, bleibt reine Spekulation. Der guten Stimmung tat das definitiv keinen Abbruch.

Joshua Windelschmidt

Längst eine Institution im Essener Handball: Das Benefizspiel samt Gruppenbild.

Wohnbau zieht sich bei den ETB Miners zurück

Nach der katastrophalen Saison gibt es eine Zäsur bei den Basketballern

Das Trio beim Basketball-Regionalligisten ETB Miners gehört der Vergangenheit an: (v. l.) Geschäftsführer Dieter Homscheidt, Routinier Chris Alexander und Frank Skrube, dessen Wohnbau eG sich vom Sponsoring zurückzieht.

Das durfte man schon fast als Zäsur bezeichnen: Nach 15 Jahren der Partnerschaft hat sich die Wohnbau eG als (Namens-)Sponsor der ETB-Basketballer zurückgezogen. Der Ein-Jahres-Vertrag, der zum Start der Miners in der Ersten Regionalliga in Kraft getreten war, wurde nicht verlängert. Eine Entscheidung, die bereits zu einem frühen Zeitpunkt getroffen wurde und auf die der ETB entsprechend reagieren konnte.

So bestätigte der Geschäftsführer der ETB-Basketballer, Dieter Homscheidt den Etat für die Saison 2020/21 in der Zweiten Regionalliga vertraglich fixiert zu haben. Für einen ambitionierten Kader, der unbedingt aufsteigen soll, und der auf jeden Fall das Zeug dazu hat. „Wir wussten früh Bescheid und haben frühzeitig das Gespräch mit unseren Partnern gesucht."

Homscheidt bedankte sich ausdrücklich für die gute Zusammenarbeit, auch in den zuletzt schwierigen Jahren. Die für eine mögliche Fortsetzung der Zusammenarbeit aber wohl doch eine zu große Hypothek bedeuteten – gerade die katastrophale vergangene Saison. „Wir sind dankbar, dass die Wohnbau eG uns beim Neustart unterstützt hat. Dass wir in dieser Spielzeit absolut keine Argumente sammeln konnten, ist offensichtlich. Ich habe da vollstes Verständnis."

Verein und Geldgeber trennen sich im Guten

Und weiter: „Es gibt auch keinen Bruch, wir sind im Guten auseinander gegangen. Und wir können auch weiter Wohnungen der Wohnbau nutzen; nur, dass wir eben jetzt Miete bezahlen, was aber in unserem Etat auch berücksichtigt ist." Wie gesagt: dieser Rückzug ist eine Zäsur. Durch Dick und Dünn ging es viele Jahre, mit der vergangenen Saison war dann aber die Schmerzgrenze offenbar erreicht. „Für uns geht es vor allem auch um die Präsenz, und da haben wir mit der Zweiten Regionalliga nun ein Niveau erreicht, in der sich das für uns nicht mehr rechnet", so Frank Skrube, Pressesprecher der Wohnbau eG.

Derweil haben die Miners über eine weitere Personalie entschieden: Nachwuchstalent Jonathan Broer bleibt bei den Essenern und bekommt so die Chance, sich in einem erfahrenen Team weiterzuentwickeln. Der Youngster spielte in der Saison 2019/20 neben seinem Engagement beim ETB auch noch in der NBBL der ART Giants Düsseldorf, wo er knapp zehn Punkte und sieben Rebounds im Schnitt verbuchte. Bei den Miners in der Ersten Regionalliga waren es für Broer, den immer wieder Kniebeschwerden zurückwarfen, in 14 Saisonspielen 2,2 Punkte und 3,1 Rebounds.

„Jonathan ist ein Perspektivspieler, der noch jung ist und trotzdem im letzten Jahr schon einige Minuten in der ersten Mannschaft bekommen hat", erläutert Raphael Wilder, Sportlicher Leiter der Essener.

Achim Faust

Vorfreude auf Essener Derbys

Adler Union Frintrop und ETB Miners spielen künftig in der Zweiten Regionalliga

Die Essener Basketball-Fans dürfen sich auf das Essener Derby ETB Wohnbau Miners gegen Adler Union freuen. Die Frintroper, nach dem coronabedingten Saisonabbruch Meister der Zweiten Regionalliga, verzichten auf ihr Aufstiegsrecht und bleiben in der fünften Liga.

„Das ist die Klasse, in der wir uns einfach wohl fühlen", sagt Trainer Tobias Stadtmann. „Die Liga, die wir mit dem Einsatz, den wir noch aufwenden können und wollen, meistern können." Natürlich habe es auch Spieler gegeben, die das Abenteuer Erste Regionalliga durchaus reizvoll gefunden hätten. Stimmen, die auch gehört worden seien, so Stadtmann, und mit denen man sich auseinandergesetzt habe. Der Grundtenor sei aber ein anderer gewesen. „Wären wir ohne Corona sportlich aufgestiegen, hätte es vielleicht auch eine andere Euphorie gegeben. Ich glaube aber, es macht so am meisten Sinn."

In Frintrop freut man sich riesig auf die Duelle mit den Miners. „Die Derbys werden klasse", sagt der Frintroper Coach. Und ergänzt: „Wenn man liest, wer dort alles verpflichtet wird, das ist schon wirklich gut."

Der ETB legte in der Sommerpause nach für eine erfolgreiche Saison. Das nächste Puzzlestück: Lennart Weichsel. Auch der 1,86 Meter lange Comboguard bringt einiges an Erfahrung und Qualität für den ETB mit, Weichsel war bereits für Dorsten, Schalke, Düsseldorf und Herten in der 1. Regionalliga West aktiv und konnte diese zweimal gewinnen. Unter Raphael Wilder, Sportlicher Leiter der Miners, spielte er zu seiner Schalker Zeit zudem zwei Jahre in der 2. Basketball Bundesliga ProB und stieg bis in die ProA auf.

Tobias Stadtmann von Adler Union Frintrop.

Auch für Lennart Weichsel gilt – wie für manch anderen im Team: Er hat sein bestes Basketball-Alter noch nicht gelebt, sondern steckt mittendrin. Weichsel gilt als sehr athletisch, das soll den Miners vor allem auch in der Defensive helfen. Als „Löwe" legte er in Herten in der vergangenen Saison 5,7 Punkte, 3,0 Assists, 3,4 Rebounds und einen Steal pro Spiel auf.

Miners-Sportdirektor Raphael Wilder freut sich: „Lenny Weichsel ist eine Bereicherung für jede Mannschaft. Er hat einen sehr hohen Basketball-IQ, ist ein toller Teamkamerad, kann auf mehreren Positionen spielen und weiß, was als Spieler nötig ist, um aufzusteigen." Lennart Weichsel indes weiß, was ihn erwartet. Er kennt Wilder und weiß deshalb sehr genau, dass nur der Aufstieg zählt: „Ich weiß, was mich erwartet, wenn Raffi eine Mannschaft zusammenstellt. Ich freue mich, in einem Team zu spielen, bei dem es Spaß macht zuzugucken."

Die Miners wollen schnellstmöglich – am besten direkt – wieder raus aus der Zweiten Regionalliga. Nach einem beispiellosen Absturz soll nun Schluss sein mit den schlechten Nachrichten und die bisherige Off-Season gibt sehr wohl Anlass zur Hoffnung, dass es diesmal wirklich klappen könnte, dass die Miners Schritt halten können mit ihren Ankündigungen.

Achim Faust

Corona-Session auch mit Olympia-Teilnehmer

Sie wollten doch nur spielen: Volleyball-Trainer Peter Bach hat für die U18 ein Treffen im Netz initiiert

„Der will nur spielen." Man kennt den Spruch allzu entspannter Hundebesitzer, der aber irgendwie auch seinen Platz in der Corona-Krise gefunden hat. Ja, auch die U18-Volleyballer des VV Humann wollen spielen, doch dieser Wunsch bleibt ihnen verwehrt. Ausgerechnet vor den Westdeutschen Meisterschaften, wo der Titelverteidiger aus Steele zu den Favoriten gezählt hätte, war plötzlich Schluss. „Das ist eine ehrgeizige Truppe", sagt Trainer Peter Bach. „Und der Saisonabbruch war schon sehr frustrierend, weil alle unheimlich viel investiert haben."

Immer am Ball: Jugendtrainer Peter Bach und Zweitliga-Coach Jens Bräkling.

Aber Not macht ja erfinderisch. Und wer Peter Bach kennt, der weiß, dass dieser Mann immer und jederzeit etwas auf Lager hat. Ehrgeizig ist er, engagiert und kreativ. Man könne nie vorhersagen, was der „Bacher" so als nächstes in Angriff nehme, sagte mal ein ehemaliger Volleyball-Kollege über ihn. Ein Phänomen, denn schließlich ist der Familienvater als leitender Oberarzt in einem Herner Krankenhaus zeitlich schon hinreichend ausgelastet.

Gleichwohl wollte der Coach, der von einer Corona-Pause und nicht -Krise spricht, die sportliche „Auszeit" sinnvoll nutzen und organisierte kurzerhand für seine Youngster ein Treffen im Netz. „Es ist keine leichte Zeit, wenn man einfach nur spielen will", heißt es in der Ankündigung auf der Vereinsseite. „Aber gemeinsam lässt es sich leichter ertragen, dass alle Meisterschaften und Turniere abgesagt worden sind."

So lud Bach dreimal in der Woche zu einer ungewöhnlichen Videokonferenz, die gut zwei Stunden dauerte. Und seine Spieler machten mit. Bis zu 30 Teilnehmer waren regelmäßig eingeloggt. „Das fühlt sich schon gut an", freute sich der Coach über diese Resonanz und das Engagement. „Ich habe sie aber auch ein bisschen genötigt, selbst etwas dazu beizutragen", schmunzelte der Initiator.

Die jungen Volleyballer mussten zu Beginn kurze Referate vortragen über Technik und Taktik. Danach ging es über zu Themen der Sportphilosophie und -psychologie, sozusagen ein bisschen Lebenshilfe auch fürs Hallenparkett.

Mit dabei war stets ein Ehrengast, der nicht nur aus den eigenen Reihen stammt. Aus der langen Bundesliga-Geschichte des VV Humann gibt es genügend Größen wie Frank Fischer, der einst mit VVH in der 1. Liga schmetterte.

Aber es standen auch externe Promis auf der Gästeliste. Michael Warm, Cheftrainer beim deutschen Rekordmeister Friedrichshafen, war ebenso auf Sendung wie Beach-Profi Stefan Windscheif, Olympia-Teilnehmer Christian Dünnes oder US-Auswahlspieler Dustin Watten, bei dem das Gespräch selbstverständlich auf Englisch geführt wurde. Sie alle stellten sich den Fragen und legten ihren Erfahrungsschatz offen.

Soweit die Theorie. Sportlich aktiv waren sie allerdings auch in diesen zwei Stunden. Die jungen Volleyballer durften Videos von sich einreichen für eine Art Sport-Challenge. Und zum Ausklang gab's ein halbstündiges Workout der Athletik-Abteilung mit sinnigen Namen wie „Blood Sweat Tear" (Blut, Schweiß Träne) „No Mercy" (keine Gnade) oder Terminator. Das sprach für sich.

Rolf Hantel

> 11.10.

Eishockey: An diesem Freitagabend feiert ein alter Bekannter eine kurze Rückkehr. Larry Suarez, der bereits vor einigen Jahren als Jugend- und Assistenzcoach tätig war, vertritt beim Heimspiel gegen die Saale Bulls den verletzten Frank Gentges. Die 1:4-Niederlage trübt die Wiedersehensfreude allerdings. „Wir haben über 60 Minuten nicht das gezeigt, was wir uns vorgenommen hatten", kritisiert er.

> 12.10.

Fußball: Regionalligist Rot-Weiss Essen kassiert die dritte Pleite in Folge. Im Stadion Essen unterliegt die Mannschaft von Christian Titz, die so grandios in die Saison gestartet ist, Absteiger Fortuna Köln mit 0:1. Kevin Grund, einer der dienstältesten Essener, analysiert später: „In den Spielen vorher wollte jeder den Ball haben. Doch es hat der Mut gefehlt. So kannst du kein Spiel gewinnen."

Rollstuhlbasketball: In der 2. Rollstuhlbasketball-Bundesliga besiegen die Hot Rolling Bears beim Heimdebüt RSC Osnabrück mit 64:34. Die Partie zum Auftakt in Hamburg musste wegen eines technischen Defekts abgesagt werden und wurde mit zwei Punkten und 20:0 Körben den Essenern gutgeschrieben, die damit Spitzenreiter sind. Trainer Markus Pungercar ist zufrieden: „Wir konnten die Partie frühzeitig klarmachen und uns etwas schonen. Mit der ersten Hälfte bin ich sehr zufrieden. In der zweiten haben wir viel experimentiert, wodurch der Spielfluss etwas gelitten hat."

Basketball: Die ETB Wohnbau Miners warten weiter auf ihren ersten Sieg in der Ersten Basketball-Regionalliga. Mit etwas aufpoliertem Selbstvertrauen aus dem Sieg im WBV-Pokal in der Woche zuvor gegen den Oberligisten TuS Königsdorf (83:60) reisten die Essener zur BG Hagen – aber auch weiter mit großen personellen Sorgen. Am Ende muss sich der ETB knapp mit 79:87 geschlagen geben, trotz einer kämpferisch starken Leistung. Die Miners bleiben sieglos und haben bereits vier Punkte Rückstand auf den Vorletzten.

Volleyball: Auch harter Kampf wird nicht immer belohnt. Das bekommen die Zweitliga-Volleyballerinnen des VC Allbau beim Heimspiel gegen den SV Bad Laer zu spüren. In der Halle Bergeborbeck müssen sie sich mit 2:3 den Gästen beugen. „Wir haben gezeigt, dass wir mithalten können. Wir haben teilweise sogar dominiert", resümiert VCA-Trainer Marcel Werzinger, er moniert aber auch die „fehlende Konstanz" seines Teams.

Hockey: Die Hockey-Damen des HC Essen sind nach dem 2:1-Auswärtssieg beim Düsseldorfer HC Herbstmeister in der Regionalliga. Derweil sieht es für die Etuf-Damen schlechter aus: Nur ein Punkt aus dem Doppelspieltag mit Partien gegen die TG Heimfeld (1:1) und den Crefelder HTC (1:2) reicht nicht, um die Rote Laterne dauerhaft an den Hamburger Polo Club abzugeben. Die Hanseatinnen ziehen an den Essenerinnen vorbei.

> 13.10.

Jugendfußball: Beim Danone Nations Cup in der spanischen Metropole Barcelona treten die U14-Teams von Rot-Weiss Essen und der SGS Essen als „Team Deutschland" an. RWE wird Achter, die SGE belegt Rang sechs – doch die Ergebnisse sind an diesem besonderen Tag egal. „Hier geht es auch um Völkerverständigung", sagt SGS-Trainer Christian van Zwamen. Und RWE-Coach Marcel Poelmann ist begeistert: „Was wir erlebt haben, war einzigartig, da ist das schnell vergessen. Bei allem sportlichen Ehrgeiz ist das, was die Jungs menschlich gelernt haben, viel wichtiger als das, was sie auf dem Platz erreicht haben."

Ringen: Der TV Dellwig fährt in der Oberliga einen überzeugenden 29:10-Sieg gegen den bis dato ungeschlagenen Spitzenreiter KSV Witten II ein. Trainer Christian Jäger relativiert die Bedeutung des Triumphs jedoch: „Einige Akteure bei Witten wurden in der Ersten eingesetzt, so dass der Gegner nicht in Bestbesetzung antrat. Mit der stärksten Mannschaft hätten wir sicher mehr Probleme gehabt."

Rudern: Unter Flutlicht – auch das soll es beim Rudern geben. Beim Stadtachter-Rennen verteidigt der Ruderklub am Baldeneysee (RaB) mit Weltmeister Jakob Schneider zum zweiten Mal den Titel. Beim Frauen-Vierer überrascht Gastgeber Kettwiger RG.

Judo: Bei den Westdeutschen Meisterschaften in Herne holt Nicole Neuhof vom 1. Essener JC in der Klasse bis 57 kg die Bronzemedaille und qualifiziert sich für die Deutschen Einzelmeisterschaften in Stuttgart. Neuhof, die in der Nacht zuvor erst aus dem Urlaub kam, startet gegen Mara Pilarski (Linden) mit einem Sieg. Danach bezwingt sie Katrin Bocker aus Herford. Im Halbfinale unterliegt sie Louisa Fuchs (Bochum). In der Trostrunde wartet die Favoritin Lena Wilkes (Bottrop). Neuhof beginnt mutig und siegt vorzeitig mit Ippon. Damit hat sie Bronze sicher und löst das DM-Ticket.

Nele Neuhof

Frauenfußball: Die SGS Essen kann auch auswärts gewinnen. Und wie: Beim Aufsteiger USV Jena setzen sich die Bundesliga-Fußballerinnen von der Ardelhütte dank einer furiosen zweiten Hälfte mit 7:1 (0:1) durch. Nach drei Heimsiegen gelingt der Elf von Trainer Markus Högner damit auch in der Fremde der erste Dreier. Lea Schüller, Turid Knaak und Lena Oberdorf, die erst kurz zuvor von der Nationalmannschaft zurückkehrten, steuern sechs Treffer bei.

> 18.10.

Eishockey: Die Moskitos unterliegen den Piranhas Rostock im Penaltyschießen mit 1:2. Gegen Rostock dauert es deutlich länger als die üblichen 60 Minuten, ehe der Sieger feststeht. Erst die fünfte Runde im Shoot-out bringt die Entscheidung. Essens Julian Airich vergibt, Rostocks Tom Pauker verwandelt zum 2:1 für Rostock. So endet der Eishockey-Krimi, bei dem es nach 60 Minuten 1:1 gestanden hat, zugunsten der Gäste

> 19.10.

Fußball: Die Rot-Weissen atmen nach dem Schlusspfiff erleichtert auf: Pflicht erfüllt, drei Punkte im Sack. Mit dem 2:1-Sieg über Schlusslicht SV Bergisch Gladbach feiern sie nach drei Niederlagen in Folge endlich wieder einen Erfolg und machen dazu in der Tabelle Boden gut auf den SV Rödinghausen, der nach einer 0:1-Pleite in Oberhausen den Thron für den SC Verl räumen muss. Es ist ein verdienter Erfolg der Essener, darin sind sich alle einig. Aber schön ist's insgesamt nicht, was beide Mannschaften auf den Rasen bringen.

Ringen: Mit dem klaren 26:11-Sieg beim Tabellenvorletzten VfK Lünen-Süd sichert Ringer-Oberligist TV Dellwig den zweiten Tabellenplatz. Schon den Hinkampf hatten die Dellwiger deutlich mit 24:11 für sich entschieden.

> 20.10.

Skaterhockey: Die SHC Rockets Essen rücken ihrem Traum vom Gewinn der Deutschen Meisterschaft ein kleines Stück näher: Mit 15:10 gewinnen sie in den Play-offs auch das zweite Spiel der Best-of-Three-Serie beim Deutschen Pokalsieger Samurai Iserlohn und stehen damit im Halbfinale.

Rollstuhlbasketball: **Die Rollstuhlbasketballer der Hot Rolling Bears setzen ein dickes Ausrufezeichen. Den Ligafavoriten BBC Münsterland besiegen sie in eigener Halle mit 67:48 und behaupten die Tabellenspitze in der 2. Bundesliga punktgleich mit Rahden. Der Gastgeber präsentiert sich in absoluter Topform. Die Bears zünden gleich zu Beginn ein Feuerwerk. Vor allem Jens Hillmann ragt heraus mit seinen ersten sechs Punkten zur 8:2-Führung.**

Handball: Das ist schon fast zirkusreif, was die Handballer des Tusem Essen im Duell beim VfL Lübeck-Schwartau kurz vor dem Ende auf das Parkett zaubern. Beim 26:21-Auswärtssieg gegen einen der Favoriten auf den Aufstieg strotzen die Jungs von Trainer Jaron Siewert nur so vor Selbstvertrauen. Sie hätten die Partie aber noch deutlicher gestalten können. Doch das trübt die Laune nicht: Der Zweitligist behauptet Platz eins.

Jens Hillmann war der überragende Spieler beim Sieg der Rolling Bears über den BBC Münsterland.

Eishockey: Für ein erste Sechs-Punkte-Wochenende langt es bei den Wohnbau Moskitos zwar nicht, unter dem Strich steht dennoch der bisher erfolgreichste Doppelspieltag der Saison zu Buche. Der Essener Eishockey-Oberligist siegt bei den Black Dragons Erfurt souverän mit 5:1. Zwei Tage zuvor verlor der ESC unglücklich mit 1:2 nach Penaltyschießen gegen Rostock, behielt aber damit immerhin einen Punkt am Westbahnhof.

> 24.10.

Fußball: **Eine Nachricht aus Wattenscheid erschüttert Fußball-Deutschland und die Regionalliga. Die SG 09 streckt nach etlichen Jahren mit massiven finanziellen Schwierigkeiten die Läufe und meldet die erste Mannschaft vom Spielbetrieb ab. Das hat zur Folge, dass allen Mannschaften, die gegen die Schwarz-Weißen gepunktet haben, die Zähler wieder abgezogen werden. So auch Rot-Weiss Essen, das gegen das Team von Farat Toku mit 2:0 gewann. Das bringt die Verantwortlichen auf die Palme. „Beim Stichwort Lizenzierung wird in der Regionalliga so getan, als seien wir vor 20 Jahren stehengeblieben. Das ist skandalös", sagt RWE-Chef Marcus Uhlig.**

> 25.10.

Eishockey: Viermal geraten die Wohnbau Moskitos in einer spannenden Partie in Rückstand. Doch mit viel Willen und einer Portion Glück drehen die Essener die Partie kurz vor Schluss. 38 Sekunden vor Ablauf der Uhr trifft Enrico Saccomani zum 5:4 und lässt die gut 1000 Zuschauer in der Eissporthalle aufatmen. Auch Larry Suarez muss anschließend erst einmal durchschnaufen, ehe er dem KEV ein berechtigtes Lob ausspricht. Krefeld sei „mit Abstand der beste Gegner" der letzten Wochen gewesen, sagt der Interimstrainer der Moskitos.

> 26.10.

Fußball: Regionalligist Rot-Weiss Essen kann sich auf Fortuna verlassen: Die Essener sind wieder auf Erfolgskurs. Nach drei Niederlagen in Folge fahren die Essener mit dem 1:0 bei der U23 von Fortuna Düsseldorf den zweiten Sieg in Folge ein und rücken auf Rang drei vor. Glücklich? Verdient? Das ist an diesem Tag nicht ganz so einfach zu beantworten, denn RWE hat zwar mehr Spielanteile, aber mitunter auch reichlich Fortune, dass die Gastgeber nicht zum Ausgleich kommen und die Gäste mit einem Eigentor in Führung

Moskitos-Coach Larry Suarez.

bringen. Erst der Schlusspfiff sorgt im Paul-Janes-Stadion für Entspannung und Erleichterung beim Favoriten. „Ich bin froh", resümiert RWE-Trainer Christian Titz, „dass wir 1:0 gewonnen haben in einem wirklich schwierigen Spiel".

> 27.10.

Frauenfußball: Auch mit einem dezimierten Kader bleibt der VfL Wolfsburg das Maß aller Dinge in der Frauenfußball-Bundesliga. Für die SGS Essen ist das allerdings eine bittere Erkenntnis: Denn der Außenseiter wehrt sich beim Tabellenführer nach Kräften und stellt die Hausherrinnen durchaus vor Probleme. Das Ergebnis fällt am Ende mit 1:5 aus Sicht der Essenerinnen dennoch happig aus. „Eine solch hohe Niederlage haben wir nicht verdient", sagt Trainer Markus Högner.

Eishockey: Beim schmeichelhaften Last-Minute-Sieg gegen den Krefelder EV zwei Tage zuvor haben die Wohnbau Moskitos das Glück offenbar zu stark strapaziert. Denn zwei Tage später ist Fortuna auf Gegners Seite. Im Gastspiel bei den Hannover Indians liegt der ESC lange Zeit vorne, es riecht bereits stark nach einem Auswärtssieg. Doch in der Schlussphase kassieren die Moskitos den Ausgleich, in der Verlängerung trifft der Gastgeber zum 1:2-Endstand aus Essener Sicht.

Rollstuhlbasketball: Die Hot Rolling Bears bleiben in der 2. Rollstuhlbasketball-Bundesliga Nord in der Erfolgsspur. Die Essener gewinnen beim Schlusslicht Ahorn Panther Paderborn verdient mit 69:53 und erobern die Tabellenspitze. Sie sind als einzige Mannschaft noch ungeschlagen. Bears-Trainer Markus Pungercar atmet auf: „Paderborn war wieder einmal der schwere und unangenehme Gegner. Mit der Favoritenrolle tun wir uns zudem schwer. Wir haben es nicht geschafft, die Spannung hoch zu halten."

Ringen: Beim punktlosen Schlusslicht KSV Hohenlimburg siegt Ringer-Oberligist TV Dellwig verdient mit 28:15. In nur 24 Minuten machten die Dellwiger in der Oberliga kurzen Prozess mit dem Tabellenletzten, allerdings mit einer etwas umgestellten Mannschaft. „Wir haben drei Kämpfer aus der zweiten Mannschaft mitgenommen und ihnen die Chance gegeben, mal in der Oberliga anzutreten", erklärt Trainer Christian Jäger.

> 30.10.

Handball: Diese Nachricht will nicht so recht ins Bild passen: Zweitligist Tusem Essen ist punktgleich mit Tabellenführer HSC Coburg, hat erst zwei Spiele verloren und hat damit die besten Bedingungen geschaffen, im Aufstiegskampf mitzumischen. Und dann kommt raus: Trainer Jaron Siewert wird zum Saisonende in seine Heimat Berlin zurückkehren und in der Hauptstadt die erstklassigen Füchse trainieren. Der 25-Jährige wird damit der jüngste Trainer der Bundesliga-Geschichte.

Eishockey: Bittere Kunde für die Wohnbau Moskitos: Der Eishockey-Oberligist wird vom Deutschen Eishockey-Bund (DEB) mit einem Abzug von drei Punkten bestraft. Der Grund: Im Heimspiel gegen die Crocodiles Hamburg Anfang10. soll der ESC einen „formell nicht spielberechtigten Spieler" eingesetzt haben, wie es in einer Mitteilung des Verbandes hieß. Dabei handelt es sich um Thomas Richter.

> 31.10.

Fußball: Rot-Weiss Essen erreicht im Verbandspokal locker das Viertelfinale. Gegen den Oberligisten Spvg Schonnebeck trifft RWE alle Neune und deklassiert den desola-

Spiele gegen die SG Wattenscheid 09 gehören für Rot-Weiss Essen vorerst der Vergangenheit an.

ten Widersacher nach allen Regeln der Kunst. 9:0 (5:0) heißt es am Ende für den favorisierten Regionalligisten – so krass einseitig haben es sich die gut 2.600 Essener Fans an der Hafenstraße nicht vorgestellt.

> 1.11.

Frauenfußball: Lea Schüller und Markus Högner sind sich uneinig: Während das 1:1 der SGS Essen beim 1. FFC Frankfurt für den Trainer „in Ordnung" geht, ist die Torschützin „vom Ergebnis enttäuscht". Und irgendwie haben sie beide recht. Denn die Bundesliga-Fußballerinnen von der Ardelhütte sind die bessere, die aktivere Mannschaft und haben auch ein Chancenplus auf ihrer Seite. Defensiv aber ist die SGS nicht so stabil, dass ein Treffer zum Sieg reicht.

Eishockey: Es ist ein großer Eishockey-Abend beim Oberliga-Derby zwischen dem Herner EV und den Moskitos Essen. Genießen können ihn allerdings nur die Gastgeber. Sie besiegen ihren Erzrivalen mit 4:1, verteidigen so die Tabellenspitze, und das alles vor der bestmöglichen Kulisse. Erstmalig seit zehn Jahren meldet der Verein die Halle am Gysenberg als ausverkauft. 3714 Zuschauer sorgten für Gänsehaut-Atmosphäre beim ersten Aufeinandertreffen der Saison.

> 2.11.

***Basketball:* Die Miners sind nun wahrlich nicht in einer Situation, in denen Lob und aufmunternde Worte wirklich weiterhelfen. Und doch darf sich der Basketball-Erstregionalligist etwas davon annehmen: Mit der 80:83-Niederlage bei der BG Dorsten kassiert der ETB zwar die zehnte Pleite im zehnten Spiel, das Team von Interimscoach Björn Barchmann zeigt sich aber enorm verbessert und verpasst nur knapp den ersten Sieg.**

Fußball: Regionalligist Rot-Weiss Essen ist zufrieden und darf sich endlich auch mal wieder im eigenen Stadion ausgiebig feiern lassen. Nach zwei knappen Auswärtssiegen fällt der Erfolg gegen die Sportfreunde aus Lotte mit dem 4:1 deutlich aus. Allerdings müssen die Essener ordentlich ackern, bis die Ernte eingefahren ist. Die Tore drei und vier erzielen sie in Überzahl, weil Lottes Kapitän Alexander Langlitz, neben Timo Brauer der

Neu bei den ETB Miners: George Moukas.

Dritte bei den Gästen mit RWE-Vergangenheit, nach einer rüden Attacke an Alexander Hahn Gelb-Rot sieht.

> 3.11.

***Handball:* Die SG Überruhr bleibt auf Erfolgskurs. Der Oberliga-Absteiger besiegt an der Klapperstraße den TV Ratingen mit 29:25 (15:9) und verpasst dabei sogar noch einen deutlicheren Sieg. Erstmals vor eigenem Publikum mit dabei ist der bundesligaerprobte Philipp Pöter. Der Rückraumspieler kehrt damit gewissermaßen zu seinen Wurzeln zurück: Pöter spielte in der Vergangenheit fünf Jahre für Tusem Essen.**

Eishockey: Larry Suarez muss sich vorkommen wie eine Schallplatte. Man habe lange mitgehalten, Moral bewiesen, aber am Ende doch verdient verloren, erklärt der Essener Interimscoach nach der Derbypleite (1:4) beim Herner EV. Nur zwei Tage später klingt sein Fazit beinahe identisch. „Natürlich ist es bitter, wieder zu verlieren," sagt Suarez im Anschluss an das 3:6 gegen die Tilburg Trappers, „aber die Jungs haben wirklich Gas gegeben bis zum Schluss und insgesamt ein starkes Spiel gemacht".

***Handball:* Der Tusem Essen setzt in der 2. Handball-Bundesliga erneut ein Ausrufezeichen. Bei den Rimpar Wölfen, die bisher die stärkste Abwehr der Liga stellen, gewinnt die Mannschaft von Trainer Jaron Siewert am Abend mit 33:26 (17:11). Damit feiert sie den dritten klaren Erfolg in Serie und bleibt an der Tabellenspitze.**

Ringen: Im letzten Kampf der Vorrunde fährt Ringer-Oberligist TV Dellwig gegen den KSV Kirchlinde einen 23:11-Sieg ein und geht nun als Tabellenzweiter in die Play-off-Runde. Die zweite Dellwiger Mannschaft verliert in der Landesliga mit 10:24 gegen Spitzenreiter SU Annen, erreicht aber ebenfalls die Play-offs.

> 5.11.

Schwimmen: Die Schwimmer der SG Essen können endlich wieder im Leistungszentrum Rüttenscheid trainieren. Eine Woche vor der Kurzbahn-DM in Berlin ist das Bad an der Von-Einem-Straße nach abgeschlossenen Sanierungsarbeiten wieder benutzbar. Außerdem schickt die SGE fünf Kandidaten zur Qualifikation für die Olympischen Spiele in Tokio. Damian Wierling, Poul Zellmann, Lisa Höpink, Max Pilger und der in den USA lebende Marius Kusch haben berechtigte Hoffnungen auf eine Reise nach Japan.

> 7.11.

***Basketball:* Während der Try-Out-Vertrag des Franzosen Harvey Matou nicht verlängert wird, verpflichten die ETB Wohnbau-Miners den Griechen George Moukas. Der Flügelspieler soll den noch zaghaften Aufwärtstrend verstärken und dem Team Variabilität verleihen. „Wir brauchen mehr Punk-**

te, George Moukas hat einen guten Drei-Punkte-Wurf", erklärt Interimstrainer Björn Barchmann.

> 8.11.

Fußball: Auch vor dem Auswärtsspiel beim Wuppertaler SV hallt der Ärger über Modalitäten im Zusammenhang mit dem Rückzug der Mannschaft der SG Wattenscheid 09 nach. Rot-Weiss Essen muss bei den Bergischen auf Dennis Grote verzichten. Der Mittelfeldspieler sah im Heimspiel gegen die SGW Gelb und fehlt damit in Wuppertal. Eine merkwürdige Regelung, denn die drei Punkte, die das Team von Trainer Christian Titz gegen die Schwarz-Weißen holte, wurden aberkannt.

Eishockey: Im Heimspiel gegen die Hannover Scorpions tanken die Moskitos Selbstvertrauen. Beim 5:4 gegen die Niedersachsen brennen die Mücken in der Verlängerung ein wahres Feuerwerk ab. „Wir haben schon in den letzten Wochen so ähnlich wie heute gespielt", sagt Interimstrainer Larry Suarez anschließend. Mit einem entscheidenden Unterschied: „Diesmal haben wir es geschafft, uns für den großen Aufwand zu belohnen."

> 10.11.

Basketball: Es geht weiter aufwärts bei den Miners – zumindest bei der Leistungskurve des Essener Basketball-Erstregionalligisten. Die Ergebnisse lassen allerdings weiter zu wünschen übrig: Der ETB verliert sein Heimspiel gegen den Aufstiegsaspiranten Dragons Rhöndorf am Ende recht deutlich mit 85:111. Dennoch können die Miners die Partie gegen den haushohen Favoriten überraschend lange offen zu halten. Erst ein 20:0-Lauf der Gäste im vierten Viertel bringt die Entscheidung.

***Skaterhockey:* Im Kampf um die Deutsche Meisterschaft machen die Wohnbau Rockets den ersten Schritt in Richtung Play-off-Finale: Mit 9:5 schlägt der Skaterhockey-Bundesligist den Crefelder SC im Auftaktspiel der Best-of-Three-Serie und sichert sich damit einen Matchball für das zweite Spiel. „Es ist wichtig, dass wir den ersten Sieg eingefahren haben, und das war insgesamt auch verdient", resümierte der zufriedene SHC-Vorsitzende Thomas Böttcher.**

Sandra Ferger vom VC Allbau beim Schmetterball gegen BW Dingden. Foto: Gerd Hermann

> 11.11.

Volleyball: Die Volleyballerinnen des VC Allbau Essen haben sich gut von der langen Pause in der 2. Bundesliga Nord erholt und sich mit 3:2 beim SV Blau-Weiß Dingden durchgesetzt. Für den Aufsteiger ist es der zweite Sieg im vierten Spiel – Grund zur Freude also. Trotzdem hadert VCA-Trainer Marcel Werzinger ein bisschen mit dem Ergebnis: „Den zweiten und den dritten Satz müssen wir gewinnen. Es hätte ein 3:0-Sieg werden müssen."

Fußball: Bei Regionalligist Rot-Weiss Essen ist das Matchglück zurück. Der Treffer zum 2:1-Auswärtssieg im Derby beim Wuppertaler SV gelingt Hedon Selishta in der sechsten Minute der Nachspielzeit. Die Essener rücken nach der Niederlage des SC Verl wieder näher an die Tabellenspitze.

Hockey: Ein erfolgreicher Saisonstart für den HCE gegen die Zweitvertretung des Bundesligisten Crefelder HTC. Die Essener müssen erstmals ohne den verletzten Philipp Weide auskommen, der sich voraussichtlich in der kompletten Saison nur noch auf seine Rolle als Trainer beschränken muss. Die Gäste sind in dem attraktiven und spannenden Spiel auf Augenhöhe und bis zum Wechsel dreimal in Führung, kassieren jedoch immer wieder den Ausgleich. Am Ende steht ein 5:4-Erfolg.

***Handball:* Der Tusem Essen kommt aus dem Jubeln nicht heraus. In der 2. Handball-Bundesliga gewinnt die Mannschaft von Trainer Jaron Siewert den nächsten Sieg, im Heimspiel gegen den HSV Hamburg steht es am Ende 35:28 (16:15). Und dank des Ausrutschers des Verfolgers HSC Coburg kann der Tusem sogar die Tabellenführung ausbauen.**

> 13.11.

Fußball: Oberligist ETB Schwarz-Weiß Essen erhält Verstärkung. Der Unternehmer Sascha Korte stößt zum Traditionsverein. Der Weg zur Fußballstätte ist logisch, logiert der „Ur-Essener" mit seiner Firma doch vis à vis in der Villa Uhlenkrug. Der ehemalige Hockeyspieler des Etuf ist zu diesem Zeitpunkt vom Fußball eher unbeleckt, freut sich aber auf sein Engagement im Wirtschaftsbeirat des Klubs: „Die Aufgabe beim ETB finde ich ganz spannend, und ich freue mich, dem Verein unter die Arme greifen zu können." Die Familie Korte ist in der Stadt verwurzelt, nach Ur-Opa Rudolf ist die „Korte-Klippe" am Baldeneysee benannt.

***Eishockey:* Bei den Wohnbau Moskitos geht vor dem Derby gegen Duisburg eine Ära zu Ende. Cheftrainer und Sportmanager Frank Gentges macht von einer Vertragsklausel Gebrauch und verlässt den ESC mit sofortiger Wirkung. Bereits seit dem dritten Spieltag stand der 54-Jährige nicht mehr an der Bande. Gentges hat sich Anfang Oktober bei einem Sturz im Training eine schwere Halswirbelverletzung zugezogen, seitdem ist er krankgeschrieben. Daraufhin ins-**

tallierten die Moskitos Larry Suarez als Interimsnachfolger. Im Lichte des Gentges-Abschieds wird der US-Amerikaner zum neuen Chefcoach befördert – vorerst bis zum Saisonende.

> 15.11.

Basketball: Welch eine Enttäuschung! Mit der Entlassung von Headcoach Iria Romarís und der Übernahme der sportlichen Verantwortung durch Björn Barchmann hat sich so etwas wie Stabilität und eine zarte Entwicklung offenbart. Doch nach elf Niederlagen in elf Spielen zählt nun gegen die Elephants aus Grevenbroich nur ein Sieg – und er wird wieder nicht eingefahren. Erneut steht am Ende eine dicke Pleite, das 83:97 beweist einmal mehr, dass schlimmer immer geht und sich der Fall ungebremst bis in die Zweite Regionalliga fortsetzt.

Eishockey: Zwölf Punkte und sieben Tabellenplätze trennen die Wohnbau Moskitos und den EV Duisburg im vor dem Derby am Freitagabend. Nach 60 gespielten Minuten hätte diese Tatsache bei einem unkundigen Zuschauer wohl starkes Stirnrunzeln hervorgerufen. Seien es die Derby-Gesetze, der Trainerwechsel oder einfach nur die Tagesform: Der ESC ist in einem rassigen Duell ohne Verschnaufpausen mindestens auf Augenhöhe, setzt sich am Ende 3:2 durch – und beendet so die Siegesserie des Rivalen vom Rhein, der zuvor acht Spiele in Folge unbesiegt blieb.

> 16.11.

Handball: Große Trauer und Bestürzung in Essen und in der gesamten Handball-Szene: Beim Spiel der SG Überruhr gegen den LTV Wuppertal bricht Lars Krüger zusammen. Der Spieler der SGÜ verstirbt wenig später in einem Essener Krankenhaus.

Skaterhockey: Dass es Tage gibt, an denen nichts so richtig funktionieren will, müssen die SHC Rockets Essen im zweiten DM-Halbfinale der Best-of-Three-Serie gegen den Crefelder SC schmerzlich feststellen. Mit 3:9 unterliegt der Essener Skaterhockey-Bundesligist unerwartet deutlich und vergibt somit den Matchball für den Einzug ins Finale.

***Jugendhandball:* Riesen-Enttäuschung für den Tusem: Die A-Jugend verliert zum Abschluss der Vorrunde das entscheidende Spiel, stürzt auf Rang sechs ab und verpasst damit den Einzug in die Meisterrunde. Verbunden damit ist auch die verpasste direkte Qualifikation für die nächste Saison in der Bundesliga. Rund 150 Zuschauer in der Halle auf der Margarethenhöhe erleben ein intensives „Endspiel".**

Handball: Nach einer umkämpften Partie mit vielen Zeitstrafen setzen sich die Essener Zweitliga-Handballer des Tusem Essen beim TV Emsdetten mit 28:26 (12:13) durch. Damit verteidigt die Mannschaft von Trainer Jaron Siewert die Tabellenführung. Diesmal ist es ein „dreckiger" Sieg, von dem sie in Essen sprechen. Aber:„Die zwei Punkte stehen über allem", zeigt sich Siewert erleichtert.

***Rugby:* Im ersten Heimspiel der Spielzeit empfängt der Grashof RC die Reserve des RSV Köln zum Topspiel. Und es könnte nicht besser laufen für den Essener Rugby-Regionalligisten: Der GRC siegt im Prestigeduell mit 35:8, holt im vierten Saisonspiel den vierten Sieg und steht in der Tabelle nun vor den Kölnern an der Spitze – obwohl der RSV eine Partie mehr absolviert hat. Vereinschef Frank Haberland zeigt sich „sehr zufrieden". Nicht nur aufgrund einer „starken Leistung gegen unseren größten Konkurrenten im Titelkampf", sondern auch wegen der „prächtigen Stimmung im Team".**

> 17.11.

Eishockey: Mit dem ersten Sechs-Punkte-Wochenende der Saison will es bei den Wohnbau Moskitos einfach nicht klappen. Auch im siebten Anlauf scheitert der Essener Eishockey-Oberligist mit dem Vorhaben, einen Doppelspieltag mit zwei Siegen zu absolvieren. Diesmal sind die Saale Bulls aus Halle der Stolperstein. Im Vergleich zum umjubelten 3:2-Erfolg im Derby gegen den EV Duisburg zeigen die Mücken in Sachsen-Anhalt einen klaren Leistungsabfall und unterliegen mit 1:4.

Eiskunstlauf: Im hessischen Diez stehen drei Sportlerinnen des Essener Jugend-Eiskunstlauf Vereins auf dem Siegertreppchen. Giulia Sorce, die Jüngste der Essenerinnen, erreicht in ihrer Kategorie AK 6/7 den ersten Platz, Julia Chromik (Young adult Masters) belegt ebenfalls Platz eins, und Marie Walter (Young adult Gold) kann Bronze mit nach Hause nehmen. Violetta Parzianka, die in der Kategorie Intermediate Novice Mädchen auch gegen internationale Läuferinnen antreten muss, erreicht am Ende Platz zwölf.

Frauenfußball: Die SGS Essen darf weiter vom Endspiel träumen. Beim 1. FC Köln setzen sich die Bundesliga-Fußballerinnen mit 3:1 durch und ziehen damit ins Viertelfinale des DFB-Pokals ein. Nachdem die Essenerinnen im zweiten Durchgang eine komfortable 2:0-Führung herausspielen und auf einen souveränen Arbeitssieg zusteuern, müssen sie in der Nachspielzeit nach dem Anschlusstreffer plötzlich wieder zittern. Doch keine 60 Sekunden später macht Nicole Anyomi alles klar.

> 19.11.

***Handball:* Zweitligist Tusem Essen hat einen Nachfolger für den scheidenden Trainer Jaron Siewert gefunden. Jamal Naji wird die Mannschaft von der Margarethenhöhe in der Saison 2020/21 übernehmen, egal, ob weiterhin in der 2. Liga oder im Oberhaus. „Er ist ein absoluter Wunschkandidat", sagt Geschäftsführer Niels Ellwanger, „wir sind sehr froh, ihn für ein Engagement in Essen gewinnen zu können."**

Rollstuhlbasketball: In der 2. Rollstuhlbasketball-Bundesliga Nord meint es der Basketballgott gut mit den Hot Rolling Bears. Zum zweiten Mal in dieser Saison gewinnen die Essener eine Partie am grünen Tisch. Damit sind sie alleiniger Spitzenreiter. Am fünften Spieltag reisten die bis dato ungeschlagenen Bears zum großen Rivalen Baskets 96 Rahden 2 und verloren die Begegnung knapp mit 52:59. Am Erfolg der Rahdener war der niederländische A-Nationalspieler Quinten Zantinge maßgeblich beteiligt. Nach Prüfung des Spielberichtsbogens stellte die Spielleitung fest, dass Zantinge nicht für die zweite Baskets-Mannschaft gemeldet und daher nichtspielberechtigt war.

Eishockey: Bei den Rostock Piranhas holen die Moskitos Essen drei wichtige Auswärtspunkte. Doch fast noch schöner als der 6:3-Sieg bei den Ostdeutschen ist die Nachricht von Aaron McLeod. Der Kontingentstürmer kommt nach seinem Fußbruch früher als von den Ärzten prognostiziert zurück ins Team und erzielt sogar einen Treffer.

> 23.11.

Leichtathletik: Beim 29. Blumensaat-Lauf in Kupferdreh gibt es einen emotionalen Moment. Habtom Tedtos überquert beim 10-Kilometer-Lauf als Erster die Ziellinie. Fünf Jahre zuvor, nach einem langen Fußmarsch durch verschiedene Länder und einer lebensgefährliche Meeresüberfahrt, hatte der 22-jährige Habtom Tedtos, ein Flüchtling aus Eritrea, den europäischen Kontinent erreicht.

Fußball: 0:0 gegen den liebsten Rivalen aus Gelsenkirchen: Die Spieler von Rot-Weiss Essen verabschieden sich anständig von ihren 2000 Fans unter den 3300 Zuschauern in der Mondpalast-Arena in Wanne-Eickel. Nur das, was sie ihnen überreichen wollten, können sie nicht übergeben: drei Punkte, hübsch verpackt im Derbysieg. Am Ende muss sich das Team von Trainer Christian Titz mit einem torlosen Event beim Regionalliga-Aufsteiger Schalke 04 II begnügen. Dabei gibt es ein Wiedersehen mit dem Ex-Essener Timo Becker.

Frauenfußball: Die Rückkehr an die alte Wirkungsstätte endet für Trainer Daniel Kraus frustrierend: Mit einer 0:5-Pleite im Gepäck geht es für den 35-Jährigen zurück nach Freiburg. Und nicht nur am Ergebnis, sondern auch am Spielverlauf hat er zu knabbern. Was die Bundesliga-Fußballerinnen der SGS Essen auf den Rasen bringen, ist wohl nicht nur die bis dahin beste Saisonleistung, sondern eine anderthalbstündige Machtdemonstration, an deren Ende Freiburg sogar noch glimpflich davonkommt.

***Skaterhockey:* Der Schlusspfiff ertönt – und das Wellblech wackelt. Die Fans der SHC Rockets Essen haben etwas zu feiern und machen ordentlich Krach, schließlich haben die Essener Hockeyskater im Kampf um die Deutsche Meisterschaft das Finale erreicht. Sie gewinnen das dritte Halbfinale der Best-of-Three-Serie gegen den Crefelder SC mit 8:3. Mission erfüllt.**

> 24.11.

Eishockey: Zwei Tage nach dem überzeugenden 6:3-Sieg in Rostock enttäuschen die Moskitos gegen die Black Dragons Erfurt – und das vor eigenem Publikum. Die Essener bringen sich dabei mit schweren Defensiv-Aussetzern um das lange und heiß ersehnte Sechs-Punkte-Wochenende. „In Rückstand ist es immer schwierig, heute haben wir es nicht geschafft, uns zurückzukämpfen", sagt Coach Larry Suarez nach der Heimniederlage.

> 29.11.

Handball: Im Freitagspiel beim EHV Aue kassieren die Zweitliga-Handballer des Tusem Essen eine deutliche 28:34-Pleite. Es ist die zweite Niederlage in Folge für die Essener, die damit die Tabellenspitze abgeben. Wenn du so viele Gegentore bekommst, wird es

Marvin Frenzel im Tor der SHC Wohnbau Rockets beim Spiel gegen den Crefelder SC.

natürlich schwer", sagt Trainer Jaron Siewert und spricht Klartext: „Dieses Mal war es einfach deutlich zu wenig von uns."

Eishockey: Mit 1:5 schickt der Tabellenzweite aus Herne die Moskitos in die erste Pause. Eine Demütigung, von der sich der ESC auch nicht mehr erholte. Und so ist es wohl die beste Nachricht aus Essener Sicht, dass die Partie nicht zweistellig, sondern „nur" mit 3:9 zu Ende geht. Cheftrainer Larry Suarez äußert sich nach der Partie nur vage zu den Gründen für diese Packung. „Jetzt ist alles sehr emotional, man kann vieles sagen und mit dem Finger auf bestimmte Sachen zeigen. Das nutzt aber nichts. Wir müssen weitermachen".

> 30.11.

Volleyball: Der SV Humann arbeitet sich nach vorn. Und das kann man durchaus wörtlich nehmen. Der 3:1-Sieg über den SV Warnemünde ist der vierte Erfolg in Folge, der fünfte bei sieben Spielen. Damit liegen belegen die Steeler Volleyballer in der Zweitliga-Tabelle Rang sechs und überflügeln auch den Konkurrenten von der Ostsee.

Volleyball: Mit zwei wichtigen Auswärtspunkten im Gepäck kehren die Volleyballerinnen des VC Allbau Essen vom Kellerduell in Emlichheim zurück. Mit einem knappen 3:2-Erfolg setzt sich der Zweitliga-Aufsteiger aus Borbeck bei den Niedersachsen durch und macht im Abstiegskampf der 2. Bundesliga Nord einen Schritt nach vorn.

***Skaterhockey:* Die Wohnbau Rockets starten im Kampf um die Deutsche Meisterschaft mit einer Niederlage in die Finalrunde: Die Essener Hockeyskater verlieren das erste Play-off-Spiel in der Serie Best-of-Three bei den Crash Eagles Kaarst mit 5:8. Wenn wir cleverer gespielt hätten, dann wäre auch ein Sieg drin gewesen", meint der SHC-Vorsitzende Thomas Böttcher. „Aber letztendlich hat nicht jeder bei uns seine volle Leistungsfähigkeit abgerufen."**

Basketball: 85:81 und noch 45 Sekunden auf der Uhr: Alles deutet auf den ersten Sieg der ETB Wohnbau Miners hin. Doch die Hoffnung des Regionalliga-Schlusslichtes trügt, denn am Ende müssen die Miners den Bayer Giants Leverkusen zum 86:87-Sieg gratulieren.

Überragende Leistung: Marius Kusch unterbot den deutschen Rekord auf der Kurzbahn.

> 1.12.

***Frauenfußball:* Den FC Bayern kann die SGS Essen zum Abschluss der Hinrunde zwar nicht ärgern. Doch trotz einer 0:2-Niederlage bleiben die Bundesliga-Fußballerinnen auf dem vierten Platz. Nach einer tadellosen ersten Halbzeit, in der die Essenerinnen dem FCB nur einen einzigen Torschuss auf den Kasten von Josephine Plehn gestatten, entscheidet die niederländische Vize-Weltmeisterin Lineth Beerensteyn im Team der Gastgeberinnen die Partie mit einem Doppelschlag zu Beginn des zweiten Durchgangs.**

Eishockey: Null-Punkte-Wochenende für die Wohnbau Moskitos: Nach der 3:9-Schmach im Derby gegen den Herner EV ist für den ESC auch beim Tabellendritten Icefighters Leipzig nichts zu holen. Die Essener unterliegen dort zwar mit 4:6, einen Grund zur Schwarzmalerei gibt es allerdings nicht. „Wir haben gut gekämpft, hatten auch unsere Chancen, aber im Endeffekt war Leipzig der verdiente Sieger", fasst Trainer Larry Suarez zusammen.

> 2.12.

Eishockey: Die Moskitos rüsten auf: Am Tag nach der Niederlage gegen Leipzig verpflichten die Essener Dominik Patocka. Der Offensivmann spielte zuvor in der Oberliga Süd für Sonthofen und trug schon von 2015 bis 2017 das Moskitos-Trikot.

> 5.12.

***Schwimmen:* Marius Kusch holt sich in Glasgow überraschend den Titel über 100-Meter-Schmetterling. Das SGE-Ass unterbietet dabei den deutschen Rekord um 17 Hundertstel. Mit 49,06 Sekunden belegt er im Alltime-Ranking damit der sechstschnellste Schwimmer aller Zeiten. In Europa war nur der Russe Evgeny Korotyshin (48,48) schneller als er.**

> 6.12.

Handball: Zweitligist Tusem Essen macht es gegen Schlusslicht HSG Krefeld lange spannend. Erst im zweiten Durchgang sind die Spieler von Trainer Jaron Siewert nicht mehr zu halten und werfen einen deutlichen 33:22-Sieg heraus. Der Negativtrend der vergangenen Wochen hat damit vorerst ein Ende. Der Coach bleibt vorsichtshalber pessimistisch: „Ob es tatsächlich auch der Auftakt zur Wende ist, wird sich in den nächsten Spielen zeigen."

Eishockey: Die Moskitos gewinnen bei Schlusslicht Krefelder EV verdient mit 3:2. 13 Sekunden vor Schluss gelingt Alexander Huebscher der Siegtreffer. „Wir haben immer weitergemacht und uns nicht aufgegeben.

Das späte Tor war der Lohn für unsere harte Arbeit", lobt Moskitos Coach Larry Suarez.

> 7.12.

Volleyball: Die Zweitliga-Volleyballerinnen des VC Allbau sind auch für Überraschungen gut. Der Tabellenvorletzte aus Borbeck besiegt Bayer Leverkusen, immerhin auf Rang vier, mit 3:2 und sammelt zwei Punkte für den Klassenerhalt. „Der Tiebreak war bis zum Seitenwechsel beim Spielstand von 8:6 ausgeglichen", analysiert VCA-Coach Marcel Werzinger nach der Partie, „aber am Ende haben wir eine tolle Mannschaftsleistung gekrönt und uns verdient durchgesetzt."

***Skaterhockey:* Die Wohnbau Rockets Essen gewinnen das zweite Finalspiel der Best-of-Three-Serie gegen die Crash Eagles Kaarst mit 7:5 und haben sich somit eine entscheidende dritte Partie im Kampf um den Titel in der Skaterhockey-Bundesliga erkämpft. Damit ist die Siegesserie des Titelverteidigers gerissen, der nach neun Siegen in der Play-off-Runde die erste Niederlage hinnehmen muss.**

Basketball: Die ETB Miners kassieren beim TV Ibbenbüren eine deftige 64:100-Pleite. Ohne Chris Alexander, wegen eines Trauerfalls in der Familie in die USA gereist, haben die Essener gegen die „bringiton Ballers" keine Chance.

Ringen: Im vorletzten Play-off-Kampf der Ringer-Oberliga macht der TV Dellwig kurzen Prozess mit Gegner VfK Lünen-Süd. Nach nur 27 Minuten stehts das Endergebnis von 36:9 für die Gäste fest.

> 8.12.

Fußball: Wie sich die Bilder gleichen: Rot-Weiss Essen besiegt die Reserve von Borussia Dortmund mit 1:0. Wie schon im Hinspiel trifft Alexander Hahn zum Sieg – und erneut fällt das entscheidende Tor in der Schlussphase. „Es ist eine Qualität von uns, dass wir Tore auch noch so spät erzielen", urteilt Trainer Christian Titz.

***Frauenfußball:* Nach der 0:2-Heimniederlage gegen Bayer 04 Leverkusen klingt SGS-Trainer Markus Högner geknickt: „Das ist eine sehr bittere Niederlage, weil wir das Spiel klar bestimmt haben." Schönebeck verpasst es, sich als Vierter ein Polster anzulegen: Turbine Potsdam und der 1. FFC Frankfurt sitzen den Essenerinnen dicht im Nacken.**

Eishockey: Auch im zehnten Anlauf schaffen es die Wohnbau Moskitos in der Eishockey-Oberliga nicht, zwei Partien an einem Wochenende für sich zu entscheiden. Diesmal verdirbt den Essenern eine 1:2-Heimpleite gegen die Hannover Indians die Ernte, nachdem ihnen zuvor ein 3:2 beim Krefelder EV glückte.

> 10.12.

Eishockey: Die Wohnbau Moskitos müssen den nächsten personellen Aderlass verkraften. Julian Airich verlässt den ESC mit sofortiger Wirkung. Der 24-jährige Angreifer zieht eine Ausstiegsklausel, die ihm erlaubt, die Moskitos nach einem Abschied von Frank Gentges zu verlassen. Der frühere Essener Trainer war im November zu den Nijmegen Devils gewechselt.

> 13.12.

Handball: Die Essener verlieren das Derby bei Bayer Dormagen mit 28:31. Die Tusem-Abwehr lässt zu viel zu und der Angriff vergibt beste Chancen.

Fußball: Der krasse Außenseiter bestraft Rot-Weiss Essen eiskalt. Beim 0:2 gegen den abstiegsbedrohten VfB Homberg lädt die Mannschaft von Trainer Christian Titz den Gegner geradezu zum Toreschießen ein. RWE ist Dritter, und das ist in Relation zum Vorhaben viel zu wenig. Der Coach kritisiert das schwache Abwehrverhalten und sieht wiederkehrende Schwächen: „Das ist nicht das erste Mal, deshalb stehen wir dort, wo wir stehen."

Eishockey: Zum Abschluss der Hinrunde der Eishockey-Oberliga Nord müssen die Wohnbau Moskitos eine Auswärtspleite einstecken. Die Essener verlieren am 22. Spieltag mit 3:7 bei den Crocodiles Hamburg. Während die heimstarken Gastgeber den neunten Heimsieg in Serie feiern, schleichen die Moskitos mit hängenden Köpfen vom Eis – wieder mal.

> 14.12.

***Basketball:* Sieglos verabschieden sich die ETB Wohnbau Miners in die Weihnachtspause: Die Essener unterliegen in der 1. Basketball-Regionalliga vor heimischem Publikum der BBG Herford am Ende klar mit 66:97). Über drei Viertel bietet das Team von Co-Trainer Dhnesch Kubendrarajah – er vertritt Interimsheadcoach Björn Barchmann an der Seitenlinie – dem Gegner Paroli, dann muss der ETB abreißen lassen.**

Ringen: Mit einer deutlichen 8:23-Niederlage gegen Spitzenreiter KSV Witten 07 II beendet Ringer-Oberligist TV Dellwig die Playoffs. Die Wittener kämpfen um den Aufstieg, TVD beendet die Saison punktgleich mit Witten aufgrund des schlechteren direkten Vergleichs auf Rang zwei. Für die letzten beiden Kämpfe der ersten und zweiten Mannschaft haben die Dellwiger Mühe, überhaupt noch zwei Mannschaften aufzubieten. „Es fehlten viele Ringer wegen Verletzung, Krankheit oder anderen Verpflichtungen", sagt Dellwigs Trainer Christian Jäger. „Wir wollten die Saison eigentlich erfolgreich beenden, doch die Ausfälle konnten wir nicht kompensieren."

> 15.12.

Frauenfußball: Den 5:2-Sieg über den SC Sand verdankt die SGS Essen vor allem Lea Schüller. Drei Tore steuert die Stürmerin zum sechsten Heimsieg im sechsten Spiel im eigenen Stadion bei. Dank des Erfolges überwintern die Essenerinnen auf einem respektablen vierten Platz. Einziger Makel sind zwei unnötige Gegentore, bei denen die Essenerinnen kräftig mithelfen.

***Skaterhockey:* Die Wohnbau Rockets sind Deutscher Meister! Nach 2015 und 2016 holen sich die Hockeyskater von der Raumerstraße ihren dritten DM-Titel. In der Serie Best-of-Three gewinnen die Essener das dritte Spiel beim Titelverteidiger Crash Eagles Kaarst mit 12:10. Für das Team von Trainer Frank Petrozza ist es der dritte Triumph dieser Saison. Die Rockets sicherten sich bereits den Europapokal der Landesmeister und Pokalsieger.**

Eishockey: Die Negativ-Serie für die Moskitos geht weiter: Zwei Tage nach der Pleite in Hamburg unterliegen die Essener dem Tabellenvierten Icefighters Leipzig am Westbahnhof mit 4:5 nach Verlängerung. Es ist bereits die fünfte Niederlage in den vergangenen sechs Partien für den ESC. Die Teilnahme an Pre-Play-offs ist nun das oberste Ziel.

> 18.12.

***Handball:* Für Trainerin Sonja Fischer ist das Nachholspiel der SG Überruhr beim TB Wülfrath die letzte Amtshandlung. Sie bat aus persönlichen Gründen um die Auflösung ihres Vertrages und wird dem Team ab sofort nicht mehr zur Verfügung stehen. „Der Abschied fällt mir schwer. Ich danke der Mannschaft für die gute und vertrauensvolle Zusammenarbeit", so die Übungsleiterin nach ihrer zweijährigen Tätigkeit an der Klapperstraße.**

> 20.12.

Eishockey: Kampf, Spielfreude und Spannung – all das bieten die Wohnbau Moskitos ihren Fans im letzten Heimspiel des Jahres in der Eishalle am Westbahnhof. Für einen Sieg reicht es trotzdem nicht. Gegen die Saale Bulls Halle ist der Oberligist die tonangebende Mannschaft, verpasst es aber, die Partie in der regulären Spielzeit auf seine Seite zu ziehen. Am Ende unterliegen die Moskitos mit 2:3 nach Penaltyschießen.

***Basketball:* Zweitregionalligist Adler Union Frintrop steht im Viertelfinale des WBV-Pokals: Das Team von Trainer Tobias Stadtmann setzt sich im Derby gegen die ETB Wohnbau Miners klar durch, am Ende heißt es 82:65 (49:29) zugunsten der eigentlich als Außenseiter in dieses Derby gestarteten Frintroper.**

> 21.12.

Volleyball: Zweitligist VV Humann droht der Abstiegskampf. Die Essener unterliegen am Hallo dem Tabellenzweiten Lindow-Gransee klar mit 0:3. Seit nunmehr vier Spielen hat das Team von Trainer Jens Bräkling keinen Satz mehr geholt.

> 22.12.

Eishockey: Viele Gründe zum Feiern bieten sich den krisengeplagten Wohnbau Moskitos in der laufenden Saison in der Eishockey-Oberliga nicht. Die bisherigen Höhepunkte? Die beiden Siege gegen den bei den Fans ungeliebten EV Duisburg. Doch nun muss der ESC mit dem 3:4 seine erste Pleite gegen den Rivalen vom Rhein einstecken. „Das war heute nicht unser Spiel", meint ESC-Chefcoach Larry Suarez nach der nunmehr fünften Niederlage in Serie.

Pokalderby: Tim Doll von Adler Union Frintrop gegen Luca Michels von den ETB Wohnbau Miners.

> 26.12.

***Handball:* Ein besseres Weihnachtsgeschenk könnten die Handballer des Tusem Essen ihren Fans nicht machen. Im Topspiel gegen den VfL Gummersbach feiert die Mannschaft von Trainer Jaron Siewert zum Rückrundenauftakt Am Hallo einen verdienten 29:24-Erfolg und hält somit Anschluss zu den Spitzenplätzen. Wie bedeutend dieses Duell der Traditionsklubs ist, zeigt auch die Tatsache, dass die Halle mit 2578 Zuschauern wie schon vor knapp einer Woche gegen Spitzenreiter Coburg ausverkauft ist.**

Eishockey: Die Wohnbau Moskitos verpassen es in der Eishockey-Oberliga am zweiten Weihnachtsfeiertag, ihre Fans mit einem Überraschungssieg bei den Tilburg Trappers zu beschenken. Lange Zeit hält der ESC die Partie offen. Erst kurz vor Schluss zieht der Serienmeister aus den Niederlanden davon und gewinnt schlussendlich mit 7:4. Es ist für die Niederländer der dritte Sieg im dritten Duell der laufenden Spielzeit.

> 27.12.

***Handball:* Eigentlich soll der Jahresabschluss für die Handballer des Zweitligisten Tusem Essen ein versöhnlicher werden. Aber hinein in die guten Nachrichten bestehend aus dem Sieg gegen Gummersbach und der fortgesetzten Jagd auf die Aufstiegsränge muss der Verein von der Margarethenhöhe eine Hiobsbotschaft verkraften: Torjäger Tom Skroblien verlässt den Tusem zum Saisonende. „So ist es eben im Sport", sagt der Sportliche Leiter Herbert Stauber, „es ist Toms gutes Recht. Und wenn er woanders eine bessere Perspektive sieht, dann wünschen wir ihm dort nur das Beste."**

> 30.12.

Eishockey: Das 2:7 bei den Hannover Scorpions zum Jahresabschluss ist bereits die siebte Pleite in Serie für die Moskitos, die seit dem Nikolaus-Tag auf einen Sieg warten.

> 31.12.

Leichtathletik: Über 900 Athletinnen und Athleten gehen beim Silvesterlauf auf Zollverein an den Start. Den Hauptlauf über zehn Kilometer gewinnt Alex Gossmann (M30, DSD Düsseldorf) in 35:19 Minuten vor dem Lokalmatadoren Oliver Christeleit (M40/ Torpedo Essen – 35:33) und Andreas Joswig (M50/ Schwelm – 36:17). Bei den Frauen liegt die Essenerin Katrin Wand (W 35/ 39:04 Min.) vor Joleen Gedwart (offen – 39:17) und Nina Krings (W30/40:58 – beide Fliegende Zwerge).

Handball-Gemeinschaft nimmt Abschied von Lars Krüger

Beim Benefizspiel zwischen dem Tusem Essen und der SG Überruhr herrscht Gänsehaut-Feeling

Gedenkminute: Alle Spieler hatten den Namen Krüger auf dem Rücken.

Gänsehaut-Feeling in der Halle auf der Margarethenhöhe: 750 Besucher konnten sich beim Benefizspiel für den unter tragischen Umständen bei einem Handballspiel der SG Überruhr vor acht Wochen verstorbenen Lars Krüger der stark emotionalen Stimmung nicht entziehen. Das Endergebnis von 35:30 für den Bundesliga-Zweitligisten Tusem Essen, der sich nach einem unterhaltsamen Derby gegen den Verbandsliga-Vertreter durchsetzte, war nur von untergeordneter Bedeutung. Der Glanzpunkt aber war kurz vor dem Ende ein „Kempa-Tor".

Zufrieden zog SGÜ-Hauptorganisator Christian Hammacher Bilanz: „Es war ein anstrengender, aber sehr erfolgreicher Tag. Dass der Zuspruch groß sein würde, war überwältigend. Es zeigt, wie sehr Lars die Menschen bewegt hat. Die Organisation für das Event war nicht einfach. Die positive Stimmung und das schöne Zusammensein entschuldigt alles. Es hat mir sehr viel Spaß gemacht. Handball verbindet. Ein großes Dankeschön und Kompliment an die zahlreichen Überruhr-Helfer und Helferinnen die den Abend überhaupt möglich gemacht haben. Mein Dank geht aber auch an alle Gönner, Unterstützer, sowie das Tusem-Team."

Die Trikotnummer 7 wird nicht mehr vergeben

Sichtlich beeindruckt von der Stimmung in der Halle war Tusems sportlicher Leiter und Mitorganisator Herbert Stauber: „Es war ein würdiger Abend, bei dem die Essener Handballgemeinschaft gezeigt hat, wie stark der Zusammenhalt unter den Handballern ist. Lars wäre stolz auf uns gewesen. Ich bedanke mich bei allen, die diesen Abend möglich und somit unvergesslich gemacht haben."

Einige Wochen später ließ Christian Hammacher verlauten, dass der Abend nicht der letzte dieser Art gewesen sei. „Wir planen ein Gedächtnisturnier für Lars. Das möchten wir in jedem Jahr rund um das Datum seines Todestages ausrichten." Und noch eines haben die Handballer der SG Überruhr festgelegt: Die Trikotnummer 7 wird nicht mehr neu vergeben.

Der plötzliche Tod des Esseners hat große Bestürzung und Fassungslosigkeit ausgelöst – und die Sportgemeinde alarmiert. „Wir nehmen das Thema Prävention sehr ernst und gehen aufgrund der Corona-Pandemie noch sensibler damit um", betont Hammacher.

Dieter Meier / Dominik Hamers

100 Jahre

espo

1921-2021

ESSENER SPORTBUND e.V.

Liebe Sportfreundinnen, liebe Sportfreunde,

als im März des Jahres 1921 einige sportbegeisterte Essenerinnen und Essener den „Stadtverband für Leibesübungen" gegründet haben, hat sicherlich niemand an den mal irgendwann folgenden 100. Geburtstag gedacht!

Und doch ist nun genau dieses Ereignis eingetreten und wir können als mittlerweile „Essener Sportbund" auf 100 erfolgreiche Sportjahre in unserer Heimatstadt zurückblicken. Dies ist uns vor allem deshalb gelungen, weil die Essener Sportfamilie immer zusammengestanden und gemeinsam an der Weiterentwicklung und der Zukunftsfähigkeit in der Stadt Essen gearbeitet hat. Hier sind wir unseren derzeit ca. 420 Vereinen mit gut 120.000 organisierten Mitgliedern sehr dankbar, dass sie uns als Dachverband stets das Vertrauen ausgesprochen und uns unterstützt haben. Gleichzeitig haben wir mit der Sportpolitik sowie der Sportverwaltung jederzeit einen konstruktiven, wenn auch nicht immer einvernehmlichen Dialog zum Wohle des Zusammenlebens in unserer Stadt geführt und dabei die vielfältigen gesellschaftlichen Effekte des organisierten Sports betont. Eine Ausnahme bildet die Zeit des nationalsozialistischen Regimes, von dem auch der organisierte Sport betroffen war und die wir aus unserer Erinnerung weder streichen können noch wollen.

Die Ihnen nun vorliegende Chronik anlässlich unseres Jubiläums setzt auf der zum 75. Geburtstag erschienenen Ausgabe auf und beleuchtet vor allem die letzten 25 Jahre intensiv. In diesen Jahren sind wir viele Herausforderungen gemeinsam mit unseren Vereinen angegangen und haben immer versucht, gute Lösungen zu finden und durchzusetzen. Beispielhaft seien hier das Bädergutachten in der Stadt Essen, der Masterplan Sport oder auch das umfangreiche Kunstrasenprogramm erwähnt. Aber natürlich gab es auch unzählige andere tägliche Kontakte und Anfragen, die uns im Alltag beschäftigt haben.

Unser Jubiläum haben wir uns sicherlich etwas anders vorgestellt, möchten aber in Zeiten der Pandemie trotzdem ein wenig mit Ihnen allen gemeinsam „feiern". Hierzu verweise ich gerne auf unsere Homepage, auf das historische Portal der Stadt Essen oder auch die noch kommende Ausstellung über 100 Jahre Sportgeschichte in Essen.

Auch für die nächsten Jahre wünschen wir uns in unserer Stadt ein aktives und erfolgreiches Sportleben, eine weiterhin hohe Anerkennung des sportlichen, ehrenamtlichen und gesellschaftlichen Engagements unserer Vereine und Angebote n und eine breite Unterstützung, damit wir in Essen auch zukünftig mit Stolz auf den organisierten Sport schauen können. Wir vom ESPO werden dies mit großer Begeisterung begleiten und freuen uns auf viele weitere Jahre mit Ihnen!

Ihr

Jochen Sander
Vorsitzender des Essener Sportbundes

Die Aufhebung der Turnsperre

Die Anfänge des Essener Sports reichen ins 19. Jahrhundert zurück

„Es begann 1842 …" lautete der Titel einer Publikation des Klartext Verlages. An dem Werk hatten einige Journalistinnen und Journalisten – darunter auch Sportschau-Essen-Erfinder Erwin Remplewski mitgearbeitet. Die Schrift erschien im Jahr 1992 und damit anlässlich des 150-jährigen Jubiläums des Essener Sports.

Die Publikation beschreibt die schwierigen Anfänge der Essener Sportgeschichte, die wohl ohne die Aufhebung der Turnsperre durch den preußischen König Friedrich Wilhelm IV. im Jahr 1842 deutlich später begonnen hätte.

Das Ereignis, darin sind sich Historiker*innen weitgehend einig, markiert den Ausgangspunkt für kontinuierliche Entwicklung zunächst von Turnvereinen. Ihnen sollten später auch andere Sportvereine folgen.

Mit der Erlaubnis zum Turnen aber fing es an. Im mit 6.500 Menschen bewohnten und damit beschaulichen Essen allerdings schleppend. Erstmals findet der Turnsport 1844 Erwähnung, Keimzelle der körperlichen Ertüchtigung war damals die Schule. Erste Dokumente liefert daher eine Schrift des Essener Burg-Gymnasiums.

Dort unterrichteten bis 1865 zwei Philologen die die rund 80 Turner – jedoch hatte keiner der beiden eine turnerische Vorbildung. In der Rückblende lässt sich sagen: Immerhin wurde an der einzigen höheren Lehranstalt in Essen geturnt.

Die Stadt blieb bis in die 50er Jahre des 19. Jahrhunderts jedoch turnerische Provinz. Nach der gescheiterten Märzrevolution betrachteten die Behörden die noch bestehenden Turnvereine mit reichlich Skepsis und Argwohn. Erst ein zeitgenössischer Journalist bemerkte und erwähnte den Missstand und schrieb 1857 in den Allgemeinen Politischen Nachrichten: „Warum wird hier nicht ein Turnverein für Erwachsene gegründet und ein jährliches Turnfest gefeiert, wie solches in den Nachbarstädten Mülheim und Duisburg der Fall ist?" Im gleichen Text forderte der Autor: „Eine Turn- und Festhalle für Essen!"

1859 gründeten Bürger den Essener Turnverein (ETV). Er besteht bis heute und trägt das Gründungsjahr noch immer im Namen. Vom ETV ist das älteste noch erhaltene Foto eines Essener Sportvereins entstanden. Es stammt aus dem Jahr 1878. An den Essener Sportbund dachte zu dieser Zeit noch niemand. Und doch dient ein Blick auf die Anfänge der körperlichen Ertüchtigung in der Ruhrmetropole als Auftakt in die Chronik der vergangenen 100 Jahre des Essener Sportbundes.

Dominik Hamers

Wie alles begann und wie es sich entwickelt hat

Die Bilder stammen vom Historischen Portal der Stadt Essen. Sie zeigen junge Sportlerinnen und Sportler bei der körperlichen Ertüchtigung. Genaue Angaben über Entstehungsort und -datum konnten nicht ermittelt werden.

Die Sportschau Essen wirft in dieser Ausgabe einen Rückblick auf die vergangenen 100 Jahre des Essener Sportbundes. Selbst ein so umfangreiches Werk kann jedoch nicht annähernd jedes Ereignis abbilden. Insbesondere das letzte Jahr des Essener Sport-Jahrhunderts war reich an sportpolitischen Herausforderungen und Personalveränderungen. Im Folgenden gibt die Sportschau Essen einen kurzen und prägnanten Überblick, ehe die vergangenen 25 Jahre genauer beleuchtet werden.

1921

Am 6. März 1921 gab Heinrich Matten auf einer Sitzung der Groß-Essener Turnvereine die Gründung des Stadtverbandes für Leibesübungen in Essen bekannt. Dies ist das erste Lebenszeichen des heutigen Essener Sportbundes e. V. (ESPO), dessen Vorläufer an diesem Sonntag gegründet wurde.

Gründungsverbände waren der 2. Bezirk (Groß-Essen) des Ruhrgaues der Deutschen Turnerschaft, der Rasensportverband Groß-Essen, der Verband Essener Schwimmvereine, der Deutsche Radfahrer-Bund mit Sitz in Essen, der Athletenverband Groß-Essen und die Essener Vereinigung der Deutschen Jugendkraft. Dem Stadtverband konnten sich darüber hinaus weitere Essener Vereine für Leibesübungen anschließen.

Der Stadtverband für Leibesübungen sah sich selbst als Interessenvertretung aller Essener Turn-, Sport-, Athleten- und Radfahrervereine, sowie der konfessionellen Turn- und Spielabteilungen. In erster Linie sollte dafür Sorge getragen werden, dass die Forderungen des Deutschen Reichsausschusses für Leibesübungen auf Stadtebene erfüllt würden.

Ein weiterer Anlass für diese Initiative war der schlechte Zustand der Essener Turn- und Sportstätten, vor allem der Schwimmbäder. Geschichte wiederholt sich also …

1920er Jahre

Die folgenden Jahre waren von Aufbruchsstimmung im Sport geprägt. Neben zahlreichen Vereinsgründungen im Stadtgebiet fanden eine Vielzahl von bedeutenden Sportveranstaltungen in Essen statt. Exemplarisch sei hier das rheinische Kreisturnfest im neugebauten Uhlenkrug-Stadion mit etwa 10.000 Turnern im Jahre 1922 erwähnt. Und auch Fußballspiele erfreuten sich wachsender Beliebtheit. So spielten am 21. Februar 1929 der BV Altenessen 06 und Schwarz-Weiß Essen an der Hubertusburg vor 25.000 (!) Zuschauern um die Ruhrbezirksmeisterschaft.

1933–1945

In den Jahren 1933 bis 1945 war dann auch der Sport gezwungen, sich der in Deutschland herrschenden Partei zu unterwerfen. Vereine waren fortan verboten worden, Verbände wurden kontrolliert. Insbesondere Vereine mit jüdischen Mitgliedern wurden nach und nach an der Ausübung ihrer Sportarten gehindert und zerschlagen. Und mit Ausbruch des Zweiten Weltkriegs im Jahre 1939 kam der Essener Sport quasi gänzlich zum Erliegen.

1945

Wer dann 1945 aus dem Krieg nach Essen zurückkehrte erkannte seine Stadt nicht wieder. Essen lag in Schutt und Asche.

Vor dem Krieg standen den Essener Turn- und Sportvereinen 78 Sportplätze zur Verfügung. „Fast alle Plätze haben mehr oder weniger stark gelitten. Der größte Teil ist infolge der Zerstörung und/oder

mangelnder Pflege in einem Zustand, der den Sportlern wenig Freude macht." Diese, nicht einmal halbe Wahrheit, meldete die Ruhr-Zeitung (RZ), herausgegeben von den britischen Besatzungsbehörden, in einer ersten Bestandsaufnahme im September 1945.

Doch Sport gab den Menschen auch Hoffnung. Es fanden sehr bald, ohne „richtigen" Spielbetrieb, wieder Fußballspiele statt. Gleichzeitig wurde der Stadtverband für Leibesübungen bereits in einer Versammlung von etwa 60 Essener Sportvereinen am 26. August 1945, also gut eine Woche vor dem offiziellen Ende des Zweiten Weltkriegs, wiedergegründet.

Der Stadtverband für Leibesübungen Essen war nach dem Krieg die Instanz, die den Wiederaufbau des Sports in der Stadt organisierte. Selbstverständlich immer nach den Vorgaben, und letztlich unter der Aufsicht der britischen Militärbehörden, fielen ihm dabei erstaunlich weitreichende Kompetenzen zu. Er bestätigte die gewählten Spartenleitungen, ließ Vereine zum Spielbetrieb zu oder entschied über deren Auflösung, regelte die Spielberechtigung von Sportlern und entschied in allen Streitfragen letztinstanzlich.

1950er Jahre

Und so begann der organisierte Sport in Essen in den Folgejahren immer weiter zu wachsen. Der Stadtverband erhielt nach und nach mehr Eigenständigkeit und mit dem Wiederaufbau der Stadt wurde das Sportangebot parallel immer vielfältiger. Alte Traditionen lebten nach und nach wieder auf: So fand, nach 19-jähriger Pause, im Jahre 1950 das erste Stadtwaldfest nach dem Zweiten Weltkrieg statt, bei dem nach traditionellem Vorbild die seit 1910 jährlichen Schulwettkämpfe ausgetragen wurden. Des Weiteren standen die 50er-Jahre im Zeichen des Sportanlagen(wiederauf)baus. Hier seien beispielhaft das Uhlenkrug-Stadion, der Hockeyplatz des ETB am Altenhof, die Schillerwiese, die Tennisplätze am Stadtwald, die Anlagen des ETUF am Baldeneysee und die Dubois-Arena in Borbeck erwähnt. Für den Fußball waren es u. a. das Georg-Melches-Stadion, das Stadion an der Bäuminghausstraße und das Mathias-Stinnes-Stadion in Karnap.

1963 Deutsches Turnfest

Als größte Veranstaltung dieser Epoche ist sicherlich das Deutsche Turnfest zu nennen. Essen setzte sich mit seiner Bewerbung um die Ausrichtung gegen die Mitbewerber Berlin, Dortmund, Düsseldorf, Hannover und Köln durch und konnte im Juli 1963 rund 40.000 Festkarteninhaber, davon ca. 30.000 aktive Teilnehmer, begrüßen. Dies war zum einen eine große Herausforderung bezüglich der Unterbringungsmöglichkeiten, zum anderen mussten viele Sportstätten für unterschiedlichste Disziplinen bereitgestellt werden.

1970er Jahre

Auch der Stadtverband für Leibesübungen professionalisierte sich zunehmend und im Jahre 1975 wurde nach langer Diskussion eine hauptamtliche Geschäftsführung eingesetzt, die den Verband in die Zukunft führen sollte.

In den 1970er-Jahren erfolgten die Gründungen von einer Vielzahl von Betriebssportgemeinschaften, die das Sportprogramm und die -vielfalt in der Stadt Essen ergänzen konnten.

1978 Stadtsportbund Essen e. V.

Am 25. Oktober 1977 wurde auf einer außerordentlichen Mitgliederversammlung durch die anwesenden Vereinsvertreter die Namensänderung des Stadtverbandes für Leibesübungen beschlossen: Ab dem 1. Januar 1978 gab es den Stadtsportbund Essen e. V. Mit dieser Namensänderung hatten sich die Essenerinnen und Essener sehr schwer getan. Bereits 1975 gab es einen Vorstoß in diese Richtung, der jedoch mehrheitlich abgelehnt worden war. Nach der kommunalen Neuordnung des Landes war dieses Thema wieder aktuell geworden, da in allen anderen 54 Städten und Kreisen des Landes eine einheitliche Namensgebung als Stadt- bzw. Kreissportbund bereits erfolgt war.

1975 Bildungswerk des Landessportbundes NRW

Die darauffolgenden Jahre waren u. a. von der wachsenden Bedeutung der Aus- und Weiterbildung des Sports geprägt. Bereits am 3. Dezember 1975 wurde das Bildungswerk des Landessportbundes NRW gegründet. Mit der Bildung einer Außenstelle beim Stadtsportbund Essen e. V. im Jahr 1979 folgte der rasche Aufbau und die Durchführung eines umfangreichen Kursangebots für Aus- und Fortbildungen. Um dies in adäquaten Räumlichkeiten durchführen zu können, übernahm der Stadtsportbund zum 1. Januar 1985 das Kreisjugendheim des Fußballverbandes Niederrhein e. V. an der Bockmühle, welches am 17. August 1985 eingeweiht wurde. Damit besaß der Bund erstmals eine eigene Immobilie in Essen. Mit dieser Einrichtung war der Anfang gemacht zu einem flächendeckenden, stadtteilorientierten sportlichen Bildungsangebot in Essen.

1991 Haus des Sports

Eine Weiterentwicklung wurde schon lange davor vom Dachverband des Essener Sports gefordert. Es wurden viele Standorte und Häuser diskutiert und verworfen und zeitweise drohte es gänzlich zu scheitern: Die provisorische Unterkunft an der Lindenallee, wo der Sportbund zu dieser Zeit untergekommen war, genügte nicht mehr den in dieser Periode sprunghaft gestiegenen Anforderungen. Es musste dringend eine neue Bleibe gefunden werden. Nach eineinhalb jähriger Umbauzeit wurde am 21. September 1991 das neue „Haus des Sports" an der Steeler Straße bezogen. Neben der Geschäftsstelle des Stadtsportbundes fanden hier auch das Bildungswerk des LSB, das Projekt Gesundheit und Sport, die Sportjugend, der Turngau, der Betriebssport-Kreisverband und die Sparten Leichtathletik, Handball und Schwimmen eine neue Heimat.

Seit dem gemeinschaftlichen Einzug in diese neue Örtlichkeit ging es in den Folgejahren mit dem organisierten Sport in Essen immer weiter bergauf. Waren in den davorliegenden Jahren bereits das Sport- und Gesundheitszentrum Friedrichsbad, das Bad am Südpark und das Sport- und Gesundheitszentrum Dellwig im Freibad Hesse durch und mit dem Sportbund am Leben erhalten bzw. neu aufgebaut worden, folgten im weiteren Verlauf noch das Gesundheitszentrum des Tvg. Holsterhausen e. V. und das Sport- und Gesundheitszentrum Zeche Helene, als Ergänzung des immer größer werdenden Bedarfs an Breitensport- und gesundheitsorientierten Fitness-Einrichtungen durch die Essener Bürgerinnen und Bürger.

1994 Essener Sportbund e. V.

Erst im Jahr 1994 folgte dann die bisher letzte Umbenennung des einstigen Stadtverbandes für Leibesübungen: Nach intensiven und kontroversen Diskussionen entschieden die Mitglieder auf der Hauptversammlung, dass der Bund ab sofort unter dem Namen „Essener Sportbund e. V." seinen Aufgaben nachkommen sollte. Somit konnte das große 75-jährige Jubiläum 1996 bereits mit diesem neuen, und bis heute aktuellen Namen, gefeiert werden.

Die weiteren Jahre waren stetig von Wachstum und Erweiterungen geprägt. So wurde 1998 das Regattahaus am Baldeneysee umfangreich umgebaut, 2001 wurde die Funbox Zeche Amalie eingeweiht, das Stadtbad in Borbeck fertiggestellt und im Stadion Am Hallo fanden die ersten Wettkämpfe statt.

Des Weiteren begann im Grugapark eine neue Zeitrechnung: Die bundesweit einzigartige Einrichtung „Kur vor Ort“, die sich noch heute großer Beliebtheit erfreut und in den letzten Jahren sukzessive immer weiter an die Bedürfnisse der Kundinnen und Kunden angepasst wurde, die eine moderne Wellnesseinrichtung zu schätzen wissen, wurde eröffnet. Im Jahr 2002 eröffnete das Gewichtheberzentrum im Haus des Sports an der Steeler Straße und wurde zum Mittelpunkt dieser Sportart in Essen.

2003 Essener Sport-Betriebs Gesellschaft mbH

Mit dem weiteren Ausbau des ESPO zu einem professionellen Anbieter von Sportangeboten gründeten die Verantwortlichen dann im Jahre 2003 gemeinsam mit der Stadt die Essener Sport-Betriebs Gesellschaft mbH (ESBG) mit dem Zweck, den wirtschaftlichen Betrieb des ESPO in eine eigenständige Gesellschaft auszulagern und den ehrenamtlichen Vorstand des Sportbundes vor zu großen Risiken zu schützen. Diese Ausgliederung hat sich seitdem sehr bewährt und ist auch heute noch aktuell, wenngleich sich die Stadt Essen aus der Gesellschaft mittlerweile zurückgezogen hat …

Im Jahr 2004 übernahm der ESPO dann die Alte Badeanstalt in Altenessen und gründete weiterhin im Nachgang zum Aufbau der „Kur vor Ort“ mit mehreren wichtigen Partnern die Kurhaus GmbH als eigenständige Gesellschaft. Des Weiteren folgten in den kommenden Jahren u. a. die Einweihung der Rollsporthalle an der Raumerstraße, des Kegelzentrums an der Steeler Straße und des Sport- und Tanzinternats sowie die Eröffnung der Grugabad-Therme, die Wiedereröffnung des Nord-Ost-Bads und die Eröffnung eines Herzsportzentrums im Sport- und Gesundheitszentrums Nienhausen. Und an all diesen und vielen weiteren Einrichtungen des Sports war der ESPO maßgeblich beteiligt oder sogar führend tätig.

2016 neuer Standort an der Planckstraße

Mit dem Beschluss des Rates der Stadt Essen zum Abriss des Hauptbades musste dann auch der ESPO aus dem Haus des Sports an der Steeler Straße ausziehen. Durch gute Zusammenarbeit mit der Lokalpolitik und der Stadtverwaltung wurde sehr bald ein geeignetes Gebäude gefunden und 2016 zog der ESPO in das Gebäude an der Planckstraße in Holsterhausen ein, wo er bis heute zu finden ist. Auch an diesem Standort sind neben dem ESPO wieder eine Vielzahl an sportlichen Einrichtungen und Sparten mit zu finden, so dass zu echt von einem absoluten Zentrum des Sports mit kurzen Wegen sprechen kann.

Des Weiteren bietet das Haus mit seiner integrierten Sporthalle und großzügigen Seminarräumen beste Voraussetzungen für Treffen und Veranstaltungen der Essener Sportfamilie, wie etwa Mitgliederversammlungen, Diskussionsrunden, Präsentationen und Arbeitsgruppen und somit eine optimale Grundlage für die Weiterentwicklung des organisierten Sports und die Zusammenarbeit mit allen Essener Vereinen in den nächsten 100 Jahren.

75 Jahre Essener Sportbund

Wie im Gründungsjahr einten gemeinsame Sorgen die vielen Sportler*innen

Günter Kropp führte den Essener Sportbund ins Jahr seines 75. Jubiläums.

Leicht, locker und fröhlich zeigte sich der Essener Sportbund am 28. September im Steeler Stadtgarten seinen rund 300 Gästen, die zum 75. Geburtstag der größten Essener Bürgervereinigung erschienen waren. In erfreulich kurzen reden würdigen prominente Gratulanten den Wert der Dachorganisation des lokalen Sports, der rund 152.000 Mitglieder aus 620 Verein angehören. Rolf Bockelkamp, 2. Vorsitzender der Steeler Bürgerschaft, hatte für einen festlichen Rahmen gesorgt.

Gerd-Peter Wolf, der im März '96 von Christian Hülsmann die Espo-Führung übernommen hatte, betonte, er wolle als „rüstiger Greis" die erfolgreiche Zusammenarbeit des Sportbundes mit dem Arbeitsamt und den anderen Partnern fortsetzen. Er erinnerte an die Gründung des „Stadtverbandes für Leibesübungen" im Jahr 1921 und damit an eine Zeit, die unverkennbare Parallelen zu Gegenwart aufwies. Vereinigten sich 75 Jahre zuvor Essens Sportler*innen, um den schlechten Zustand ihrer Anlagen zu verbessern, so einigte sie im Jahr 1996 die gemeinsame Sorge um die drohende Schließung intakter Sportstätten. Wolf wandte sich an die Politik und Verwaltung: „Wir brauchen euch!"

Vorläufige Entwarnung gab Oberbürgermeisterin Annette Jäger. Zwar forderte das viel zitierte und damit berüchtigte Mummert-Gutachten einen rigiden Abbau vieler Anlagen. Aber Essens erste Bürgerin versprach: „Wir werden das sportliche Angebot erhalten und sogar ausbauen. Als gut informierte Kennerin der örtlichen Szene lobte Ilse Brosis, Ministerin für Stadt Entwicklung, Kultur und Sport in Nordrhein-Westfalen, die „beispielhaften Aktivitäten" des Sportbundes bei der Umgestaltung alter Gebäude, die unter der Espo-Regie als Gesundheits- und Sportzentren neu genutzt werden. Richtungsweisend sei dabei der Ausbau der Zeche Helene für den Sportbetrieb gewesen.

Richard Winkels, Präsident des Landessportbundes, warnte davor, den Sport als Manövriermasse zum Ausgleich schwieriger Haushaltslagen zu Missbrauchen. Bestrebungen, Sportämter aufzulösen, erteilte er eine Absage. Ein dickes Kompliment richtete der Redner an den Jubilar: „Wir fragen uns oft im Landessportbund wie schafft der Essener Sportbund das?" Und an die Adresse des Geschäftsführers: „Wie schafft der Günther Kopp das?"

Franz-Josef Gründgens, im Hauptberuf Pädagoge im Essener Norden, im Nebenjob viel gefragter Moderator, präsentierte anschließend den Besuchern mit szenischen und sportlichen Einlagen einen Querschnitt durch das lokale Sportgeschehen.

Der Espo brachte sich mit seiner vortrefflichen Inszenierung erneut ins Gespräch. Die zufriedenen Gäste erhielten als Abschiedsgeschenk das Buch Essener Sportbund 75 Jahre. Zur Erinnerung – ist ja schon eine Weile her: Eine Ausgabe des Werks kostete damals 33 D-Mark.

Espo/Dominik Hamers

■ NOCH EIN JUBILÄUM

75 Jahre Espo – und noch ein weiteres Jubiläum: Das Jahr 1996 war auch das Jubiläumsjahr des Turngaus Essen. Die Vereinigung feierte das 50-Jährige Bestehen.

„Was will SPD-Mann Gerd-Peter Wolf?"

Anonyme verteilen Schmähblätter vor der Wahl des neuen Espo-Geschäftsführers

Sie führen den Essener Sportbund (sitzend von links): Hans Martz, Günter Kropp, Gerd-Peter Wolf, Gerd Kämpkes, Matthias Molling. Stehend von links: Gerd Nölle, Wilhelm Hesterkamp, Helmut Wolff, Ute Arndt, Paul Nickelski, Eugen Neuhaus, Rainer Ruth, Barbara Bauer, Bernd von Schmettow.

Die anonymen Zeitgenossen, die am 14. März vor Beginn der Mitgliederversammlung des Sportbundes im Hotel Scandic Crown ein Schmähblättchen mit der provozierenden Schlagzeile „Was will SPD-Wolf im Espo?" unter die Leute gebracht hatten vermochten die dreistündige Veranstaltung nicht zu stören. Ohne Probleme konnten die 247 Delegierten den neuen Vorstand der größten Essener Bürgervereinigung wählen.

Der Sportbund, dem mehr als 152.000 Mitglieder aus rund 600 Vereinen angehören, zeigte sich mit der Arbeit der lokalen Dach-Organisation des Sports zufrieden und folgte den Vorschlägen des scheidenden 1. Vorsitzenden Christian Hülsmann, der nach achtjähriger Tätigkeit die Führung an Gerd-Peter Wolf abgab.

Hülsmann, Geschäftsführer der Essener CDU, strebt eine politische Karriere an. Seine Abschiedsvorstellung als souveräner Leiter der Mitgliederversammlung zeichnete sich durch rhetorische Brillanz aus. Er deutete an, dass er auch künftig dem Espo mit Rat und Kompetenz zur Verfügung stehe.

Wie Gerd-Peter Wolf wurden auch die neuen Personen des geschäftsführenden Vorstands nahezu einstimmig in ihrer Ämter gewählt Hans Martz und Gerd Kämpkes als Stellvertreter, Matthias Molling als Schatzmeister. Neue Vorsitzende der Essener Sportjugend wurde Ute Arndt.

Christel Jergas und Kerstin van Beek traten sie angekündigt von ihren Posten zurück, blieben aber den Espoo weiterhin verbunden: Christel Jahrgangs als Leiterin der Sparte tanzen und engagierte Vertreterin des Behindertensports, Kerstin van Beek als Expertin für Steuerfragen.

„Gemeinsam, mit Engagement und Solidarität haben wir viel bewegt", sagte Christian Hülsmann. „Momentan ist es relativ ruhig und alles im Lot. Aber es gab auch hektische Phasen. Die parteiübergreifende Arbeit ist nicht problemlos. Aber die Zeit beim Espo hat mir sicherlich mehr gegeben als nur Ärger und Arbeit."

Sein Nachfolger Gerd-Peter Wolf bewies, was er in SPO wollte und versprach: ich will mithelfen das erreichte zu bewahren und neue Perspektiven erschließen. Das Schiff ist auf einem guten Kurs, mit der neuen Mannschaft kann ich es dort halten. Der Landtagsabgeordnete fügte hinzu: „Die Arbeit ist zwar hochpolitisch aber nicht parteipolitisch."

Diese Äußerung ging eindeutig in Richtung des Essener Leichtathletik Vereins, der in einem Antrag den Sportbund aufgefordert hatte, sich bedingungslos für den Erhalt des Grugastadions einzusetzen. Mit nur elf Pro-Stimmen wurde diese Forderung abgelehnt.

Breite Zustimmung fand dagegen die differenzierte Version des Leichtathletik-Kreises, die beinhaltete: kein Abriss des Stadions, bevor nicht gleichwertiger Ersatz zur Verfügung steht. Gemäß dieser Konzeption, die auch von der Politik und Verwaltung favorisiert wurde, hatte zu diesem Zeitpunkt bereits die Planung für ein neues Leichtathletikzentrum auf der Sportanlage am Hallo in Stoppenberg gestartet.

Erwin Remplewski †

Bewegung trifft Denkmalschutz

Die Zeche Helene wird zum Sport- und Gesundheitszentrum

Der rote Backsteinbau an der Twentmannstraße 125 in Altenessen war auf den ersten Blick keine einladende Adresse. Über dem Eingang der Frontseite bröckelt der Putz. Und es sollte noch einige Zeit dauern bis Bauleute und Handwerker den ehemaligen Verwaltungsgebäude der Zeche Helene eine freundlicherer Optik gegeben haben.

Aber über derlei Kleinigkeiten wurden zunächst hinweg gesehen. Denn am 16. März ging ein lang gehegter Wunsch endlich in Erfüllung: Der Essener Norden verfügt seit diesem Tag über ein neues Sport- und Gesundheitszentrum, das in seinen gewaltigen Ausmaßen und der vielseitigen Verwendbarkeit seiner Räume für diese Region einzigartig ist. Zur Teil-Eröffnung hatte als Gastgeber der Essener Sportbund eingeladen. Erschienen waren rund 250 Personen aus Sport, Politik, Verwaltung und Wirtschaft, die das gelungene Werk bewunderten.

12 Millionen DM waren für den Umbau des denkmalgeschützten Gebäudes aufgebracht worden. Diese gewaltige Summe finanzierten zu unterschiedlichen Teilen das Land die Arbeitsverwaltung die Stadt und der Sportbund, eine Gemeinschaftsleistung, die beispielhaft war und allen Beteiligten zur Ehre gereichte.

Ehrengast Ilse Brusis, Städtebau-Ministerin von Nordrhein-Westfalen, die das Riesen Projekt von Beginn an wohlwollend begleitet und sich für die Bewilligung von 6,1 Millionen D-Mark durch das Land eingesetzt hatte, stellte in ihrer Rede den Mut des Espo heraus, der trotz der wirtschaftlichen Notzeit das finanzielle Risiko eingegangen war, in vier Jahren ein sportliches Dorado zu schaffen: „Mit Fantasie, Engagement und Kreativität. Wir sind stolz darauf, was hier geleistet worden ist.“ Die SPD Politikerin, in den 15 Monaten zuvor drei mal zu Gast in Essen, sicherte dem Sportbund weitere Hilfe zu: „Ich hoffe das wir es verkraften können.“

Espo-Vorsitzender Gerd-Peter Wolf sagte: „Wir haben Nägel mit Köpfen gemacht.“ Er erwähnte die schwierigen Bedingungen, unter denen seinerzeit sein Vorgänger Christian Hülsmann den Start zum Bau eingeleitet hatte, freute sich über die Tatsache, dass bereits rund 1.500 Anmeldungen für die unterschiedlichen Kurse vorlagen und wies

Das Gebäude der Zeche Helene. Oben die transparente Umrandung, hinter der unter anderem Gymnastikkurse stattfinden.

Im „Kletterprütt" können Anfänger und Geübte eine Steile Wand erklimmen.

auf einen wichtigen Effekt hin: „Bis zu 70 Aushilfskräfte waren beschäftigt, und künftig werden hier zehn bis zwölf Personen einen sicheren Arbeitsplatz finden."

Zu den Gratulanten gehörte Oberbürgermeisterin Annette Jäger, die auf die historische Vergangenheit des Hauses hinwies und es als Symbol wertete, dass aus einer Bergwerksverwaltung ein Sportzentrum für jedermann entstanden war. Alfred Vietz, zehn Jahre bei Helene unter Tage beschäftigt, erinnerte sich: „Die Räume sind mir zwar vertraut, aber viel erkenne ich nicht wieder." Der Rentner möchte einen persönlichen Wunsch erfüllt sehen: „Die Statue der Heiligen Barbara, Schutzpatronen der Bergleute, muss hier hin zurückkehren."

Die Neugestaltung von Helene lag in den Händen des Essener Architekten Frank Albrecht, der alte Industrie-Baukunst mit moderner Gestaltung gekonnt kombiniert hatte. Blickfang im Foyer: eine geschwungene Theke aus feinstem Ahorn-Holz. Passend dazu spanische Design-Möbel.

Die Projektleitung hatten sich Rüdiger Wittkat und Peter Wehr geteilt. Das eingespielte Duo, das während der vierjährigen Bauzeit viele Hindernisse mit Flexibilität und Improvisation überwunden hatte, sollte das Sport- und Gesundheitszentrum auch bis zur Vollendung betreuen. Ständiger Ansprechpartner war dabei Geschäftsführer Günther Kropp, der weiterhin die wichtigste Aufgabe innehatte: die Beschaffung der finanziellen Mittel.

Bereits seit Februar, sechs Wochen vor der offiziellen Einweihung, stand das Helene-Zentrum im Mittelpunkt zahlreiche Aktivitäten. Hier konnten Interessenten Fitness-, Kraft-, Gesundheits- und Trendsportangebote nutzen sowie verschiedene Möglichkeiten der Entspannung kennen lernen.

Angeboten wurden unter anderem Aerobic, Autogenes Training, Ballett für Kinder, Bewegungsförderung für Eltern mit Kindern, Jazz-Gymnastik, Rückbildungsgymnastik nach der Schwangerschaft, Selbstverteidigung für Frauen, Wirbelsäulengymnastik und vieles andere mehr.

Besonders reizvoll gestalteten sich die Kurse „Neue Trends" und „Ballett", die in einem Gymnastikraum in der Form einer Ellipse über den Dächern Essens angeboten werden. Der Kletterpütt mit seiner Indoor-Kletterwand bot Klettern für Kinder, Schüler und Erwachsene, für Anfänger und Könner an.

Neue Wege beschritt der Espo mit seinem ersten Cardio- und Reha-Sportzentrum. Hier erwartete die Teilnehmer ein umfangreiches Geräte und Raumangebot. Maßnahmen wie Cardio-Fitness im Geräte Park, Koronarsport, Entspannungstechniken, Herzkreislauftraining für Übergewichtige etc. wurden unter ärztlicher Aufsicht angeboten.

Das Helene-Sport- und Gesundheitszentrum bietet somit für jeden etwas. Abgerundet werden alle Angebote durch zahlreiche Veranstaltungen: vom Streetball-Turnier bis zur französischen Woche in der Gastronomie „Im Puls".

Erwin Remplewski †

Der Espo: Arbeitgeber und Wirtschaftsfaktor

Eine große Chance für jugendliche Arbeitslose – viele wurden übernommen

Erfolgreiche Zusammenarbeit: Arbeitsamtdirektor Hans-Gerhard Dohle.

Aufgrund der zahlreichen Aktivitäten, die vom Essener Sportbund ausgehen, wird oft die sozial politische Bedeutung des Dachverbandes des lokalen Sports, dem rund 153.000 Mitglieder aus 600 Vereinen angehören, übersehen.

Der Espo als Arbeitgeber und Wirtschaftsfaktor – das war Ende April im Haus des Sports das Thema einer Pressekonferenz, bei der der Sportbund und seine Partner eine eindrucksvolle Bilanz präsentierten. Kompetente Teilnehmer der Gesprächsrunde waren SPO Vorsitzender Gerd-Peter Wolf, Geschäftsführer Günter Kropp, Arbeitsamtsleiter Hans-Gerhard Dohle sowie Dr. Bernhard Görgens und Werner Kühn vom Bäderausschuss.

„Wir können zufrieden sein", sagte Gerd Peter Wolf und wies darauf hin, dass von 1980 bis 1997 mehr als 1.500 Erwerbslose – zumeist jüngere – bei Espo-Projekten beschäftigt waren, von denen etwa 300 einen Dauer Arbeitsplatz fanden.

Die Zusammenarbeit mit dem Arbeitsamt, den Unternehmen, den Vereinen, der Stadt und den Interessengemeinschaften vor Ort habe sich bewährt, erklärte Günter Kropp. Arbeitsamts-Direktor Hans-Gerhard Dohle bestätigte diese Meinung. Es sei kein Zufall, dass die Anzahl von 500 Jugendlichen ohne Arbeit in Essen vergleichsweise niedrig sei. „Es ist uns gelungen, innerhalb eines Jahres die Quote um 20 Prozent zu senken." An dieser erfreulichen Entwicklung habe der Espo einen wesentlichen Anteil.

Die Liste der vom Sportbund initiierten und durchgeführten Bauten ist lang. Beispielhaft für die Betriebsamkeit ist die Millionen teure Umgestaltung der Zeche Helene, inzwischen Vorzeigeprojekt im Essener Norden. Auch andere Sport- und Gesundheitszentren tragen die Handschrift des Essener Sportbundes, der darüber hinaus mit half, bestehende Sportanlagen zu sanieren – meist in Abstimmung mit den Vereinen, die ihrerseits beträchtliche Eigenleistungen beisteuerten.

Aber damit gibt sich Günther Kropp, der Motor aller Maßnahmen, nicht zufrieden: „Wir brauchen eine Mehrzweckhalle, die es den Jugendlichen ermöglicht, die vielen Trendsportarten zu pflegen." Dem Espo-Geschäftsführer schwebte beispielhaft der Umbau einiger Krupp-Hallen vor.

Im Einvernehmen mit dem Arbeitsamt und der Stadt stehen weitere Vorhaben auf dem Programm, unter anderem der Umbau der Bäder in Altenessen und Borbeck, die Erweiterung der Eissporthalle, der Neubau eines Gewichtheber-Zentrums im Hauptbad, die Verlagerung des Boxzentrums vom Baldeneysee in die Jugendhalle Stoppenberg.

Noch Zukunftsmusik ist der Gedanke den arg mitgenommen in Bahnhof Kettwig in ein Bürgerhaus umzuwandeln. Hier stehen Fragen der Finanzierung ebenso im Vordergrund wie die Pläne, die Grugger als Kurpark zu nutzen. Wie sich zeigte, sind diese anfänglichen Gedanken im Laufe der Jahre tatsächlich in die Tat umgesetzt worden.

Mit einiger Sorge quittierte Kropp die Schließung von Gaststätten: „Die Vereine verlieren ihren Mittelpunkt. Wir brauchen mehr Klubhäuser". Durch den Umbau einiger Bunker könnte ein Ausweg gefunden werden. Was Eigeninitiative bewirkt, bewies der rührige Verein Grün-Weiß Schönebeck, dessen Mitglieder mit bewunderungswürdigen Engagement auf der Anlage an der Ardelhütte ein Domizil errichtet hatten, von dem in erster Linie den Nachwuchs profitierte.

Dass die Verwirklichung einer guten Idee zuweilen viel Geld ein spart – daran erinnerte Gerd-Peter Wolf. Der Espo-Vorsitzende erwähnte das in Altendorf erfolgreich gestartete Projekt „Basketball um Mitternacht", bei dem jeweils circa 50 Jugendliche freitags in der Turnhalle Bockmühle aktiv waren. Sponsoren, an der Spitze die Sparkasse, sicherten die Veranstaltung für den Zeitraum eines Jahres. Sport als Sozialpolitik.

Bewährt hat sich nach Meinung von Dr. Bernhard Görgens die Neugliederung der Sportverwaltung. Der Kontakt zum Sportbund sei enger und besser geworden, betonte der 1. Werkleiter der Sport- und Bäderbetriebe, der als Vorsitzender der Kanugemeinschaft Essen (KGE) wertvolle Basis Erfahrungen einbringt. Seine Erklärung: „Die Entscheidungswege wurden kürzer."

Hans-Gerhard Dohle machte dem Espo ein Kompliment: „Der Essener Konsens hat in der Wirtschaft breite Zustimmung gefunden. Wir sind auf dem richtigen Weg." Dohle sah günstige Perspektiven für die Arbeitslosen der Altersgruppe 20 bis 25. Auch für ungelernter Leute ergebe sich die Chance, durch Umschulung in einen Dauer-Arbeitsplatz zu finden. „Das erforderliche Geld ist im Augenblick zu günstigen Konditionen zu haben." In diesem Zusammenhang erwähnte der Arbeitsamtdirektor die positiven Erfahrungen der Firmen, die ungelernte Kräfte mit „Profis" zusammengebracht hatten. Viele Jugendliche seien von den Unternehmen übernommen worden.

Diskutiert wurde von der Expertenrunde auch das alarmierende Ergebnis der Landtagswahl von Sachsen-Anhalt, wo sich 13 Prozent – überwiegend Jugendliche – für die Deutsche Volksunion (DVU) entschieden hatten. „Ich glaube nicht dass eine solche Entwicklung bei uns im Ruhrgebiet möglich ist", sagte Gerd-Peter Wolf. Der Espo bemühe sich, die Qualifikationsmaßnahmen zu erweitern. Laut Geschäftsführer Günther Kropp waren im April rund 250 Leute in Espo-Aktion beschäftigt.

Alles in allem: die Leistungsbilanz des vergangenen Jahres respektabel. Dennoch blieb viel zu tun. Günter Kopp sprach von einer Bündelung der Kräfte.

Espo-Geschäftsführer Günter Kropp.

Einmal im Monat wolle der Sportbund mit seinen Partnern aktuelle Fragen erörtern.

Erwin Remplewski †

14.000 EURO FÜR „BASKETBALL UM MITTERNACHT"

Ende Februar wurde von der Polizei, dem Essener Sportbund und der Stadt ein gemeinsames Projekt gestartet: „Basketball um Mitternacht". An jedem Freitag gingen um 23:00 Uhr in der Sporthalle Gesamtschule Bockmühle die Lichter an. Diese Maßnahme sollte Jugendlichen um diese Zeit üblicherweise aktiv wurden, von der Straße holen. Eine erste Bilanz, die am 14. April beim Essener Sport und von den Veranstaltung vorgelegt wurde, fiel positiv aus.
Rund 50 Basketball-Fans waren regelmäßig in die Halle gekommen, wo sie von drei Trainern betreut wurden. Ohne Unterstützung aus der Wirtschaft wäre eine solche Aktion gar nicht erst möglich gewesen.
Die Sparkasse Essen stellte 14.000 D-Mark für die Anschaffung von Sportgeräte sowie für Honorare zur Verfügung. Einen weiteren Scheck über 8.000 D-Mark für „Mobile Einheiten" überreichte Hans Martz an Burkhard Schröder und Ute Arndt von der Sportjugend.

Scheckübergabe (v.l.): Ute Arndt (Sportjugend), Günter Kropp (Espo), Hans Martz (Sparkasse), Michael Weber und Wilfried Goldmann (Kripo Essen) und Gerhard Nölle (Espo).

Ein junger Mann für junge Leute

Mit 30 Jahren wird Axel Weber 1. Vorsitzender der Sportjugend Essen

Erster Gratulant des neuen starken Mannes der Essener Sportjugend: Gerd-Peter Wolf beglückwünscht den Jugend-Vorsitzenden Axel Weber.

Von Kontinuität konnte in den Jahren zuvor keine Rede sein. Mehrmals wechselte die Führung der Essener Sportjugend, und es sah nicht danach aus, als würde auf dieser wichtigen Position bald Beständigkeit herrschen. Kurz nach seiner Wahl zum 1. Vorsitzenden der Essener Sportjugend gab sich Axel Weber optimistisch, dass dies der Beginn einer neuen Ära sein könnte. „Davon gehe ich aus", entgegnete er auf die Frage, ob er glaube, dass die Krise mit seiner Wahl behoben sei.

Mit 30 Jahren kam Axel Weber am 26. Februar 1998 in das Amt, nachdem zwei Jahre zuvor Ute Arndt den Posten der 1. Vorsitzenden der Sportjugend von Rainer Ruth übernommen hatte. „Zugegeben, 1997 hatten wir einige Probleme", sagte er im Interview mit der „Sportschau Essen".

Trotz seines jungen Alters hatte Axel Weber zum Zeitpunkt der Amtsübernahme schon eine Menge erreicht. So war er 1998 Wissenschaftlicher Assistent des Europaparlaments und Referent des Europa-Abgeordneten Detlef Samland, der für die Stadt Essen als Oberbürgermeister kandidierte.

Weber, geboren in Oberhausen, war Mitglied in zwei Sportklubs: beim Fußballverein Sportfreunde 09 und bei der MTG Horst. Nach dem Abitur am Gymnasium Wolfskuhle leistete Weber seinen Wehrdienst, absolvierte in einem alten Essener Großhandelsunternehmen eine kaufmännische Ausbildung, verließ nach zwei Jahren die Firma und studierte Jura. Sein Studium finanzierte er als Leiter einer Pressevertretung für Hochschulen des Ruhrgebiets. Nach drei Jahren trat er in den Dienst von Samland – zunächst halbtags, seit dem 1. Januar 1998 ganztägig. Webers Aufgabengebiet umfasste unter anderem den gesamten Bereich der Öffentlichkeitsarbeit. Seit 1992 ist er Mitglied der SPD.

Für seine neue Aufgabe plante er tiefgreifende Veränderungen: „Wir nehmen Abschied vom bisherigen hierarchischen Prinzip. Vorher hatte allein der im Rhythmus von etwa vier Wochen tagende Geschäftsführende Vorstand alle Entscheidungen getroffen." Zukünftig soll das anders sein.

„Ute Arndt wird als 2. Vorsitzende viele der repräsentativen, aber auch zeitintensiven Aufgaben übernehmen, um das Ohr an der Basis zu haben", gibt er einen ersten Ausblick. Zudem plane er, Verschiedene Bereiche – beispielsweise das Kinderreferat, die Mädchen und Frauen Arbeit sowie die Funktion des Jugendhauses – den Vorstandsmitgliedern zu zu ordnen, die dann eigenverantwortlich ihre Kompetenz ausüben.

Sorgen, dass er aufgrund seines Zeit fordernden Berufs trotz seiner Funktion in den Hintergrund rücken könne, habe er nicht: „ Ich sehe meine Position darin, die Sportjugend leistungsfähig zu gestalten. Ich brauche keine persönliche Profilierung. Im Vordergrund steht unsere Institution und nicht die Person des Axel Weber."

Erwin Remplewski †

Ilse Kaiser geht in den Ruhestand

In ihrem Leben musste sich ständig etwas bewegen

Ilse Kaiser (2.v.l.)

Für den letzten Akt ihrer langen Karriere konnte wohl nur ein Anlass infrage kommen. Bei der Schwimm-Meisterschaft im Hauptbad 1999 wurde Ilse Kaiser für ihre Dienste im Essener Sport ausgezeichnet und schließlich in den Ruhestand verabschiedet.

2019 starb „Ille", die neun Jahre lang 1. Vorsitzende der Startgemeinschaft (SG) Essen gewesen war, im Alter von 84 Jahren. Essens Schwimmer*innen trauerten um die beliebt Ehrenamtlerin, die für den Schwimmsport gelebt hatte und in deren Leben immer etwas passieren musste. Und wenn das hieß, dass sie des Nachts ans Telefon musste, um irgendwem aus der Patsche zu helfen.

Für Ilse Kaiser musste es vorwärts gehen, denn zu tun gab es auf dieser Welt ständig etwas. Dass die Reiselust eine große Leidenschaft der früheren Schwimmerin war, wunderte daher niemanden. Ilse Kaiser war eine Frau der ersten Stunde: Im September 1987 gehörte sie zu den Gründungsmitgliedern, die das städtische Bündnis der Schwimmer*innen zusammenschweißten. Damals waren es zehn Vereine, doch niemand hätte seinerzeit ahnen können, dass sich die SG Essen zu einer veritablen Talentschmiede mausern würde.

„Wir haben langsam angefangen, aber mit Sabine Böcker und Horst Melzer haben wir ein tolles Trainergespann, so dass wir uns schnell aufgerappelt haben", erzählte Ilse Kaiser rückblickend. Bereits im Herbst des Gründungsjahres wurde die SGE Deutscher Mannschaftsmeister der Jugend und Junioren und übernahm im Landesverband eine exponierte Position. Das Schwimmzentrum Rüttenscheid wurde zum Bundesleistungsstützpunkt mit Teilzeit-Internat.

Dort reifte Christian Keller zu einem der erfolgreichsten Schwimmer des Landes. „Und dass wir wie schon vor vier Jahren in Barcelona mit Christian und Mark Warnecke erneut zwei Athleten bei Olympia hatten, ist einer der größten sportlichen Erfolge überhaupt", sagt sie.

Auch organisatorisch waren die SGE und Ilse Kaiser nur selten zu schlagen. „Seit 1954 habe ich immer irgendwo einen Posten gehabt." 31 Jahre lang führte sie die Geschäfte beim SV Essen 06. 1958, kurz nach Eröffnung des Hauptbades, richtete sie dort ihren ersten Wettkampf aus. Einen Durchgang der 2. Bundesliga für die deutschen Mannschaftstitelkämpfe zu organisieren machte sie zum Ende ihrer Funktionärslaufbahn mit links.

Ilse Kaiser machte nie Kompromisse. Da keine Zeit für eine Familie war, blieb sie ledig. „Für mich gab es immer nur alles oder nichts. Aber ich denke, der Einsatz hat sich gelohnt."

Der Abschied fiel ihr schwer, aber die Vernunft hatte sich nach gesundheitlichen Problemen und vier Operationen durchgesetzt. Oder besser gesagt: Etwas lauter zu Wort gemeldet. „Ich werde Stützpunkt-Leiterin bleiben, weiterhin die SGE-Senioren trainieren, die Sparte Schwimmen beim Stadtsportbund betreuen und als Bezirksvertreterin im Landesverband arbeiten. Da habe ich noch genug zu tun."

Rolf Hantel/Dominik Hamers

Neue sportliche Heimat für Behinderten-Sportvereine

Sparkasse und Krupp-Stiftung unterstützen das Pilotprojekt

Mit Begeisterung bei der Sache: Behindertensportler*innen vom Franz-Sales-Haus.

Das Sport- und Gesundheitszentrum Helene, das am 1. Juli sein Management wechselte, hat neue Gäste aufgenommen. Die neuen in Essen beheimateten Behinderten-Sportvereine, die rund 3000 Mitglieder betreuen, fanden an der Twentmannstraße in Altenessen ihre neue sportliche Heimat.

Gerd van Dam (Special Olympics), Professor Roland Naul (Universität), Paul Hoffmann (Deutsche Olympische Sportgesellschaft) und Hans Martz (Espo/Sparkasse Essen) stellten am 10. Juni mit dem Pilotprojekt „Sport mit Behinderten" eine Einrichtung vor, die bundesweit Modellcharakter hat. Die Gründer der Institution hoffen, dass sie mit ihrem vielfältigen Angebot auch einen Teil der sportlich nicht organisierten Behinderten erreichen, deren Zahl in Essen auf circa 80.000 geschätzt wird. Die ideale Trägerschaft des neuen Sportzweiges übernahmen die Sparkasse und die Krupp-Stiftung.

Der Bau und die Ausstattung der Sportstätten orientieren sich an den Erkenntnissen der Umweltwahrnehmung der Sportler*innen mit Behinderungen. Zentrum der Aktivitäten ist die fast 200 Quadratmeter große Mehrzweckhalle. Die Wände sind mit Prallschutzpaneleen verkleidet, beide Stirnseiten zieren elektronisch-akustische Tonwände, die über ein Steuerpult eingestellt werden können. Auf dem Boden sind, farblich voneinander abgetrennt, Spielfelder für die unterschiedlichen Sportarten markiert.

Gerd van Dam, im Franz-Sales-Haus Sportlicher Leiter der Behindertensportler und auf Bundesebene Vorsitzender des „Special Olympics", will die etwa 100 Behinderten-Sportvereine in Nordrhein-Westfalen für die Essener Anlage interessieren. Er erhofft sich für den Behindertensport neuen Auftrieb: „Wir brauchen unsere Arbeit eine stärkere Lobby."

Für große Treffen und Veranstaltungen wir den „Tag der Behinderten" oder die „Behinderten-Sportspiele" sind in der Helene alle Voraussetzungen vorhanden. Für sportmedizinische Zwecke wird eine Sauna gebaut. Zusätzlich soll der Ort der Kommunikation zwischen behinderten und nicht behinderten Menschen dienen. Parallel zu der sportlichen Betätigung sollen auch Seminare und Lehrgänge stattfinden. Außerdem stehen Sitzungsräume zur Verfügung.

Eine Gruppe aus dem Franz-Sales-Haus war vom neuen sportlichen Zuhause hellauf begeistert und erprobte in der Halle und an den Geräten die neu geschaffene Erlebniswelt. Diese Demonstrationen fanden den Beifall der prominenten Zuschauerinnen und Zuschauer.

Fördern den „Sport mit Behinderten" (v. l.): Paul Hoffmann, Hans Martz, Gerd van Dam, Roland Naul, Barbara Bauer.

Erwin Remplewski †

Zwei Ehrungen für den Espo

Dienstleistungspool und Zeche Helene erhalten das Prädikat „Zukunftsprojekt"

Der Essener Sportbund freut sich über zwei Ehrungen. Das vom Espo gegründete „Dienstleistungspool Sportservice" und das Sport- und Freizeitzentrum Helene wurden von NRW Ministerin Ilse Brusis mit dem Robert-Jungk-Preis NRW ausgezeichnet. Beide Einrichtungen erhielten das Prädikat „Zukunftsprojekt".

Der Robert-Jungk-Preis wurde erst mal zum Städte-Netzwerk NRW gemeinsam mit der Robert-Jungk-Stiftung und dem Ministerium für Arbeit, Soziales und Stadtentwicklung, Kultur und Sport des Landes Nordrhein-Westfalen verliehen. Er wendet sich an soziale und kulturelle Einrichtungen wie auch an Initiativen in deren Umfeld. Gesucht wurden zukunftsweisende Ideen und Konzepte.

Über 250 Einrichtungen und Initiativen des Landes hatten sich um den Preis beworben. Eine Jury hob neben den Preisträgern weitere Projekte hervor, die als Zukunftsprojekt eingestuft wurden.

Der 1999 vom Essener Sportbund ins Leben gerufene „Dienstleistungspool Sportservice" hatte sein Domizil auf dem Helene-Gelände an der Twentmannstraße erhalten. Er war aus der Idee geboren, Sportvereine bei der Bewältigung ihrer Aufgaben und Ziele professionell zu unterstützen.

Mit dem Sport- und Freizeitzentrum Helene war es dem Sportbund gelungen, ein unter Denkmalschutz stehendes Zechen-Verwaltungsgebäude umzubauen und einer neuen Nutzung zuzuführen. Inzwischen ist die Einrichtung von der Bevölkerung gut angenommen worden. Das liegt auch nicht zuletzt an der breiten Angebotspalette: Von unterschiedlichen Angeboten im Indoor Bereich bis hin zu angegliederten Bereichen im Umfeld hat der Standort eine Menge zu bieten.

Erwin Remplewski †

Mittelpunkt des sportlichen Geschehens im Essener Norden: Das Freizeit-Zentrum Helene.

Ein neues Freizeitparadies für Jugendliche

„Fun-Box“ Amalie an der Helenenstraße eröffnet

Sebastian von Schlingen zeigt mit seinem Trial-Rad halsbrecherische Stunts.

Mit einem Festakt wurde am 8. Dezember 2001 die Trendsporthalle an der Helenestraße in Altendorf eingeweiht. Wo ein halbes Jahrhundert zuvor die Brikett Maschinen ratterten, kratzten Skateboards und Inlineskater über die Rampen. Der Essener Sportbund hatte den Jugendlichen ein Geschenk übergeben dass dankbar angenommen wurde.

„Fun-Box Amalie“ prangte in dicken Lettern über dem rund 1.500 Quadratmeter großen Areal, und die Jugendlichen Fieber in der Premiere entgegen. Mit Skateboards unter dem Arm drängten sie sich schon während der Öffnungszeremonie in die alte Zechenhalle, die vor dem endgültigen Zerfall bewahrt worden war und fort an einem neuen Zweck dienen sollte: dem Freizeitsport.

Rund 300 geladenen Gästen – darunter viele prominente aus Sport Politik und Wirtschaft – präsentierte sich eine eindrucksvolle Rampenlandschaft, auf der sich – ungeachtet der vielen Redner Grußworte – die Skateboarder und Inlinefahrer austobten. Oberbürgermeister Dr. Wolfgang Reiniger fand anerkennende Worte für das Vorzeigeprojekt und lobte die am Bau beteiligten Personen und Institutionen.

Als Betreiber der Heimat für Trendsportler freuten sich die Macher des Essener Sportbundes, dass ihr mutiges Konzept nach einer langen Vorlaufzeit mit einigen finanziellen Hindernissen aufgegangen war. „Die Resonanz der Jugendlichen ist großartig“, strahlte Geschäftsführer Günter Kropp.

„Die Einrichtung ist wirklich gelungen“, erklärte der ehemalige RWE-Profi Dirk Helmig, der sich federführend um das Projekt gekümmert hatte. „Die Rampenlandschaft kommt gut an, und außerdem sind ja noch zahlreiche andere Events in der Funbox geplant.“

Erwin Remplewski †

NEUE SPORTSTÄTTEN – BURGALTENDORF UND BORBECK RÜSTEN AUF

Burgaltendorfer wissen, ihre Feste richtig zu feiern. Und so ließ es sich der Traditionsverein TV Einigkeit nicht nehmen, anlässlich des 100. Vereinsjubiläums als Präsent das neue Sport-, Gesundheits- und Freizeitzentrum an der Holteyerstraße zu präsentieren. Der „Aktiv-Punkt“ konnte im März nach vier Jahren Ideensammeln, Planung und Beschlussfassung sowie nach einer Rekordbauzeit von 18 Monaten endlich eröffnet werden. Und auch in Borbeck gab es etwas zu feier: Im Mai wurde das Sport- und Gesundheitszentrum des TuS. 84/10 im Stadtbad offiziell eingeweiht.

Das Stadion Am Hallo ist fertig

Oberbürgermeister Wolfgang Reiniger übergibt ein echtes Schmuckstück

Übergab das Stadion: Oberbürgermeister Wolfang Reiniger.

Die Redakteure der WAZ Essen ließen sich am 27. August von dem Sommerloch inspirieren und servierten ihren Leserinnen und Lesern die Schlagzeile: „33 Grad: Die Hitze liegt die Stadt lahm." Und fett gedruckt hieß es weiter: „Die Sonne brennt. Ungewohnt still ist die Stadt. Die Gedanken kreisen um ein Thema: wo gibt es Abkühlung?"

Von Abkühlung konnte auch zwei Tage zuvor nicht die Rede sein, als Oberbürgermeister Dr. Wolfgang Reiniger am Vormittag den Sportlerinnen und Sportlern offiziell das neue Leichtathletik-Stadion Am Hallo in Stoppenberg übergab. Rund 2.000 Besucherinnen und Besucher, darunter Prominenz aus allen Lagern, trugen Feiertagsmienen und strahlten mit der Sonne um die Wette.

Horst Bosak, der schon dreieinhalb Jahrzehnte zuvor sportliche Volksfeste moderiert hatte, feierte am Mikrofon mit bewährtem Charme sein Comeback, assistiert von seinem Freund Rainer Grebert. „Auf diesen Tag habe ich mich gefreut", sagte Dr. Wolfgang Reiniger bei der Premiere. „Heute sind wir am Abschluss eines Kapitels, das lange gedauert hat. Die Politik hat Wort gehalten. Als wir die Entscheidung trafen, das Gruga-Stadion abzureißen, geschah das nur unter der Voraussetzung, einen gleichwertigen Ersatz zu schaffen."

Aus den 13,5 Millionen D-Mark teuren Ersatz wurde ein Sportpark, der zum Schwärmen animiert: eine Tribüne, die 1.500 Zuschauer aufnehmen kann, Anlagen auf dem neuesten technischen Stand, eine Kunststoffbahn, bei deren Anblick es den Läuferinnen und Läufer in den Beinen kribbelt, ein Wimbledon-Rasen, über den jeder Bundesliga-Klub gerne verfügt hätte. Und das Ganze umgeben von einem grünen Panorama, das den Augen schmeichelt.

Die Idee, hier nach der Aufgabe des Gruga-Stadions die Leichtathletinnen und Leichtathleten anzusiedeln, kam von Horst Bosak, der seinerzeit bei der Besichtigung mehrerer infrage kommender Grundstücke spontan ausrief: „Da ist es!"

Und das war's auch. Wolfgang Reiniger, in seiner Jugendblüte ein respektabler Mittelstreckler, war begeistert: „Ich übergebe dem Sport und den Leichtathleten ein wirkliches Schmuckstück. Ich bin sicher, in diesem Stadion werden wir tolle Wettkämpfe erleben."

Davon war auch Manfred Kubitscheck, Kreisvorsitzender der Sparte Leichtathletik, überzeugt. Er fühlte gleich beim Vize-Präsidenten des deutschen Leichtathletikverbandes, Theo Rous, vor. Sein Ziel: schon bald die Ausrichtung der deutschen Mehrkampf Meisterschaften zu übernehmen. Ebenfalls war zu erwarten, dass junge Begabte von der Atmosphäre der Arena angezogen würden und nicht, wie in den vorherigen 30 Jahren geschehen, zum Nachbarverein abwanderten. Der Schulsport stand somit vor einer dankbaren Aufgabe.

Architekt Günter Moors lobte die an dem Großprojekt beteiligten 200 Handwerker: „Es war eine hervorragende Zusammenarbeit." Espo-Vorsitzender Gerd-Peter Wolf, bekannt für seine Stegreif-Formulierungen, gab seine erste Empfindung beim Stadion Besuch wider uns zitierte den Ruhrbarden Herbert Knebel: „Boah ey!"

Elf Männer nahmen beim Premieren-Lauf die Vorsitzende des Sport- und Bäderamtes, Iris Nowack, in die Mitte und schlurften, angeführt von Willi Wühlbeck, 1983 Weltmeister über 800 Meter, im Rentnertempo über die Bahn. In exakt 2:20,33 Minuten. Und alle erreichten beschwerdefrei das Ziel.

Erwin Remplewski †

Die Zeit der fliegenden Kohlebriketts ist vorbei

„Kur vor Ort" soll Essen das Prädikat „Gesundheitsstadt" geben

Festakt zur Einweihung der Essener Kur-Saison mit 200 Gästen aus Medizin, Politik, Verwaltung, Wirtschaft und Sport.

Wer bis Ende der sechziger Jahre außerhalb des Reviers über das Ruhrgebiet sprach, äußerte die böse Vorstellung dort flögen die Briketts durch die Luft, die Frauen trockneten ihre weiße Wäsche wegen des schwarzen Staubes in geschlossenen Räumen und die von Brechreiz geplagten Kinder mieden die öffentlichen Spielplätze.

Ein Mensch, der seinerzeit auf den Gedanken gekommen wäre, ausgerechnet Essen als Kurort anzupreisen, hätte bei seinen Zuhörer*innen wohl Lachkrämpfe verursacht. Und man hätte ihn für leicht verrückt erklärt.

Diese vorwiegend aus dem Süden kolportierten Vorurteile gehören der Vergangenheit an. „Kur vor Ort" ist Realität geworden. Mitten im Revier. Optimisten sprachen bereits von der „Gesundheitsstadt" Essen. Am 28. Mai 1999 erfolgte der Start in der Orangerie des Grugaparks, den man zurecht als die „grüne Lunge" der Ruhr-Metropole bezeichnet. In der Zwischenzeit wurde die Einrichtung in den geräumigeren Blumenhof verlagert. Der ehemalige Gastronomiebetrieb bietet auf circa 2.500 Quadratmetern großzügige Entfaltungsmöglichkeiten.

Das Projekt, in das alle Essener Krankenhäuser eingebunden waren, wurde von einem 52-köpfigen wissenschaftlichen Beirat unter dem Vorsitz des Kardiologen Professor Raimund Erbel betreut. Acht Arbeitskreise, bestehend aus Personen unterschiedlicher Fachgebiete, entwickelten Therapien und Kurse unter anderem gegen Herzbeschwerden, Stoffwechselerkrankungen, Allergien und Krebs. Die Betreuung umfasst alle Altersgruppen: Kinder wie Senioren, insbesondere Familien, die darüber hinaus ihren Urlaub in der Gruga verbringen können.

Als weitere Attraktion vorgesehen war kurz nach Eröffnung des Parks das sieben Kubikmeter messende „begehbare Herz", das auf der Fläche der ehemaligen Vogelfreiflughalle gebaut worden war.

Die ersten Planungen für „Kur vor Ort" waren 1998 eingeleitet worden. Der vor Ideen sprudelnde Günter Kropp, Geschäftsführer des Essener Sportbundes, hatte in den Vorgesprächen mit den Partnern das Feld vorbereitet und stellte für diese Aufgabe Barbara Bauer frei, die als Geschäftsführerin von „Kur vor Ort" in Zusammenarbeit mit Mediziner*innen und Verwaltungsleuten ein Konzept entwickelt hatte, das in seiner Form die Bezeichnung „original" verdiente.

Vorbilder oder Anleihen an bestehende Kurzentren in Deutschland hatte es nicht gegeben. Auf dieser Feststellung legte man Wert. Rolf Nienaber, 1. Vorsitzender des Vereins, hatte sich schon bei der ersten Pressekonferenz selbstbewusst gegeben: „Wir wollen einen Takt besser sein als die anderen."

Von der Tragbarkeit des Projektes, das finanziell von den beteiligten Institutionen, Mitgliedern und Sponsoren getragen wird, ist auch Grugapark-Chef Bernd Schmidt-Knop überzeugt. Er lobte die guten Voraussetzungen des Standorts: „Wir haben ermittelt, dass die Luft in unserem Park genauso rein wie in anderen Kurorten ist." Nach den Vorstellungen von Schmidt-Knop und seinen Vorstandsmitgliedern soll sich im Laufe der Zeit ein reger Betrieb entwickeln – mit Kurbrunnen und Konzerten. Vorgesehen war an der Virchowstraße ein neuer Zugang zum Kurgelände und eine eigene Buslinie. Auf Dauer sollte sich „Kur vor Ort" schließlich selbst tragen. Bernd Schmidt-Knop erwartete positive Nebeneffekte: „Die Gruga bekommt einen zusätzliche Nutzen, von dem wir uns auch finanziell etwas versprechen."

Erwin Remplewski †

Große Auszeichnung für Stadt und Espo

Essen belegt im Wettbewerb „Sportgerechte Stadt" Rang eins

Das Essen sich bei offiziellen Anlässen mit dem Prädikat „Sportstadt" schmückt, ist mehr als vordergründiger Lokalpatriotismus. Die Sport- und Bäderbetriebe Essen und der Essener Sportbund, die seit Jahren erfolgreich zusammenarbeiten und trotz schmaler Haushaltskasse in ihrem Bereich viel bewegen, erfuhren im Jahr 2002 aber auch offiziell großes Lob.

Bei dem vom Landessportbund im Jahr 2001 ausgeschriebenen Wettbewerb „"Die sportgerechte Stadt", in dem sich die Städte und Gemeinden Nordrhein-Westfalens mit ihren Leistungen und Angeboten auf dem Gebiet des Sports darstellten, setzte die Jury die Stadt Essen in der Klasse III auf den ersten Platz. Die Ehrung nahmen am 2. September im Gruga-Kurhaus LSB-Vorsitzender Richard Winkels und NRW-Minister Dr. Michael Vesper vor.

Günther Kropp, seit 23 Jahren Espo-Geschäftsführer, quittierte die Entscheidung des Preisgerichts „mit ein bisschen Stolz", stellte jedoch seine persönlichen Verdienste in den Hintergrund: „Diese Auszeichnung gilt in erster Linie dem Vorstand und den vielen ehrenamtlichen Mitarbeitern in den Vereinen. Dieser Erfolg wurde jedoch erst möglich durch das beispielhafte Zusammenwirken des Sportbundes mit den Sport- und Bäderbetrieben Essen."

Bei der Ausschreibung waren fünf Handlungsfelder vorgegeben. Diese Wettbewerbskriterien ermöglichen es, bezogen auf die jeweilige Wettbewerbsklasse die Inhalte der Aussagen in den Unterlagen die Bewerber miteinander in qualitativer und quantitativer Hinsicht zu vergleichen. Wie sich die Bewerber zu den Handlungsfeldern und Kriterien jeweils äußerten, stellte die Grundlage für die Beurteilung da. Dabei war nicht die Erfüllung der Kriterien, sondern vor allem ein überzeugendes Gesamtkonzept für die Entscheidung ausschlaggebend.

Feierstunde mit Sportminister Dr. Michael Vesper (l.): Günter Kropp Espo und Hartmut Rüdiger (SBE) nahmen die Urkunde für die Stadt Essen entgegen, rechts LSB-Chef Richard Winkels.

Die Sport- und Bäderbetriebe Essen und der Sportbund erfüllten die genannten Voraussetzungen am besten. Das Ergebnis: Die Stadt Essen belegte vor Mühlheim an der Ruhr, Münster und Paderborn den ersten Rang.

In der Begründung der Jury hieß es unter anderem: „Der Sport in Essen wird von vielen Politikfeldern gestaltet. Neben den traditionellen Kooperationspartnern des organisierten Sports, der Kommunalpolitik und der Verwaltung sind verschiedene Bildungsträger, das Arbeitsamt, der „Essener Konsens", die Sportwissenschaft, die Wissenschaft, der Gesundheits- und Freizeitbereich in die kommunale Sport Entwicklung eingebunden."

Der Essener Sport hat sich vor allen Dingen im Trendsportbereich mit neuen und alternativen Finanz-, Betreiber- und Nutzungs-Konzeptionen einen guten Ruf in ganz Nordrhein-Westfalen erarbeitet.

Als vorbildlich einzuschätzen ist die Etablierung von 21 dezentralen Sport- und Gesundheitszentren, die Umwidmung von Industriebrachen und Industriegebäuden beziehungsweise anderen Räumen und Flächen zur trendsportlichen Nutzung, die Sportakademie mit den Qualifizierungsbereichen Sport, Fitness, Gesundheit, Management, Marketing und Mitarbeiterschulung und nicht zuletzt die vielen auch nicht vereinsgebunden Freizeit- und Funsport-Angebote für alle Bürger*innen im gesamten Stadtgebiet.

Auch der 1. Werkleiter der Sport- und Bäderbetriebe Essen, Dr. Bernhard Görgens, zeigte sich hoch erfreut: „Wir sind stolz darauf, mit der Erringung des ersten Platzes in den „Club der Besten" aufgenommen worden zu sein und in diesem Rahmen mitzuhelfen, das Leitbild „Sportgerechte Stadt" weiterzuentwickeln. Durch die Teilnahme im „Club der Besten" kann die Stadt Essen ihr Knowhow und ihre Erfahrung aktiv einbringen und das Land und den Landessportbund bei der angestrebten nachhaltigen Sport- und Stadtentwicklung unterstützen."

Erwin Remplewski †

Der Espo hat einen neuen Vorsitzenden

Dr. Bernhard Görgens wird ohne Gegenstimme zum ersten Mann gewählt

Sie repräsentieren nach der Hauptversammlung 2002 den Essener Sport (u.v.l.): Gerd Kämpkes, Geschäftsführer Günter Kropp, Dr. Bernhard Görgens, Helmut Wolff, Klaus Kölbel sowie (o.v.l.) Ute Arndt, Willi Hesterkamp, Dr. Lenhard Teigelack, Helmut Simons, Jens Schuhknecht, Jochen Sander, Georgia Kaiser, Werner Langen, Gerhard Nölle.

Es geht nichts über eine sorgfältige Inszenierung. Die gut vorbereitete Mitgliederversammlung des Essener Sportbundes am 27. Juni 2002 in der Messe vor 190 Delegierten der Vereine und viel Prominenz aus allen Bereichen ging im Rekordtempo in nicht einmal zwei Stunden über die Bühne. Letztendlich brachte sie keine Überraschung hervor. Denn die Weichen waren schon vorher gestellt worden.

Gerd-Peter Wolf, der bereits zwei Tage zuvor in einer eigenen Pressekonferenz die Bilanz seiner sechsjährigen Tätigkeit als Espo-Vorstand zogen hatte, übergab dann auch offiziell den Stab weiter an Dr. Herbert Görgens, der seine Ämter als Stadtdirektor und 1. Werkleiter der Sport und Bäderbetriebe aufgab und ein neues Betätigungsfeld als Vorstandsvorsitzender der Stadtwerke fand. „Und nun, Bernhard, lass den Zug rollen", empfahl der mit viel Beifall verabschiedete Gerd-Peter Wolf seinem Nachfolger, der im Oktober des Jahres den 153.000 Mitgliedern aus rund 650 Sportvereinen zur Verfügung stehen sollte.

„Sie haben", wandte sich Oberbürgermeister Dr. Wolfgang Reiniger in seinem Grußwort an Wolf, „mit ihrer Mannschaft viel geleistet und können stolz sein auf das, was sie für die Förderung des Sports getan haben. Sie haben so manchen Meilenstein gesetzt." Der OB erinnerte an den Bau des Leichtathletikstadions und an die Inbetriebnahme der Trendsporthalle. Reiniger ging auch auf das Thema Olympia ein und lobte seinen Büroleiter Christian Hülsmann, der zu diesem Zeitpunkt die Bewerbung für die Region Rhein-Ruhr koordinierte. „Wir brauchen uns mit unserem Angebot nicht zu verstecken."

Hans Martz, bisher 2. Espo-Vorsitzender, der ebenfalls seine Funktion aufgab, überreichte Wolf den Espo-Ehrenteller, der nur einmal im Jahr verliehen wird. In seiner Laudation hob das Vorstandsmitglied der Sparkasse Wolfs Verdienste hervor. Er habe den Sport nie mit der „politischen Brille, sondern parteiübergreifend gesehen". Neben Wolf und Martz schieden auch Rolf Tretow, Barbara Ulrich und Eugen Neuhaus aus dem Vorstand aus.

Tretow legte in seiner letzten Amtshandlung die finanzielle Bilanz des Jahres 2001 vor und präsentierte den neuen Haushalt. Im Jahr zuvor war ein Überschuss von 118.000 D-Mark erwirtschaftet, das Eigenkapital damit auf 519.000 D-Mark aufgestockt worden. Für das Folgejahr erwartete der Funktionär „mit vorsichtigem Optimismus" einen Überschuss von 32.000 Euro.

Dr. Bernhard Görgens, als 1. Vorsitzender der erfolgreichen Kanu-Gemeinsschaft Essen mit der Basis vertraut, erzählte dem Forum, wie es zu seiner Kandidatur gekommen war. Er sein ein bisschen von seinem kumpeligen Vorgänger überrumpelt worden. „Es fällt sehr schwer, auf eine Frage von Gerd-Peter Wolf hin nein zu sagen. Und ich bereits seit fünf Jahren auf eine sehr schöne Zusammenarbeit mit dem Espo zurückblicken kann, habe ich mich auch nicht gesträubt, meine Zusage zu geben." Die Anekdote hatte Eindruck hinterlassen: Görgens wurde ohne Gegenstimme und ohne Enthaltung gewählt.

Erwin Remplewski †/Dominik Hamers

Essens Gewichtheber haben eine neue Heimat

Tür an Tür mit dem Espo: Die Kraftsportler ziehen in das „Haus des Sports"

Essens Gewichtheber haben ein neues Domizil. Im „Haus des Sports" wurde das fertiggestellte Gewichtheberzentrum offiziell eröffnet und der symbolische Schlüssel an den KSV Essen 88 übergeben.

Bernhard Görgens, Vorsitzender des Essener Sportbundes freute sich, dass die Gewichtheber ihr neues Heim nicht mehr im sprichwörtlichen Sinne unter dem Dach des Espo gefunden hatten.

Einige Jahre zuvor hatten die Kraftsportler bereits schon einmal ein neues zu Hause suchen müssen. Nachdem die Zustände in der Turnhalle an der Gerswidastraße untragbar geworden waren, sorgte die Stadt Essen für die Unterbringung der Gewichtheber in den Kellerräumen des Essener Hauptbades.

Bürgermeister Norbert Kleine-Möllhof überbrachte die besten Wünsche der Stadt und strich in seinem Grußwort und die Bedeutung der Ruhrmetropole als Sportstadt heraus.

„Ich hoffe, dass die Essener Gewichtheber durch dieses neue Leistungszentrum wieder an die erfolgreiche Tradition in Essen anknüpfen können", erklärte Klaus Umbach, Präsident des deutschen Gewichtheber-Verbandes.

Trainingsdemonstrationen des talentierten Nachwuchses des Landesverbandes rundeten das offizielle Programm ab.

WAZ

Mara Steffen vom KSV 1888 trainiert im Gewichtheberzentrum im „Haus des Sports".

Turngau Essen wird zu GET

Im Februar 2002 folgt der Abschied vom Essener Gauturntag

Im Mittelpunkt des Gauturntages des Turngaus Essen stand die Satzungsänderung mit der Umbenennung der etwas antiquittierten Namen. Einstimmig beschlossen die Mitglieder den neuen Namen „Gemeinschaft Essener Turnvereine" (GET), die keinen Gauturntag mehr, sondern eine Jahreshauptversammlung abhalten sollte.

Der letzte seiner Art in Essen war in Summe rundum gelungen. Doch einen Wermutstropfen gab es bei den Wahlen der neu zu besetzenden Posten. Zu Beginn der Veranstaltung hatte das Ehepaar Kurt und Irmhild Engelmeier vom TV Bredeney Abschied von ihren zeitintensiven Aufgaben genommen. Doch sowohl das so frei gewordene Amt des stellvertretenden Vorsitzenden, wie auch das der Frauen-Beauftragten fanden keine Nachfolger unter den 94 Delegierten aus 78 Turnvereinen (25.000 Mitglieder).

Einen richtigen Abschied hatte das Turn-Ehepaar Engelmeier ohnehin nicht genommen. Irmhild Engelmeier schied zwar aus dem Vorstand aus, blieb aber als Fachwartin Seniorensport noch für ein weiteres Jahr im Amt. Kurt Engelmeier wiederum wurde in den Rechts- und Ehrenausschuss gewählt.

Espo/Dominik Hamers

Wolfgang Rohrberg folgt auf Günter Kropp

Der Diplom-Verwaltungswirt wird neuer Geschäftsführer des Essener Sportbundes

Bernhard Görgens verabschiedet Günter Kropp (M.) und begrüßt dessen Nachfolger Wolfgang Rohrberg.

Auf die offizielle Bestätigung, Nachfolger von Günter Kropp zu werden, hat Wolfgang Rohrberg nahezu ein Jahr warten müssen. Als bereits im Herbst des Vorjahres durchsickerte, dass der gelernte Diplom-Verwaltungswirt die Geschäftsführung des Essener Sportbundes übernehmen sollte, gab sich der Espo-Vorstand ahnungslos, obwohl für Insider die Entscheidung längst gefallen war.

Aber am 30. Juli 2003 war es endlich soweit: Der Espo-Vorstand übertrug Wolfgang Rohrberg einstimmig die Geschäftsführung des Dachverbandes des lokalen Sports, dem zu diesem Zeitpunkt rund 153.000 Mitglieder aus etwa 650 Verein angehören.

Der neue Mann übernahm am 1. November den Schreibtisch von Günter Kropp, der in seiner 24 Jahre dauernden Amtszeit in Espo zu einem mittelständischen Unternehmen führte, das 35 fest angestellte und rund 60 ehrenamtliche Mitarbeiter beschäftigt und über einen Etat von etwa 3,5 Millionen verfügt.

Laut Dr. Bernhard Görgens, 1. Vorsitzender des Sportbundes, wird sich an dieser Summe vor erst nichts ändern. Der Autodidakt Günter Kropp hatte auf seine eigenwillige Art viel bewegt. Er verstand es, Strukturen zu schaffen, die auch in der Öffentlichkeit überzeugen und ihm die Türen zu einflussreichen Partnern aus der Wirtschaft und den verbänden öffneten. Einzigartig war der Aufbau von bis dahin 21 Sport- und Gesundheitszentrum im gesamten Stadtgebiet.

Obwohl die Ehrung für den scheidenden Geschäftsführer noch aussteht, klangen bei der Pressekonferenz Kropps große Verdienste um den lokalen Sport an. Der von ihm in knapp einem Vierteljahrhundert geschaffene Verwaltungsaufbau gilt auch außerhalb der Stadt als beispielhaft und wird von Nachbarverbänden kopiert. Wolfgang Rohrberg, lange Zeit in der Sportverwaltung tätig und in den Vorjahren Bau Projektleiter des Espo, über seinen Vorgänger: „Was Günter Kropp hier geschaffen hat, ist einmalig in ganz Deutschland."

Dr. Görgens erklärte die Kriterien, die für die Wahl von Wolfgang Rohrbergs ausschlaggebend waren: „Er hat einen hervorragenden Überblick über die Sportstädten-Infrastruktur und kennt die Geschäftsstelle. Er kann ohne große Einarbeitung einsteigen." Der Espo-Vorstand hatte sich mit 15 Bewerbungen befasst. Am Ende waren drei Kandidaten übrig geblieben. „Nach intensiven Gesprächen haben wir uns für Wolfgang Rohrberg entschieden." Dessen SPD-Parteibuch, erklärte Görgens, habe keine Rolle gespielt. CDU-Mann Görgens versicherte: „Wir haben ihn gewählt, weil er den Job kann."

Espo

EHRUNGEN

Helmut Wolff, stellvertretender Vorsitzender der CDU-Fraktion im Rat der Stadt Essen und in gleicher Funktion für den Espo engagiert, erhält das Bundesverdienstkreuz. Oberbürgermeister Dr. Wolfgang Reiniger sagte in seiner Laudatio: „Herr Wolff hat sich durch seine ehrenamtlichen Tätigkeiten in verschiedenen Bereichen Verdienste um das Allgemeinwohl erworben."

Im gleichen Jahr verlieh der Essener Sportbund dem Oberbürgermeister den Ehrenteller.

Neues Leben am Alten Bahnhof

Zusammenspiel verschiedener Angebote soll Treffpunkt in Kettwig sichern

Am frühen Nachmittag des 4. April 2003 herrschte auf der Ruhrtalstraße in Kettwig Hochbetrieb. Die feierliche Eröffnung des sanierten Alten Bahnhofs, der künftig als Bürger-, Sport- und Kulturzentrum dienen soll, gestaltete sich zu einem fröhlichen Volksfest, dass auf dem Terrain ringsum einen Verkehrsstau verursachte. Ganz Kettwig schien auf den Beinen zu sein.

Imbiss und Getränkestände waren auf dem Bahnhofsvorplatz, rund 600 Personen drängten sich über einen roten Teppich in der neu gestalteten Saal. Unter ihnen viel Prominenz. Sie erlebten ein Fest Programm von hohen Niveau. Zur Schlüsselübergabe war Oberbürgermeister Dr. Wolfgang Reiniger gekommen. Er lobte in seiner Rede insbesondere das Engagement der Interessengemeinschaft Bahnhof Kettwig e. V., die aus dem unansehnlichen Gebäude, dass langer Zeit als Schandfleck galt, ein Schmuckstück errichtet hatte. Ein Verdienst des rührigen Vorstandes repräsentiert durch Friedrich Gräbe, Peter Hoffmann, Günter Kropp, Armin Rahmann und Anke Bednarzik.

Vertreter verschiedener Gruppen hatten das Projekt auf die Schiene gebracht, und nach einer zweieinhalb jährigen Bauzeit konnte Premiere gefeiert werden. Einschließlich Grunderwerb kostete das ursprünglich im Stil des preußischen Klassizismus errichtete Gebäude circa 2,7 Millionen Euro. Finanziell trug das Land NRW die Hauptlast, mit über 2 Millionen Euro aus Städtebau-Förderungsmitteln. Die Stadt Essen, die Krupp-Stiftung und die Deutsche Stiftung Denkmalschutz taten ihr Übriges. Der Rest wurde durch Eigenleistung, Maßnahmen des Arbeitsamtes und Sponsorenmittel gedeckt.

Das Zusammenspiel von differenzierten Kurs angeboten, hochwertigen kulturellen und sportlichen Veranstaltungen sowie ansprechender Gastronomie im angeschlossenen Restaurant soll die Zukunft des Alten Bahnhof als Treffpunkt im Stadtteil sichern.

Die Feierstunde fand übrigens an einem historischen Datum statt. 130 Jahre zuvor war der Bahnhof eröffnet worden. Das Gebäude wurde bis zur Schließung der Bahn-Dienststelle im Jahr 1977 genutzt, übrig blieb nur ein Haltepunkt der S-Bahn. Danach stand das denkmalgeschützte Gebäude über 20 Jahre lang leer und schien dem Verfall preisgegeben.

Espo

NEUE SCHALTZENTRALE DES SPORTS

Der Essener Sportbund hat nach Vollendung umfangreicher Bauarbeiten im „Haus des Sports" an der Steeler Straße ein modernes Informations-Center eingerichtet, dass am 1. Juli 2003 in Anwesenheit von Bürgermeisterin Annette Jäger, Dr. Bernhard Görgens (Espo-Vorsitzender), Günther Kropp (Espo-Geschäftsführer) und Espo-Vorstandsmitglied Helmut Wolff der Öffentlichkeit vorgestellt wurde. In der Schaltzentrale, die im Foyer vor den Espo-Büros untergebracht ist, sitzen Peter Geratscht, Claudia Ondrich und Swetlana Brose vor ihren Computern und erteilen die gewünschten Auskünfte. Dadurch bleibt den Bürgern, die ein bestimmtes Anliegen haben, eine langwierige Suche erspart. Das ist ein großer Fortschritt in der Kommunikation. Vorher waren Zeitraum der Telefonate erforderlich, bevor der Fragen an den kompetenten Sachbearbeiter erreichte.

Vorstand Friedrich Gräbe spricht auf einer Veranstaltung im Saal des Alten Bahnhofs.

Übernommen und für nicht rentabel befunden

Der Essener Sportbund pachtete das Bad am Südpark und musste es schließen

Proteste gegen die drohende Schließung: Zwischen den Anwohner*innen und dem Bad bestand eine emotionale Bindung.

Mit dem Bad am Südpark sind viele Menschen im Stadtteilkreis aufgewachsen. Sie haben dort schwimmen gelernt, das Seepferdchen gemacht, so manchem Geburtstag gefeiert, tapfer ein paar Kilogramm abtrainiert – und als der Tag des Abschieds kam, Kerzen angezündet und wehmütig ein Glas Sekt getrunken. Im Jahr 2014 war Schluss mit dem allseits beliebten Schwimmbad, als letzter Versuch galt die Übernahme der Sportstätte durch den Essener Sportbund im Jahr 2003. Der Espo wurde Pächter, doch es stellte sich schnell heraus, dass das Bad am Südpark nicht rentabel genug war.

Zwischen Anwohner*innen und dem Bad war eine emotionale Bindung geworden. Dass es Proteste gegen die anstehende Schließung gab, versteht sich auch etliche Jahre später von selbst.

Im Jahr 2008 erfolgte ein Bäder-Gutachten, und nach einem Beschluss des Rates der Stadt Essen standfest: Das Bad im Südpark wird 2014 endgültig geschlossen. 75.000 Besucher hatte das bekannte Hallenbad im Jahr. 50.000 Schwimmerinnen und Schwimmer kamen aus Vereinen und Schulen oder hatten im Bad am Südpark einen Schwimmkurs absolviert. Während der offiziellen Öffnungszeiten kamen rund 25.000 Gäste hinzu.

Am 2. Juni 1967 hatte das Bad am Südpark seine Pforten geöffnet. Schnell entwickelte es sich für einen Treffpunkt der Menschen im Stadtteil Kray. Betreiber des Hallenbades war ursprünglich die Stadt Essen, doch 1989 ging das Bad dann einen an einen privaten Träger. 14 Jahre später wechselte das Bad noch einmal den Besitzer und kam in die Hände der Sport Betriebsgesellschaft mbH (ESBG) und damit des Essener Sportbundes.

Der Espo hatte neben seiner Funktion als Dachverband der Essener Sportvereine selbst sehr früh Verantwortung für den Betrieb von Sporteinrichtungen übernommen. Dieses Engagement, wie auch das vieler Sportvereine und Interessengemeinschaften, hat dazu beigetragen, dass die Stadt Essen erhebliche Einsparungen beim Betrieb der Sporteinrichtungen generieren konnte. Darüber hinaus waren weitestgehend die Schließung von Sporteinrichtungen über dieses Engagement vermieden worden. Überdies hat der Espo für sich und mit den Essener Vereinen innovative Ideen zu modernen Sportzentren in den Stadtteilen entwickelt.

Mit der stetigen Vergrößerung des Volumens dieser Einrichtungen beschloss der Vorstand des Essener Sportbundes e. V. 2003 den Betrieb dieser Einrichtungen auf eine gemeinnützige Gesellschaft, der Essener Sport-Betriebsgesellschaft mbH, zu übertragen, da die umfangreiche Tätigkeit und Verantwortung einem (ehrenamtlichen) Vorstand nicht mehr abverlangt werden kann.

Espo/Dominik Hamers

Ein Fingerzeig Richtung Wissenschaftler

Die Alte Badeanstalt öffnet nach der Sanierung die Pforten und präsentiert sich zukunftssicher

Die Alte Badeanstalt in Altenessen ist eines der großen Sport- und Gesundheitszentren.

Die große Zahl der Gäste war dem Ereignis angemessen. Helmut Wolff, 2. Vorsitzender in SPO Vorstand und 1. Vorsitzender des Trägervereins Sport und Gesundheitszentrum alten Essen, konnte am 20. April bei der neue Öffnung des Hauses viel Prominenz aus der Verwaltung und der kommunalen Politik begrüßen.

Die Alte Badeanstalt im Zentrum des Essener Norden ist nicht nur ein optischer Blickpunkt. Der unter Denkmalschutz stehende Backsteinbau von 1931 wird mit seinen Einrichtungen künftig in bevölkerungsreichen Stadtteil beleben, zumal die verkehrstechnischen Probleme, die jahrelang die Anwohner Nerven, der Vergangenheit angehören.

Helmut Wolf skizzierte bei der Einweihung die Phasen der einjährigen Ausbau Zeit, in deren Mittelpunkt die Gestaltung eines Taktes im hinteren Teil des Gebäudes stand. Die Gesamtkosten belaufen sich auf rund 750.000 €, die durch Eigenbeteiligung Stiftungsgelder und Spenden aufgebracht wurden.

„Wir sind ein Fitness- und Gesundheitszentrum mit angeschlossenem Schwimmbad", erklärte Geschäftsführer Arndt Zengerle. Fast ein Jahr mussten die Altenessener auf ihre alte Badeanstalt verzichten. Nun werden sie für Ihre Geduld großzügig belohnt. Im Parterre lädt ein Saunabereich auf 250 Quadratmeter die Gäste zur Entspannung ein. Die Kraft und Fitnessabteilung im Obergeschoss wurde um rund 350 Quadratmeter erweitert.

Doch nicht nur baulich bewegt sich im Haus das keine Muckibude sein will, einiges. Zengerle: „Wir erweitern unser Kurs Programm noch einmal auf über 100 Veranstaltungen. Neben Fitness und Medical Fitness mit sporttherapeutischer Betreuung bieten wir auch Gesundheitskurse, deren Kosten von den Krankenkassen übernommen werden können."

Zum Fachpersonal des Sport- und Gesundheitszentrumsgehören Diplom-Sportlehrer, Heilpraktiker, Masseure, Schwimmmeister und qualifizierte Kursleiter.

Von der Zweckmäßigkeit der Gesamtanlage konnten sich die Premierengäste überzeugen. Begeistert von den modernen Einrichtung war auch die Bevölkerung am Tag der offenen Tür.

Vielleicht sehen jene Wissenschaftler, die das Ruhrgebiet bis 2020 als größte Abstiegsregion prognostizieren etwas zu schwarz. Investitionen wir am Altenessener Beispiel erhöhen die Lebensqualität und Wirken der Abwanderung aus den Großstädten entgegen.

Espo

ZWEI NEUE SPORTSTÄTTEN

Auf der Sportanlage an der Stankeitstraße lässt der Essener Sportbund für 300.000 Euro einen Bolzplatz überdachen, und damit auch bei starkem Westwind der Regen nicht übers Spielfeld peitscht, kommen an den Seiten Mauern aus Beton dazu. In der Halle von Wind und Wetter geschützt trainieren sollen Jugendmannschaften des BV Altenessen und Schüler des Leibniz-Gymnasiums.

Im Bürgerpark Kuhlhoffstraße kann bald wieder geplanscht werden. Die Stadt baut ein Kinderbecken im ehemaligen Bad. Daneben stehen die Zeichen für die Planung einer richtigen Schwimmmöglichkeit auf Grün. Projekttitel: „Wasserpark". Der Regionalverband Ruhr (RVR) hat Unterstützung zugesagt. Kosten soll das Ganze um die 40.000 Euro

Wie eine Reise ins ferne Japan

3,8 Millionen Euro für das Kurhaus im Grugapark

Ein Schmuckstück im Grugapark: Das Kurhaus.

Mit dem Ausbau des Wasser-Therapiebereichs im Blumenhof wird das Kurangebot im Grugapark deutlich erweitert. Ab Ende des Jahres soll der Kurgast sich im japanischen Ambiente wohl fühlen und dabei neue Kraft tanken für 9,50 Euro am Tag. Im Inneren dominiert bereits in der Umkleide im Ruheraum der japanische Stil, das Schwimmbecken für Wassergymnastik und physiotherapeutische Anwendungen bildet das Kernstück.

Zum Abkühlen greift der Besucher in Eistonnen, in einer anderen Ecke sind Wannen- und Fußbäder vorgesehen. Im Kaminraum und in zwei Ruheräumen kann der Gast die Seele baumeln lassen. Rund 3,8 Millionen Euro wird der Ausbau kosten.

Für Rolf Nienaber, Chef der IHK zu essen und bei Kur vor Ort als Kurdirektor an Bord, ist die Erweiterung des Therapieangebots ein weiterer Baustein im Konzept der Gesundheits Stadt essen. Er fügt hinzu: „Es wird hier wieder einmal deutlich was in der Stadt zu erreichen ist, wenn sich viele Akteure zusammentun". Zu den Akteurin gehört die Sparkasse, die das Projekt unterstützt, „weil es eine der Kernkompetenzen in der Stadt stärkt", wie Johannes Martz vom Vorstand sagt.

Mit etwa 150 Personen am Tag rechnet Barbara Bauer, Geschäftsführerin von Kur vor Ort, in der japanischen Wasser und Saunalandschaft. Sie denkt dabei an eine Trennung: morgens Patienten, nachmittags und abends jeder, „der etwas für mehr Lebensfreude tun möchte".

Andreas Heinrich

Das war der 22. Streich

Die MTG Horst vollendet das 22. Sport- und Gesundheitszentrum

Eine Goldmedaille aus Athen konnten die Sportfreunde Funktionäre und Politiker bei der Eröffnung des neuen Sport und Gesundheitszentrums der MTG Horst am Schultenweg in Steele-Horst anfassen und auch beschnuppern. Zur Eröffnung des 550.000 Euro preiswerten Gebäudes freute sich MTG-Vorsitzender Gerd Kämpkes, der auch stellvertretender Vorsitzender des Espo ist, über die Anwesenheit des Olympiasiegers im Zweier-Kanadier, Thomasz Wylenzek. In Athen hatte der Essener mit seinem Leipziger Partner Christian Gille überraschend die Goldmedaille im zweier Kanadier gewonnen. Mit Freundin Gritt Walter sorgte das Duo bei der Eröffnung für den sportlichen Glanz.

Glanz bereitete aber auch das neue Gebäude der MTG Horst. In Kombination mit dem Frei- und Hallenbad steht seit Oktober 2004 der Gesundheitssport im Mittelpunkt. Geschäftsführerin Anke Bednarzik, eine ehemalige Leichtathletik-Mehrkämpferin: „Vier Diplom-Sportlehrer werden in dem neuen Haus auf über 400 Quadratmetern die Kurse leiten."

MTG-Vorsitzender Gerd Kämpkes: „Vor fünf Jahren entstand im Verein die Idee für den Neubau. Die größte Hürde waren die fehlenden Finanzen, denn die Kassen waren schon damals überall fast leer. Durch den Verkauf von 1107 Bausteinen kamen über 50.000 Euro zusammen. Die Idee, einen Teil der Elektroarbeiten durch die Lehrlinge von RWE herstellen zu lassen, senkt ebenfalls die Kosten. Für die Azubis gab es dafür unter Meister Aufsicht mit über 500 Stunden qualifizierten Praxis Unterricht vor Ort."

Georg Lukas

Eine Saline für den Grugapark

Das markante Bauwerk soll eine Waffe im Kampf gegen Atemwegserkrankungen werden

Bad Rothenfelde hat eine, Bad Salzuflen wie auch Bad Orb, aber seit einigen Jahren auch der Gruga Park. Dort wurde bereits 2003 der Bau einer Saline in die Wege geleitet. Im April 2004 schließlich war der Grundstein gelegt. Möglich wurde dass durch eine 200.000-Euro-Spende der van-Eupen-Stiftung. Zu Beginn des Jahres machten sich jugendliche Arbeitslose aus dem Projekt Leben und lernen vom Essener Sportbund und dem christlichen Jugenddorf Zehnthofans Werk, die Fundamente zu legen. Die Sohle für die Sole gewissermaßen.

Doch was ist das überhaupt? Der Bau sieht spektakulär aus, allein, wenn lediglich das Grundgerüst steht. An den Anblick haben sich Essenerinnen und Essener längst gewöhnt. Doch 2004 musste nachgeholfen werden: Die Saline sollte eine Länge von 39 Metern haben, dazu gehört ein sechs Meter langer und zehn Meter breiter Wandelgang. Die Höhe beträgt sieben Meter, die des Salinenturms zehn. Errichtet wird die Saline mit 630 Kubikmeter Schwarzdornreisig, über den das salzhaltige Wasser läuft. Für das Frühjahr 2005 war der Bau angekündigt.

Bei der Einrichtung „Kur vor Ort" stand diese Waffe gegen Atemwegserkrankungen von Beginn an auf der Wunschliste. Doch nicht nur dort war man von einem solchen Projekt angetan, auch bei der van Eupen Stiftung. Eine Saline ist etwas besonderes, erst recht für das Ruhrgebiet. Sie könnte helfen, den Kur-Gedanken in Essen noch besser zu vermarkten, sagte der Vorsitzende der Stiftung, Urich Braun.

Er sah im Bau der Saline zudem einen weiteren Beitrag zur Gesundheitsstadt Essen und zum Umweltschutz: Saline hat etwas mit guter Luft zu tun. Zwei Fachfirmen waren im Grugapark und haben mit den Planungen begonnen. Eine genaue Standortanalyse wurde durchgeführt. Auch die Form der Saline wurde diskutiert.

Dominik Hamers

Foto vor dem Gerüst der Saline (v. l.): Barbara Bauer, Rolf H. Nienhaber, Birgit und Ulrich Braun von der Stiftung Van Eupen), Bundesminister Norbert Kleine-Möllhoff, Hans-Peter Huch (Gruga-Ausschuß), Bernd Schmidt-Knop und Architekt Andreas Schröder

Das Ende einer Odyssee

Die Hockeyskater weihen die neue Halle ein – und müssen noch einmal zittern

Auch die jüngsten Hockeyskater freuen sich über die neue Heimat an der Raumerstraße.

Zunächst glauben sich die Hockeyskater der Moskitos am Ende ihre Odyssee, doch die ging noch einige Monate weiter. Denn nachdem am 16. April, also zum 20. Jubiläum des 1. Skaterhockey-Clubs Essen, das neue Geläuf bereits eingeweiht worden war, verlängerten Beschwerden von Anwohner*innen die Zitterpartie der Moskitos, dem Nachfolger des 1985 gegründeten Klubs. So schwelte bis Dezember quälende Unsicherheit über der neuen Heimat.

Nach Anwohnerprotesten hatte das Verwaltungsgericht Gelsenkirchen bei einer Ortsbesichtigung am 3. Oktober entschieden, dass die Baugenehmigung vom 8. November 2004 zu unbestimmt sei, um nachbarliche Abwehrrechte prüfen zu können. Die eingereichte Betriebsbeschreibung enthalte keine Angaben über die Betriebszeiten, außerdem müsse ein Lärmschutzgutachten nachgereicht werden.

Um dies erstellen zu können, sollten bei einem der folgenden Spiele der Moskitos Messungen durchgeführt werden. „Wir sind guter Dinge, dass wir die neue Baugenehmigung bis zum 15. Dezember bekommen", zeigte sich Werner Kühn, 2. Werkleiter der Sport- und Bäderbetriebe, nach Gesprächen mit der Bauverwaltung vorsichtig optimistisch.

Knapp ein halbes Jahr zuvor wiederum hatte es von den Moskitos euphorische Töne gegeben: Denn nach jahrelanger „Irrfahrt" im gesamten Essener Stadtgebiet hatten die Hockeyskater ihr eigenes Domizil bekommen. An der Raumerstraße wurde die neue Skaterhalle offiziell eingeweiht. „Wir sind alle überaus froh, dass wir nun endlich unser eigenes Zuhause haben", war Abteilungsleiter Thomas Böttcher erleichtert. Dass die neue Halle zum kleinen Jubiläum fertiggestellt wurde, freute den ESC-Boss zusätzlich: „Jetzt fangen wir praktisch noch einmal bei Null an. Und ich bin sicher, dass wir allein aufgrund unseres eigenen Domizils einen mächtigen Aufschwung erleben, speziell beim Nachwuchs. Ich rechne noch in diesem Jahr mit einem Zuwachs von 50 bis 100 Kids. In den vergangenen Jahren mussten wir aufgrund der Hallenproblematik vielen Interessenten absagen."

Neben den Moskitos profitierte auch der REV Gruga von der neuen Halle. Die Rollkunstläufer bekamen – vorwiegend für die Wintermonate – einen Trainingstag an der Raumerstraße. In den folgenden Monaten sollten die ESC-Skater ihre neue Heimat mit Leben erfüllen. Böttcher: „Nach und nach werden wir zum Beispiel eine Tribüne, Umkleideräume, ein Bistro und eine Geschäftsstelle errichten. Dazu benötigen wir natürlich Sponsoren, aber jetzt haben wir diesbezüglich ganz andere Möglichkeiten."

Dominik Hamers/Christian Schwarz

NEUES QUALIFIZIERUNGSPROGRAMM

Druckfrisch ist das Programm „Qualifizierung – Ausbildung, Fortbildung, Weiterbildung 2006" der Sportbünde Bottrop, Essen und Mülheim in Zusammenarbeit mit dem Landes-Sport-Bund NRW. Die drei Sportbünde bündeln ihre Qualifizierungsarbeit im gemeinsamen Qualifizierungszentrum. Dies wird in Trägerschaft der angeschlossenen Bildungswerks-Außenstellen sichergestellt. 74 Seiten stark ist das Programm. Zu finden sind darin ganz unterschiedliche Angebote wie Lehr-Trainer-Ausbildungen Tennis, Aerobic/Fitness/Kraft-Fitness sowie Trekking und Bergsport, Wellness und Nordic-Walking/Walken. Es gibt Qualifizierungsangebote für ehrenamtlich Tätige und Funktionäre in Vereinen und Verbänden wie u. a. Übungsleiter-Fort- und Ausbildungen in Bewegungserziehung oder Sport der Älteren, Sport in der Prävention und Rehabilitation. Das Bildungswerk des Landes-Sport-Bundes ist eine gesetzlich anerkannte Einrichtung der Weiterbildung nach dem NRW-Weiterbildungsgesetz.

„Skaten ist einfach Extremsport“

Die Trendsporthalle „Funbox Amalie“ wird als innovative Sportstätte ausgezeichnet

So sieht es im Inneren der „Funbox“ Amalie aus.

Die Trendsporthalle „Funbox Amalie“ an der Helenenstraße in Altendorf und eine Berliner Schule sind von der gemeinnützigen Stiftung „Lebendige Stadt“ als innovativste Sportstätten ausgezeichnet worden. Der mit insgesamt 15.000 Euro dotierte Preis wurde in Hannover verliehen.

Eine Jury wählte die beiden Gewinner einstimmig aus insgesamt 134 eingereichten Bewerbungen aus. Die denkmalgeschützte Industriehalle „Funbox Amalie“ erfüllte nach Ansicht der Juroren die Anforderungen in ganz besonderer Weise.

Ein Eindruck vor Ort: Laut dröhnt die Musik aus den Boxen: „Loards of the boards“ von den Guano Apes. Wie die „Herren der Bretter“ fliegen Dutzende Jugendliche auf ihren Skateboards durch die Luft und führen die atemberaubendsten Figuren vor. Es geht um die Meisterschaft der Skateboarder. Die meisten der jungen Leute wollen jedoch in erster Linie nur eines: Spaß haben.

Es ist kalt an diesem verregneten Herbsttag. In der Funbox Amalie sieht man seinen eigenen Atem. „Keine Sorge, hier wird einem ganz schnell warm“, beruhigt Johannes Stehr. Er gehört zu den Top Ten der anwesenden Skater in der Halle. Seit drei Jahren steigt er auf das Brett, das für viele die Welt bedeutet. „Skaten ist einfach geil. Skaten ist einfach Extremsport“, meint der Schüler. Skaten, das sei für ihn eine Herausforderung. Die Geschwindigkeit und die Figuren, die es auf dem Board zu zaubern gilt, faszinieren ihn an diesem Hobby so sehr.

Konzentriert steht er oben an der Rampe, der so genannten Halfpipe. Langsam nimmt der Skater Fahrt auf, gewinnt enorm an Speed und zeigt ein paar Tricks. Dabei zählt immer, dass das Skateboard fest unter Kontrolle bleibt. Geht etwas schief, leitet Johannes den „Bail“ ein. Dabei handelt es sich um einen kontrollierten Sturz, bei dem der Skater rechtzeitig den Trick abbricht. Für Johannes gar keine Frage, er zieht die Sache durch, springt ihn die Luft, lässt das Brett einmal um die eigene Achse fliegen und landet wieder mit beiden Füßen sicher auf dem Board, als wäre es das Normalste auf der Welt. „Slams“, klärt uns Johannes auf, seien das Schlimmste. Das sind unkontrollierte Stürze, die in der Funbox Analie aber glücklicherweise eine Seltenheit bleiben.

Ein Blick in die viel befahrene Funbox lässt schnell erahnen, dass Skater zu sein für die meisten Teenager mehr ist, als nur das Beherrschen des Skateboards. Viele definieren sich über das Outfit. Regelrecht uniformiert laufen sie herum, einer wie der andere. Schulterlange Haare, Käppi oder Wollmütze ins Gesicht gezogen und eine weite Hose dazu.

Nicht so Sebastian Klisch. „Ach, eigentlich sind die Klamotten relativ egal. Was man auf dem Board kann, das ist das einzige,was zählt“, sagt er. Unter den Skatern gilt Sebastian als „Flieger“. Als einer der wenigen beherrscht er jene Tricks, bei denen der Skater am anderen Ende der Halfpipe senkrecht in die Luft schießt. „Ich mache das jetzt schon seit mehr als fünf Jahren. Skaten ist einfach cool und geil. Es ist das Beste, was ich mir vorstellen kann“, findet Sebastian.

Ilias Abawi

Tief im Keller rollt die Kugel

Im neuen Kegelzentrum im Haus des Sports herrscht striktes Alkohol- und Rauchverbot

Auf der neuen Kegelbahn: Dr. Bernd Görgens (1. Vorsitzender d. Essener Sport Bund), Theo Mülleneisen (Vorsitzender des Kegenverein), Helmut Wolff (2. Vorsitzender d. Essener Sport Bund), Klaus Diekmann (Vorsitzender des Sportausschuss Essen).

Dreieinhalb Jahre nach dem Gewichtheber-Zentrum, das vom KSV Essen 1888 benutzt wird, wurde am 22. November 2006 das Kegelsportzentrum in Betrieb genommen. Die fünf Scherenbahnen befinden sich getrennt durch eine Zwischendecke im ersten Obergeschoss des ehemaligen Kokskellers, der eine Raumhöhe von acht Metern aufwies.

Auf ihr neues Domizil haben die Kegelfreunde lange warten müssen. Da sich das Bewilligungsverfahren der Fördermittel bei der Bezirksregierung mehrfach verzögerte, verlängerte sich die Baugenehmigung vom 31. Mai 2001 mehrfach. Darüber hinaus bestand 2006 noch eine Finanzierungslücke, die jedoch durch Reduzierung der Baukosten, Eigenleistung des Keglervereins und Spenden geschlossen werden konnte. Es blieb ein Gesamtaufwand von 190.000 Euro. Die Anlage wird vom Keglerverein Essen 1924 betrieben. Alle anfallenden Kosten werden von den Kegler*innen getragen.

Zur Premiere im November 2006 fand sich ein Kreis von rund 50 Personen ein, darunter Ratsmitglieder und Vorständler des Espo. Theo Mülleneisen, 1. Vorsitzender der Kegler, bedankte sich in einer übersichtlich gestalteten Festschrift bei allen beteiligten Firmen, Institutionen und verbänden, insbesondere beim Sportbund, ohne den der Bau des Zentrums nicht möglich gewesen wäre: „Ich bin mir sicher, dass der Essener Kegel Sport schon in naht Zukunft einen enormen Aufschwung erleben wird. Nun liegt es an uns, unsere neue Heimstätte mit Leben zu füllen."

Das ist freilich gelungen. Vorbei war es mit dem muffigen Flair, verräucherten Kneipenbahnen und herumschwirrenden Kegeljungen, die für ein kleines Taschengeld gefallene Hölzer wieder per Hand aufrichteten. Seit 2002 regelt das eine von Computern gesteuerte Anlage, in der es blitzt und blinkt. Nicht ein Körnchen Staub ist dort zu finden.

Vorsitzender Theo Mülleneisen und Sportwart Hans-Werner Kranz sind stolz auf die Einrichtung, die wahrscheinlich weit und breit ihresgleichen sucht. Mülleneisen blickt zurück: „Rund 1.000 Arbeitsstunden haben unsere Mitglieder als Eigenleistung investiert, und nun wollen wir unser neues zu Hause auch entsprechend pflegen." Die früheren Kegelbrüder-Zeiten, in denen nach jedem Kranz die Biergläser kreisten und mächtig gequalmt wurde, gehören der Vergangenheit an. Die Sportler*innen haben sich mit dem Bezug der modernen Bahn auch gleich neue Regeln auferlegt: Mülleneisen: „Bei uns herrscht striktes Alkohol- und Rauchverbot. Wer sich nicht daran hält, fliegt raus." Der sportliche Ehrgeiz steht an erster Stelle.

Die Vereine, die die Kegelbahn nutzen, finanzieren sich aus eigenen Mitteln. Der KSG fordert von seinen Mitgliedern zwölf Euro pro Monat. Sponsoren? Theo Mülleneisen lächelt etwas gequält. Er hat keine allzu freundlichen Erfahrungen gemacht. „Ich habe 70 Briefe geschrieben. Engagiert haben sich schließlich zwei Wohltäter, die Firma Lueg und die Sparkasse Essen." Zum Dank dürfen Sie auf der Anlage werben.

Und wie steht es um den Nachwuchs? Ehrliche und selbstkritische Antwort: „In dieser Beziehung müssen wir noch etwas unternehmen. Zur Zeit kegeln bei uns nur vier Jugendliche."

Espo/Dominik Hamers

Vor dem Abschied eine besondere Ehrung

Wilhelm Hesterkamp erhält den Ehrenteller des Essener Sportbundes

Erst erhielt er den Espo-Ehrenteller, dann das Bundesverdienstkreuz: Wilhelm Hesterkamp (r.).

Als Wilhelm Hesterkamp im Dezember 2006 nach 30 langen Jahren erfolgreicher Vereinsarbeit offiziell den Vorsitz an Ralf Klose abtrat, da übergab er seinem Nachfolger nicht nur das alte, ehrwürdige Banner der DJK GW Werden-Heidhausen, sondern auch eine große Verantwortung.

„Ein König trägt eine Krone, ein Richter seine Robe und ein Oberbürgermeister seine Festkette. Wir Sportler kennen solche Zeichen der Macht nicht. Doch diese Fahne ist ein Symbol unserer Tradition, die für uns Werdener im Besonderen gilt", kommentierte Hesterkamp den feierlichen Akt.

An Symbolik rund um sein Amt hatte es in diesem Jahr ohnehin nicht gemangelt. Wegen seiner großen Verdienste hatte ihm der Essener Sportbund im März den Ehrenteller verliehen.

Der neue Ehrenvorsitzende im Lager der Grün-Weißen präsentierte sich zum Abschied in den Domstuben in bester Laune. Kurzweilig ließ er die wechselhafte Geschichte des Vereins – oder sollte man besser sagen – seines Vereins Revue passieren. Die Fahne sei von den Frauen des Klubs eigenhändig bestickt worden, als sich Grün-Weiß im Jahr 1953 neu gründete.

Für längere Ausflüge in die Historie blieb keine Zeit. Zu lang war die Liste der Gäste, die sich in den Domstuben eingefunden hatten. Auch der 1. Vorsitzende des Espo, Dr. Bernhard Görgens, machte seine Aufwartung. Wenn auch nur kurz, weil ihn familiäre Gründe zum kurzfristigen Aufbruch zwangen. Begrüßen durfte Hesterkamp namhafte Vertreter der Stadt und des Stadtsportbundes. Darunter Stadtdirektor Christian Hülsmann und Klaus Diekmann, den Vorsitzenden des Sportausschusses. Auch Regina Hallmann, stellvertretende Vorsitzende des DJK Diözesanverbandes Essen, ließ es sich nicht nehmen, an der Seite von Geschäftsführer Klaus Scholz zu gratulieren. Den SC Werden-Heidhausen vertrat Freddy Akin, den Hesterkamp augenzwinkernd begrüßte: „Der Fred war früher mal Handballer bei uns, nun ist er Fußballer am Volkswald. Bei uns in Werden ist das möglich, da haben wir noch vernünftige Verhältnisse."

Die herrschen auch in den Reihen von Grün-Weiß: Neben der Fahne überreichte Hesterkamp seinem Thronfolger die Freistellungsbescheinigung des Finanzamtes („Da sind wir als gemeinnütziger Verein auf der sicheren Seite"), die neue Satzung und das alte Fahnenband, auf dem Kloses künftiges Credo vermerkt ist: „Sport um der Menschen willen". Klose selbst war sichtlich ergriffen: „Lieber Willi, selbst wenn ich wollte, könnte ich deine Verdienste für den Verein nicht entsprechend würdigen. Deshalb sage ich Danke und bleibe so, wie Du bist. Auch im Unruhestand."

Eine Vorlage, die Wolfgang Rohrberg, Geschäftsführer des ESPO nutzte: „Herr Klose, wenn es Probleme gibt, dann gehen Sie nicht zu mir, sondern zum Hesterkamp."

Michael Heiße

„Die Stadt bleibt handlungsfähig"

Zwei Bürgerentscheide scheitern krachend

Es reichte nicht ganz: Im Wahllokal in der Schule an der Rahmstraße gaben Erika und Erich Markowski ihre Stimme ab. Initiator Patrik Köbele und Wahlhelfer Gerhard Schmies schauen zu.

Die politische Sensation ist ausgeblieben. Die Bürgerentscheide „Stoppt den Masterplan Sport" und „Essen ist unser" verfehlten die notwendige Stimmenzahl von 93.000 (20% aller Essener Wahlberechtigten). Am Ende stimmten „nur" rund 60.000 Bürger gegen das Sportstätten-Sparprogramm und 50.000 gegen künftige Privatisierungen von städtischem Eigentum.

„Ich nehme das Ergebnis mit Genugtuung zur Kenntnis", sagte Oberbürgermeister Wolfgang Reiniger in einer ersten Reaktion. Die Bürger seien den Initiatoren „nicht auf den Leim gegangen". Es können nicht alles so bleiben, wie es ist. Reiniger: „Ich stelle deshalb heute Abend mit Zufriedenheit fest: Die Stadt bleibt handlungsfähig."

Auch Stadtdirektor Christian Hülsmann reagierte zufrieden. „Die Bürger haben weise entschieden. Damit ist die Sache eindeutig." Hülsmann machte deutlich, dass keiner der betroffenen Sportvereine befürchten müsse, dass seine Sportanlage bald geschlossen werde: „Wir werden in Kooperation mit dem Essener Sportbund die Gespräche fortführen und in allen Fällen zu einem hoffentlich einvernehmlichen Ergebnis kommen." Er forderte noch am Wahlabend diejenigen Sportvereine auf, „die sich bisher konstruktiven Lösungen verschlossen haben, ihrerseits das deutliche Ergebnis des Bürgerentscheides anzuerkennen."

Der CDU-Fraktionsvorsitzende Franz-Josef Britz zeigte sich „wenig überrascht" über das Ergebnis. Sein SPD-Kollege Reinhard Paß, dessen Fraktion sich nicht hinter die Entscheide gestellt hatte, wertete die 60.000 Stimmen als „respektables Ergebnis" und führte dies auf „die engagierte Arbeit der Sportvereine zurück". Als einzige Partei hatte sich die Linke für den Entscheid stark gemacht. Ratsfrau Gabriele Giesecke freute sich über einen „Achtungserfolg" und kritisierte das hohe Beteiligungsquorum in NRW: In Bayern, wo 10 Prozent der Wahlberechtigten gefordert werden, „hätten wir gewonnen".

Die gesetzliche Beteiligungshürde ärgerte auch Initiator Patrik Köbele: 93.000 Bürger seien „mehr, als die stärkste Partei im Rat bei der letzten Wahl bekommen hat". Köbele hoffte trotzdem auf den Denkzettel-Effekt des Bürgerentscheids: „Unabhängig vom Ergebnis wird sich die Stadtspitze überlegen müssen, ob sie weiterhin diesen Kahlschlagkurs fährt."

Wer wählte, ging zumeist emotionsgeladen zur Urne. „Dass die Stadt kein Geld hat, ist doch erstunken und erlogen. Man muss sich nur ansehen, wofür die überall Geld rausschmeißen. Die sollen sich vor Ort ein Bild machen und nicht anhand grauer Zahlentheorie entscheiden", forderte der Achim Kurzhals. Ihm sei es wichtig, dass die Kinder in Zeiten steigender Kriminalität von der Straße wegkommen.

„Sportplätze statt Playstation" meinte auch eine Wählerin. „In einer Großstadt haben Kinder eh schon viel zu wenige Angebote. Irgendwo müssen sie doch lernen, Aggressionen abzubauen und im Team zu arbeiten."

Bianca Belouanas/ Tobias Blasius

Espo übernimmt Verantwortung für Nord-Ost-Bad

Alle Essener Bäder stehen auf dem Prüfstand

Bei der Bilanz für das Sportjahr 2006 stellte der Vorsitzende Dr. Görgens die Rolle des Essener Sportbundes als Ausbildungsbetrieb heraus. „In den mittlerweile 23 Sport- und Gesundheitszentren der Stadt haben wir fünf Azubis beschäftigt“, so Dr. Görgens. Hinzu käme die erfreuliche Zahl von über 200 Gemeinwohl-Arbeitsplätzen, die in den Sportvereinen und im Espo eingerichtet wurden. Zum 1. April des Jahres hat der Espo die Betriebsführung des Stadtbades Nord-Ost übernommen, um es als Sport- und Gesundheitszentrum führen. Dies habe jedoch noch keinen entscheidenden Einfluss auf die Zukunft des Bades, so Dr. Görgens. Im Rahmen eines „Bäder-Konzeptes“ stehen derzeit alle Schwimmbäder der Stadt auf dem Prüfstand.

„Grundsätzlich halten wir alle Bäder für zukunftsfähig“, betonte Dr. Görgens. Die demographische Entwicklung und das dadurch bedingte ständige Schrumpfen der Einwohnerzahl Essens mache es aber unmöglich, langfristig alle Anlagen zu erhalten. Weil der Espo die alleinige Verantwortung über das Nord-Ost-Bad übernommen hat, konnten sogar die Kosten für die Stadt gesenkt werden.

Thomas Richter

SPORT- UND TANZINTERNAT EINGEWEIHT

Zwar ist Tanzstadt kein offizieller Titel, wie etwa Kulturhauptstadt. Doch schmückt sich Essen gerne mit dieser Bezeichnung, die angesichts der Entwicklungen in diesem Bereich in den vergangenen Jahren auch ihre Berechtigung hat. Man denke an Folkwang, Aalto-Ballett, Tanzgymnasium Werden, Tanzplan Deutschland, das Sport- und Tanz-Internat, das im Oktober eingeweiht wurde, sowie die freie Szene und vor allem Pact Zollverein.

Das nach Angaben der Stadt bundesweit bislang einzige Sport- und Tanzinternat ist dem Helmholtz-Gymnasium angegliedert und nimmt Schüler aus dem gesamten Bundesgebiet auf, die besonders begabt in den Sportarten Rudern, Kanu-Rennsport, Schwimmen, Tennis und im künstlerischen Tanz sind. Insgesamt 53 Plätze stehen zur Verfügung, von denen aktuell 48 besetzt sind.

ZWEI EHRENTELLER DES ESPO

Beim Neujahrsempfang des Espo wurde es feierlich, als Helmut Wolff und Bernhard Graf von Schmettow mit dem Ehrenteller des Espo ausgezeichnet wurden. Diese Ehrung übernahmen Espo-Vorsitzender Bernhard Görgens und Dezernent Hülsmann.

Für Helmut Wolff (3.v.l.) und Grad Bernhard von Schmettow (2.v.r.) gab es die Ehrenteller des Espo.

Ein vernichtendes Urteil

Das externe Bädergutachten gleicht dem Todesurteil für das Strandbad Hesse

Seit Ende Januar lag der Verwaltung das externe Bädergutachten vor. Das glich in seinen Kernaussagen dabei einem Todesurteil für das Strandbad Hesse. In ihrem langfristig angelegten Konzeptpapier zur Essener Bäderlandschaft haben die beiden Gutachter Christian Ochsenbauer, Hauptgeschäftsführer des Bundesverbands öffentliche Bäder, und Paul Lawitzki, Bad-Experte beim Regionalverband Ruhr, drei Szenarien entwickelt. Alle Varianten sehen als Grundlage ein Ergebnis: Neben den Schwimm-Standorten Hauptbad, „Oase", Südpark und Steele, soll auch „Hesse" dichtgemacht werden.

Die Vorlage geht dabei weit über den im „Masterplan Sport" vorgesehenen Sparkurs hinaus. Seinerzeit stand lediglich die Schließung von „Hesse" und des Hallenbads am Krayer Südpark zur Diskussion. Jetzt wird auch – in dem Szenario „Ersatz Borbeck" – vorgeschlagen, aus dem Hallenbad in der Vinckestraße endgültig das Wasser abzulassen. Alternativ soll eine neue, überdachte Schwimmstätte im Großraum Borbeck gebaut werden, so das Gutachten.

Klaus Görtz, Vorsitzender des „Hesse"-Betreibervereins RuWa Dellwig, beantwortet die Vorlage in einer ersten Stellungnahme gegenüber der Stadtteil-Redaktion mit heftiger Kritik: „Die Planungen und vor allem die angebrachten Argumente gehen ganz klar an den Realitäten und den Bürgern vorbei".

Immer wieder werde die notwendige Schließung des Dellwiger Freibads mit der für 2010 geplanten Eröffnung der „Marina", eines neuen Freizeitbades am Centro Oberhausen, begründet. „Das Gutachten erwähnt mit keinem Wort, dass dort die Eintrittspreise deutlich höher liegen sollen als bei Hesse. Hinzu kommen die längeren Anfahrtswege und deren Kosten für Bürger aus dem Essener Nordwesten", so Görtz. Die Dellwiger Anlage sei „kein teures Schicki-Micki-Bad", das mache bei der Bevölkerung ihren Erfolg aus.

Nicht nachvollziehen kann er auch die Planungen zu einem neuen Borbecker Hallenbad: „Hätte dieses die Konkurrenz aus Oberhausen denn nicht zu fürchten", fragt Görtz und beklagt, dass „nicht einmal ein möglicher Standort dafür" genannt worden sei.

Markus Fuhrmeister

Eindeutige Botschaft: Das Freibad Hesse soll erhalten bleiben.

ESSEN WIRD BUNDESSTÜTZPUNKT SCHWIMMEN

Das ist wirklich eine frohe Kunde: Essen wird Bundesstützpunkt für den Schwimmsport und ist damit eine von insgesamt sechs Top-Adressen in Deutschland. Die SGE und ihre Verantwortlichen dürfen – genauso wie diese Stadt – stolz darauf sein. Schon bei den so überaus erfolgreichen Kurzbahnmeisterschaften konnte man zwischen den Zeilen lesen, dass Essen mit der Ernennung rechnen könne. Optimale Rahmenbedingungen mit der Anbindung an das Sportinternat und den Olympia-Stützpunkt sprachen eindeutig für diese Ernennung. Nicht zu vergessen der neuformierte Trainerstab, angeführt von Henning Lambertz, dessen Fachkunde auch vom neuen Bundestrainer geschätzt wird.

„Bad Essen“ bietet Kur vor Ort

Die Grugapark-Therme ist der absolute Renner. Das Kurhaus trägt sich selbst

Ein Blick aus der Luft: Die Grugapark-Therme bietet Erholung mitten in der Stadt.

2 Uhr mittags. Im japanischen Teich schwimmen keine Kois, sondern etwa zehn nackte Saunisten beiderlei Geschlechts. Wellness im Grugapark ist kein Witz, denn in diesem Jahr werden 250.000 Kurgäste erwartet, und damit 50.000 mehr als 2007. „Kur vor Ort“ im „Bad Essen“ hat an Fahrt zugenommen: „Wir haben inzwischen einen sehr großen Stammkundenkreis“, erklärt Karsten Peipe, Geschäftsführer der Kurhaus im Grugapark GmbH, erfreut. „Welches Kurhaus hat schon einen Kurpark von 70 Hektar um sich herum?“

Eine Stammkundin kommt gerade aus der Sauna: Annette Kentenich aus Kettwig. „Ich bin dreimal im Monat hier. Die Nähe zu meinem Wohnort und das Ambiente sind einfach ideal für mich“, erklärt die Essenerin, die Sauna und Schwimmbad im Blumenhof genießt. Andere fühlen sich in der Sole-Therme (34 Grad auch im Winter) besonders wohl. Die Sole kommt aus Bad Sülbeck in Niedesachsen.

Jörg Samel, ebenfalls Geschäftsführer der Kur vor Ort GmbH, ist stolz darauf, dass der Kurbetrieb sich inzwischen ohne städtische Zuschüsse trägt. „Das ist ein großer Erfolg, denn die Stadt hat schließlich über acht Millionen Euro in das Projekt investiert. Doch der Erfolg macht uns Mut, mit neuen Ideen nach vorne zu blicken. Die neuen Ideen: Top-Service, Themen-Nächte im Saunabereich mit entsprechend gesunder Küche und Fun. Beispiel: Helloween im Herbst. „Unser letzter Themenabend war ein großer Erfolg: Es gab sogar einen DJ, Essen aus dem Woktopf, Schwerttänzer und ein Feuerwerk um 1 Uhr nachts. Unsere Kunden schätzen solche Events und sind bereit, dafür auch mehr Geld zu bezahlen.“

Außerdem wurde das bisherige Blumenhof-Restaurant verkleinert. Kleiner, aber feiner wars die Devise. Der gewonnene Raum wurde für die Herzsportabteilung genutzt, denn Gesundheit steht auch in diesem Kurbad an oberster Stelle. Der Kubetrieb hat sich inzwischen auf 2500 Quadratmeter Nutzfläche ausgedehnt. Ein japanischer Garten ist ebenso im Gespräch wie die Einrichtung von regelmäßigen Kurkonzerten im Grugapavillon. Im März war der neue Bad-Bereich fertiggestellt. 18 Mitarbeiter freuten sich über die Erweiterung ihres Arbeitsumfeldes. Drei Diplomsportlehrer, vier Gymnastiklehrerinnen, sieben Physiotherapeutinnen, vier Kosmetik-Beraterinnen und eine Ärztin sind ständig für die Kurgäste da.

Im Kurhaus reicht das Angebot von der Prävention bis zur Rehabilitation. In mehr als 70 Kursen wöchentlich können die Teilnehmer unter ärztlicher Kontrolle aktiv werden. Peipe und Samel, aber auch Ratsmitglied Helmut Wolff (CDU), einer der Väter der Idee von „Kur vor Ort“, blicken optimistisch in die Zukunft. „Wir streben eine noch engere Kooperation mit dem wunderbaren Grugapark an. Das ist unser Pfund, denn schon heute bieten wir Nordic-Walking im Park an. Eine Traumkulisse, die kaum eine Stadt zu bieten hat. Das wollen wir nutzen.“

Zur Erinnerung: 1966 hatten Günter Kropp und Helmut Wolff (Sportbund) die Idee, im Grugapark ein Zentrum für Gesundheit, Vor- und Nachsorge zu schaffen. Der Trägerverein Kur vor Ort e. V. wurde gegründet. Im Rahmen des Essener Konsens wurde der Blumenhof umgerüstet. 2001 wurde das Kurhaus im Blumenhof eröffnet. 2006 kam die Grugapark-Therme hinzu – und wurde der absolute Renner.

Wulf Mämpel

„Die Geburt des Sportbuchs war ein Glücksfall"

Eine Erinnerung: Das Interview mit Erwin Remplewski zum 20. Geburtstag der „Sportschau Essen"

Langes Grübeln bei der Vorbereitung auf das Interview mit Erwin Remplewski, dem inzwischen verstorbenen Vater dieser Sportschau Essen, die nun zum 20. Mal erscheint. Hhhmmhhh. Am besten wäre es wohl, den „Erki" einfach nur erzählen zu lassen; das macht er gerne, das kann er so gut, und das ist spannend. Mal ernst, mal lustig; „Erki" eben. Und dann die Idee – einfach ein paar Kernfragen entwickeln, einige Schlagzeilen, und „Erki" darauf antworten lassen. Das klappt bestimmt. Wie beim Interview zum 20. Geburtstag der Sportschau Essen.

- **„Erki", was war für Sie das größte Sportereignis für Essen in den vergangenen 20 Jahren?**

Remplewski: Das kann man so nicht sagen.

(Warum nicht? RWE im Pokalfinale, der Tusem gewinnt den Europapokal, die Kanuten, …; aber gut, nicht unhöflich sein, nicht gleich unterbrechen.)

Die Geburt des Sportbuches war ein Glücksfall. Dem ersten Verlag – den nenn ich hier nicht – dem ging es beim Sportbuch doch ausschließlich ums Geldverdienen. Die Leute dort hat Qualität gar nicht interessiert. Zum Glück kam dann Ludger Claßen mit dem Klartext Verlag auf mich zu.

(Kurz Pause)

Anfangs hab ich die Sportchronik als Rentnerbeschäftigung angesehen – es ist dann ja viel mehr daraus geworden. 20 Jahre!

(„Erki" schwelgt kurz in Gedanken; schnell versuchen, zum roten Faden zurückzukehren …)

- **Was waren für Sie die absoluten Sport-Highlights in den vergangenen 20 Jahren?**

Remplewski: Die Glanzlichter waren die vielen tollen Interviewgäste beim Sportforum in der Sparkasse. So viele Weltmeister, Olympiasieger, große Trainer. Besonders in Erinnerung geblieben ist mir Astrid Kumbernuss, die Kugelstoßerin. Oder die großen Persönlichkeiten wie der ehemalige WAZ-Verleger Erich Schumann.

(Und da wir gerade beim Thema sind …)

- **Welche Interviewgäste sind Ihnen noch in besonderer Erinnerung geblieben?**

Remplewski: Die Dauergäste – das waren die Kanuten wie Lutz Liwowski, Kathrin Borchert, Nadine Opgen-Rhein und natürlich Tomasz Wylenzek. Zum Erfolgskonzept der Veranstaltung gehören aber auch die hervorragenden Moderatoren. In erster Linie natürlich der langjährige WAZ-Sportchef Hans-Josef Justen. Aber auch Björn Schüngel, der ja vom Radio kommt, ist ein echter Gewinn.

- **Wie waren die Anfänge des Sportforums?**

Remplewski: Die ersten beiden Male waren wir mit dem Forum noch in einem Nebenraum der Grugahalle. Bei der 3. Auflage haben sich dann Herr Schulte und die Sparkasse eingeschaltet. Erst habe ich Thomas Schulte 30 Sportbücher verkauft, daran hat die Sparkasse offenbar Gefallen gefunden. Und dann wurde ich gefragt, ob wir die Veranstaltung nicht in die Sparkasse verlegen wollen. Ohne die Sparkasse hätten das Sportbuch und das Sportforum nie die heutige Popularität erreicht. Das wird von Thomas Schulte von der Sparkasse wirklich gut organisiert. Wir haben stets über 400 Gäste! Wichtig war auch, dass

EIN NEUER VIRTUELLER WEGWEISER – DAS SPORT-INFORMATIONS-SYSTEM HILFT BEI DER SUCHE NACH ANGEBOTEN

Sportangebote gibt es in Essen wie Sand am Meer, es gibt sie in großen oder kleinen Vereinen, in den Sport- und Gesundheitszentren, für drinnen und draußen, für Extremsportler und Anfänger. Aber lange waren sie oft verborgen, nur Fachleute kannten sich wirklich auf ihrem Feld aus und vermochten den Überblick zu behalten; oder man musste auf der Suche nach einem prima Angebot entweder vielfältige Kontakte besitzen oder sich tagelang durch die Tiefen des Internets graben. Doch diese Zeiten sind seit 2009 vorbei, denn dank des neuen und deutschlandweit einzigartigen „Sport-Informations-Systems" des Essener Sportbundes dürfte die Suche nach passenden Sportangeboten ab Dezember 2009, wenn das System an den Start gehen soll, ein Klacks sein; oder besser gesagt: nur ein paar Klicks dauern.

Ein erster Blick auf den Start-Bildschirm des Sport-Informations-Systems, der von den Programmierern von Bamboomedia entwickelt wurde, und schon ist beinahe das ganze System von alleine erklärt – und das ist ja auch der Clou; dass das Sport-Informations-System so leicht verständlich und spielend einfach zu bedienen ist.

„Die meisten Nutzer werden sich nach einer Sportart, nach einem speziellen Angebot in ihrem Stadtteil erkundigen wollen", schätzt Petra Fischer aus der Abteilung Allgemeine Sportarbeit beim Essener Sportbund.

Erwin „Erki" Remplewski wirft mit Autor Thomas Kloß (M.) und dem früheren RWE-Trainer Lorenz-Günther Köstner einen Blick in eine Ausgabe der Sportschau Essen.

sich in Annette Jäger, Wolfgang Reiniger und auch Christian Hülsmann starke Persönlichkeiten für das Buch stark gemacht haben. Sie verliehen dem Forum allein durch ihre Anwesenheit ein besonderes Niveau und viel Aufmerksamkeit.

- **Welche Rolle spielt der Essener Sportbund?**

Remplewski: Der ESPO hat sich im dritten Jahr eingeschaltet, in Person des langjährigen Geschäftsführers Günther Kropp. So hat über die Zusammenarbeit nicht nur der Breitensport seinen Platz im Sportbuch gefunden, sondern wir sind zudem gute Freunde geworden. Der Übergang zu Wolfgang Rohrberg ist ohne Bruch verlaufen. Es hat mir immer imponiert, dass beim ESPO die Türen offen stehen. Das gilt auf den Fluren, aber auch symbolhaft.

- **Was sagt der „Vater des Sportbuches" über sein „Kind", zu dessen 20. Geburtstag?**

Remplewski: Ich bin sehr froh, vor 20 Jahren mit dem Buch angefangen zu haben. Zum einen hatte ich so immer mit jungen Menschen zu tun. Dahinter steckt ein gewisser Egoismus, schließlich ist es erfrischend, weil man an der Seite junger Menschen selber aufblüht. Andererseits habe ich viel Energie investiert und dadurch auch viel Spaß gehabt. Das lag auch an den tollen Mitarbeitern – man braucht nur zu sehen, wie weit es Tobias Blasius und Thomas Kloß gebracht haben. Der eine leitet die Essener WAZ-Lokalredaktion, der andere ist Chef vom Dienst.

Natürlich spielten auch die Fotografen, insbesondere Michael Gohl und Norbert Wodartzyk, eine große Rolle.

Es steckt viel Arbeit in diesem Buch, insbesondere in dem Kalender. Aber wer den Lokalsport liebt, der fliegt auch gerne über den Sportkalender. Insgesamt ist die Sportschau Essen ein Spiegelbild des Essener Sports, sowohl in der Spitze als auch in der Breite.

„Erki" lehnt sich zurück, schaut kurz zur Decke, als hake er innerliche eine Liste mit Stichworten ab. Dann guckt er herüber – er lächelt, er ist fertig mit diesem Gespräch, er hat alles gesagt. Also sagt Erwin Remplewski herzlich und freundlich „Danke", schüttelt die Hand, und während das Interview in einem selbst noch nachwirkt, ist „Erki" schon durch die Tür, um die Ecke. Dabei hätte man selbst doch so gerne noch „Danke" gesagt. Ganz oft.

Eine Dekade „mit Köpfchen"

Die Bildungsakademie des Essener Sports feiert ihren zehnten Geburtstag

Er gab dem ZDF-Sportstudio ein unverwechselbares und unvergessenes Grafik-Design: Rüdiger Eschert.

Im April des Jahres 2010 gab es in der Bildungsakademie des Essener Sports einen guten Grund zu feiern – dabei war es die Bildungsakademie selbst, die ihren zehnten und damit ersten „runden" Geburtstag erlebte. Und diese Feier war natürlich die beste Gelegenheit, auf die Anfänge dieser Institution des Essener Sports und die vielen verschiedenen Veranstaltungen in der vergangenen Dekade zurück zu schauen und einen vorsichtigen Blick in die Zukunft zu wagen.

INTERESSANTE GÄSTELISTE

Zu den vielen Talkgästen der Reihe „Sport trifft …" gehörten unter anderem Walter Schneeloch (LSB-Präsident), Skandal-Schiri Robert Hoyzer, Prof. Dr. med. Hartmut Krahl, die Sportler Christian Keller, Mark Warnecke und Ansgar Wessling sowie Weihbischof Franz Grave.

Sozusagen „über" der Bildungsakademie stand und steht seit je her ein einfaches Leitmotiv: Sport hat auch etwas mit dem Kopf zu tun! Entsprechend hatten es sich die „Erfinder" der Bildungsakademie zum Ziel gesetzt, mit ihrem Engagement das gesellschaftliche Bewusstsein für das Thema Bildung im und für den Sport zu stärken. Gegründet wurde die Akademie im November 1999, die Einweihung der neuen Räumlichkeiten im Kolpinghaus, direkt neben dem Haus des Sports und dem Hauptbad, erfolgte genau ein Jahr später.

So entschlossen sich die Beteiligten insbesondere in der Anfangszeit für dieses Ziel einsetzten, so unscharf war es eigentlich formuliert, so sehr war es in der Zukunft Schwankungen unterworfen. Denn gerade als sich aus dem Grundkonsens eine gemeinsame Stoßrichtung herausbildete und die Bildungsakademie konkret und etwas „zum Anfassen" wurde, hatte sich plötzlich ein übermächtiger Konkurrent erhoben. Das zuvor dahin schlummernde Bildungswerk des Landessportbundes bot auf einmal genau das an, was auch in Essen geplant war: Aus-, Fort- und Weiterbildung im Sport, ob für Kindergärtner, Lehrer, Übungsleiter, Vereinsoffizielle, … Die Vorgespräche mit den einzelnen Sparten des ESPO und mit weiteren Partnern waren zwar erfolgversprechend verlaufen, aber die Angebotspalette des LSB-Bildungswerkes zu weite gefächert, um hier in Konkurrenz – auch um Fördermittel – zu treten.

Seither wird die Bildungsakademie von der Suche nach sich selbst begleitet – dies wurde ihr jedoch weniger zum Problem als vielmehr zu ihrer ausgemachten Stärke. Denn unter dem Dach der Bildungsakademie, die stets finanziell und nach Kräften durch den ESPO unterstützt wurde, war stets so vieles möglich. Hier wurde der Kopf bemüht – entstanden sind so unterschiedlichste Ausstellungen und Tagungen sowie die spannende Veranstaltungsreihe.

Zu den am meisten beachteten Veranstaltungen wurde die Diskussionsrunde mit Robert Hoyzer, dem einstigen Fußball-Skandal-Schiedsrichter, im Rahmen der erfolgreichen Reihe „Sport trifft …". Besonders erwähnenswert auch die Vorlesungsreihen aus Anlass der Olympischen Spiele in Peking oder die Ausstellung der Werke des damaligen „Sportstudio"-Grafikers Rüdiger Eschert.

Diese Tradition der interessanten Veranstaltungen „mit Köpfchen" soll nun nicht mehr im Verein, sondern unter dem Dach des ESPO fortgeführt werden. Noch einmal zehn Jahre – und noch mehr.

Robert Gerlings

Mit dem Fallschirm auf den Fußballplatz

DOSB-Sportabzeichen-Tour macht Station im Stadion „Am Hallo"

Spannende Sekunden bei der Landung der Fallschirmspringer im Stadion „Am Hallo": Drei Fallschirmspringer des Teams „Sportland NRW" haben fast punktgenau das Ziel in der Stadionmitte erreicht. Hunderte Kinder feierten die Fallschirmspringer und standen an für Autogramme.

Bei bedecktem Himmel waren die Springer in 1.300 Metern Höhe aus dem Flieger gesprungen und steuerten das Stadion und ihren Landepunkt sicher an. Sie ließen sich auch nicht beirren bei ihrer artistischen Einlage, als einige Jungen und Mädchen, voll der Vorfreude, in Richtung Fußballfeld gelaufen waren – genau dorthin, wo die Fallschirmspringer landen wollten. Zum Glück verletzte sich hier niemand. Drei Fallschirmspringer-Profis mussten ihre ganze Routine aufbringen, lenkten mit Geschick ihr buntes Fluggerät auf den Stadionrasen, zwischen die Kinder.

Kaum minder spektakulär waren die vielen Lauf-Wettbewerbe, Schlagballwürfe und Weitsprünge. Rund 1.500 Kinder aus Essener Grundschulen versuchten bei diesem Dreikampf im ersten Anlauf das Sportabzeichen zu erringen. Fast alle packten es – bereits bis zum Mittag hatte der Essener Sportbund 1.400 Urkunden bei der Siegerehrung übergeben.

Später, als sich die Kinder im Fun-Park bei rockiger Musik, beim Torwand-Schießen, auf Klettergeräten, einer Hüpfburg, dem Multi-Tower, Quarter-Tramp oder beim Sumo-Ringen vergnügten, wurde das Stadion den erwachsenen Hobby-Sportlern überlassen. Ganz egal, ob Vereinsmitglied oder vereinslos, ob vom Leichtathletik-Kreis Essen, von der Polizei und aus dem Sport für Menschen mit Behinderung – die Teilnehmer rannten, sprangen und warfen, was das Zeug hielt, um die begehrten Urkunden und Sportabzeichen zu bekommen.

Viel Lob erhielten die zahlreichen Teilnehmer von den berühmten Botschaftern der nationalen Sportabzeichen-Tour: Steffi Nerius, Speerwurf-Weltmeisterin 2009 und Olympia-Silber 2004, und Frank Busemann, Zehnkampf-Silbermedaillen-Gewinner von 1996. Zwei Spitzensportler, die deutsche Sportgeschichte geschrieben haben. DOSB-Vizepräsident Walter Schneeloch brach eine Lanze für den Breitensport: „Sport ist wichtig für alle, für unsere Gesundheit! Und das Deutsche Sportabzeichen ist die Basis. Aus einem starken Breitensport wächst immer wieder auch ein erfolgreicher Leistungssportler."

Hubert Wildschütz

Beim Zwischenstopp der bundesweiten Sportabzeichen-Tour im Stadion „Am Hallo" machte Speerwurf-Weltmeisterin Steffi Nerius (2. v. l.) Werbung für das „Deusche Sportabzeichen für Behinderte". Unterstützung bekam Nerius von Josef Giesen (l.) sowie von Achmed Dogan und Karl-Heinz Kolf von den Hot Rolling Bears.

■ EIN NEUER NAME FÜR DIE BSA

Die Umbenennung der Bezirkssportanlage an der Raumerstraße zur „Helmut-Rahn-Sportanlage" war das eine – bei dem feierlichen Akt im Februar 2010 waren auch Witwe Gertrud Rahn (78 Jahre) mit ihrem älteren Sohn Uwe (55 Jahre), Bürgermeister Rudi Jelinek und OB Reinhard Paß mit dabei. Das andere war die Öffnung der Anlage, so dass die Kinder aus dem Stadtteil dort längst nicht nur Fußball spielen können.

Das Ende der Ebbe

Das kernsanierte Nordost-Bad öffnet wieder seine Pforten

Schwimmmeister Peter Schulz läßt die automatische Putzmaschine ins Wasser.

Ein ganzes Jahr lang herrschte Ebbe im Stadtbad Nordost, war die Schwimmhalle an der Gustav-Heinemann-Gesamtschule in Schonnebeck wegen der notwendigen Totalsanierung geschlossen. Die beiden Becken sind wieder gefüllt, die „Wasserratten" können sich wieder in die Fluten stürzen.

Rund 4,8 Millionen Euro hat der Umbau des mehr als 40 Jahre alten Bades gekostet – knapp 300.000 Euro mehr als kalkuliert. Ein Ergebnis, mit dem sich die Sport- und Bäderbetriebe dennoch zufrieden zeigten. Schließlich handelte es sich um eine Sanierung im Bestand, unterstrich Abteilungsleiter Kurt Uhlendahl.

Dabei hatte das städtische Bäderkonzept die Kosten ursprünglich auf nur 2,4 Millionen Euro taxiert. Uhlendahl erklärte diese erhebliche Differenz mit dem deutlich höheren Aufwand. Das Bad war kernsaniert worden. Allein das Beseitigen von Schadstoffen wie PCB und Asbest schlug mit 300.000 Euro zu Buche. Die Fassade wurde gedämmt, die Fensterfront dreifach verglast. 1,4 Millionen Euro verschlang allein die neue Lüftungsanlage im Untergeschoss, wo man Johann, den Chefingenieur aus Wolfgang Petersens Filmklassiker „Das Boot", erwartet und doch nur auf gigantische alufarbenen Rohrleitungen und Waschmaschinen große Schaltkästen trifft. Einen um 15 bis 20 Prozent geringeren Energieverbrauch verspricht diese neue Technik. Auch deshalb wurde die Sanierung mit Mitteln aus dem Konjunkturpaket II des Bundes finanziert. Ob das neue Raumklima beim Schulschwimmen leistungsfördernd wirkt, bleibt indes abzuwarten …

Besuchern präsentiert sich das Nordostbad sonst hell und einladend. Grüne und rote „Deckensegel" geben der Schwimmhalle farblich eine eigene Note und ersetzen die düstere Holzdecke. Die Farbwahl setzt sich fort in Quadraten an den Wänden und in der Gestaltung der Duschen (grün) und Umkleidekabinen (rot). Sämtliche Böden wurden komplett neu gefliest, auf Kacheln an den Wänden, die Bädern gerne den zweifelhaften Charme einer Fleischerei verleihen, hat der Bauherr nicht zuletzt aus Kostengründen verzichtet. Willkommener Nebeneffekt: Es hallt weniger stark als sonst in Hallenbädern üblich, versprach Daniela Kersting, Architektin vom Büro GSF aus Hamm.

Schwimmer- und Lernschwimmbecken sind die alten geblieben. Neu ist: Kleinstkinder können nun in zwei bis 30 Zentimeter flachem Wasser planschen. Und nur wer über einen handwerklich geschulten Blick verfügt, mag hier und dort erkennen, vor welche Herausforderungen der Umbau Bauleitung und Handwerker stellten. 1968 war das Hallenbad in einem Bergbaugebiet errichtet worden. Bis Mitte der 70er Jahre sackte es Zentimeter um Zentimeter ab. Die Schwimmbecken wurden mit Hilfe von Hydraulikpressen angehoben. Das Gebäude selbst weist einen Höhenunterschied von 50 Zentimetern auf. „Die Handwerker mussten bewusst schief bauen", schmunzelte Daniela Kersting. Das Gefälle erklärt auch, warum die Schwimmbecken anders als in modernen Bädern üblich von einem Sockel eingefasst sind. Es würde wohl sonst allzu sehr überschwappen.

Markus Schymiczek

„Das war zu krass"

Sicherheitsmängel: Espo muss die Trendsport-Halle „Funbox Amalie" schließen

Der Essener Sportbund (Espo) hat die Trendsport-Halle „Funbox Amalie" in der ehemaligen Zeche an der Helenenstraße in Altendorf wegen „erheblichen Sicherheitsmängeln" an den Rampen und Halfpipes geschlossen. Der Hallen-Leiter Olaf Händel ist deshalb entlassen worden.

Ob die Türen für Skateboard-, Inline- und BMX-Fahrer jemals wieder geöffnet werden, ist „völlig offen", sagte der Betreiber der Anlage, Espo-Geschäftsführer Wolfgang Rohrberg und verteidigte die Schließung der Thyssen-Krupp-Immobilie: „Ich bin mir sehr sicher, dass dort Gefahr besteht. Ich bin heilfroh, dass sich noch kein Jugendlicher verletzt hat."

Ob und in welchem Umfang Reparaturen an den im Januar von Jugendlichen umgebauten Rampen notwendig sind, wollte Rohrberg vom TÜV prüfen lassen. Das Engagement der Jugendlichen sei „gut gemeint" gewesen. Er sei aber nicht amüsiert gewesen, als er die Halle betrat und „scharfe Kanten" sah – und „nicht eingebaute Schutzbleche". „Das war zu krass. So etwas kann ich als Verantwortlicher nicht akzeptieren."

Die Tür ist geschlossen, ein Schriftstück informiert über die Gründe, die zur Entscheidung führten.

Es deutet sich ein vorzeitiges Ende des ambitionierten Projektes an, das eine „moderne Alternative" zu kirchlichen Jugendzentren bieten sollte. 2001 gab es rund 650.000 DM Fördergelder vom Land. Trotzdem war die Funbox von Anfang an ein Zuschussgeschäft. Bis zu 40.000 Euro seien jährlich geflossen, damit die wirtschaftlich nicht rentable, aber bei Jugendlichen beliebte Halle geöffnet bleiben konnte. „Wir haben in den zehn Jahren sehr viel probiert und das beste daraus gemacht", sagte Rohrberg und betonte, dass er an der Funbox hängen würde.

Olaf Händel war durchaus überrascht, dass er entlassen wurde. Über die Umbaumaßnahmen der Jugendlichen an den Rampen – sie sollten höher und breiter werden – hätte Wolfgang Rohrberg auch aus der Presse erfahren können.

Nachdem die Jugendlichen die Rampen verändert, seien in der Funbox auch Kindergeburtstage gefeiert worden. „Anwesende Eltern, die ja in der Regel verständlicherweise sehr besorgt sind, hatten nichts zu beanstanden und haben sich nicht beschwert", berichtete der entlassene Hallen-Leiter Olaf Händel.

Ihm sei auch vorgehalten worden, dass er „eher ein Jugend-Sozialarbeiter" gewesen wäre, sagte er. „In gewisser Weise gehört das auch dazu", so Händel. Die Sicherheitsmängel könnten nun ein Fall für die Justiz werden. Händel zumindest hat seinen Anwalt eingeschaltet.

Möglicherweise war das Zuschussgeschäft „Funbox Amalie" dem Sportbund nur noch ein lästiger „Klotz am Bein" gewesen. Nur noch bis Ende des Jahres lief der Vertrag zwischen dem Sportbund und dem Eigentümer Thyssen Krupp Real Estate.

Tobias Fülbeck

Besuch von der Bundeskanzlerin

„Großer Stern des Sports": Angela Merkel ehrt die MTG Horst

Ein ganz besonderer Moment für die MTG Horst und ihren Präsidenten Gerd Kämpkes (2.v. l.): Den „Stern des Sports" überreichen Bundeskanzlerin Angela Merkel (Mitte), Thomas Bach (l., Präsident DOSB), Uwe Fröhlich (r. Präsident BVR) und Heinz-Georg Anschott (Genobank Essen eG).

Sie ist gerade einmal dreieinhalb Jahre alt, die Integrationsabteilung „United Sports" der Märkischen Turngemeinde Horst, des mit 3500 Mitgliedern größten Sportvereins Essens, der besser unter dem Kürzel MTG bekannt ist. Im Vergleich zum Alter des Vereins, der 1881 gegründet wurde, erscheinen dreieinhalb Jahre fast wie ein Wimpernschlag. Und doch: In dieser kurzen Zeit wurde die Abteilung, gegründet von sieben Übungsleitern aus sechs Nationen, bereits im ersten Jahr als „Essens Beste" ausgezeichnet und gewann kurz vor Jahreswechsel den Landeswettbewerb „Sterne des Sports".

Sogar überregionale Medien wie die FAZ haben groß berichtet, Bundeskanzlerin Angela Merkel nahm die Ehrung höchstpersönlich vor, und deswegen war auch eine Delegation aus dem Essener Südosten in die Hauptstadt gereist. Die MTG Horst bekam in feierlichem Rahmen einen „Großen Stern des Sports" verliehen.

Die MTG Horst hatte sich bundesweit gegen 17 Konkurrenten durchgesetzt. Neben dem Goldenen Stern, der einen Ehrenplatz erhalten wird, erhielt die MTG als Siegprämie 10.000 Euro. „Wir sind sehr stolz auf diesen Preis. Es ist das höchste, was ein Verein erhalten kann", erklärte Gerd Kämpkes, seit 25 Jahren Vorsitzender. Er gab frank und frei zu, dass er schon nervös gewesen sei, als es zur Preisvergabe durch die Bundeskanzlerin ging. „Aber das ist doch wohl auch ganz menschlich, oder?" Es sei zwar schon im Voraus gemunkelt worden, dass die MTG unter den ersten Drei sei, aber sicher habe man ja nicht sein können.

Seit 2004 bereits funkeln die „Sterne des Sports". Jedes Jahr vergeben der Deutsche Olympische Sportbund (DOSB) und die Volksbanken Raiffeisenbanken die Ehrung und eine dazugehörige Geldprämie. Zu dem Wettbewerb, der auf kommunaler, Landes- und Bundesebene stattfindet, gehört eben auch die Verleihung des „Großen Stern des Sports" in Gold an den Bundessieger im Rahmen einer feierlichen Abschlussgala in der Hauptstadt.

Mit der Aktion wollen die Initiatoren auf die Verdienste des Breitensports aufmerksam machen und diese entsprechend würdigen. Die „Sterne des Sports" sollen die Vereine motivieren, Maßnahmen gegen die Probleme vor Ort zu ergreifen. Die „Sterne des Sports" möchten die Vereine fördern, sie in ihrer Vorbildfunktion stärken und Andere zur Nachahmung anregen.

Unter dem Dach der traditionsreichen MTG Horst, des Mitgliederstärksten Essener Sportvereins, existieren etliche Sportabteilungen. Neben Klassikern wie Basketball und Badminton, den zahlreichen Fitness-Angeboten und Kursen aus dem Gesundheitssport sticht die Abteilung United Sports heraus. „United" steht für „vereint" – passender hätte der Name kaum gewählt werden können.

Dietmar Mauer/Robert Gerlings

Essen hat ein neues Fußball-Stadion!

Der neue Bau an der Hafenstraße fasst 20.000 Plätze

Alt neben neu: Das Stadion Essen löst das Georg-Melches Stadion als Spielstätte von Rot-Weiss Essen ab.

An der Hafenstraße steht ein neues Stadion! Ein moderner, etwas kühl anmutender Bau zwar, aber immerhin ein Stadion. Ca. 42,5 Millionen Euro hat der Bau gekostet. In der ersten Ausbaustufe hat das Stadion Essen 32 Sitzreihen und eine Gesamtkapazität von etwa 20.000 Plätzen. Die teilen sich auf in 9.000 Stehplätze, 11.300 Sitzplätze, 136 Presseplätze und etwa 1.000 Business-Seats. Hinzu kommen 290 Logensitze und zahlreiche rollstuhlgerechte Plätze nebst Begleitersitzen. Ob die Regionalliga-Fußballer von Rot-Weiss Essen hier eines Tages regelmäßig alle Plätze vollmachen werden?

Der „Ankermieter" im neuen Essener Fußballstadion, in dem die Grundstückverwaltung Stadt Essen GmbH (GVE) offiziell der Herr im Hause ist, hat bei der ersten Eröffnungsfeier eine eher untergeordnete Rolle gespielt. Die Stadt und an der Spitze OB Reinhard Paß wollten mit aller Macht zum Ausdruck bringen, dass es sich bei dem Neubau um ein Stadion für Essen und eben nicht nur für einen einzelnen Klub aus dieser Stadt handelt. Insofern war geplant, dass die Bundesliga-Fußballerinnen der SG Schönebeck das Stadion einweihen sollten.

Beim ersten Pflichtspiel im neuen Stadion, beim ersten offiziellen Anstoß, waren die Rot-Weissen dann doch dabei. Die A-Jugend von RWE hatte Borussia Dortmund zu Gast. Dann machten die SGS-Fußballerinnen mit einem Spiel gegen Rekordmeister FFC Frankfurt weiter.

Eine schöne Einlage war, dass gut zehn Minuten vor Spielende die Frankfurterinnen das Feld verließen und den Regionalliga-Kickern von RWE wichen. Dann erzielte Marvin Ellmann noch das erste RWE-Tor im neuen Stadion, und alle Beteiligten waren versöhnt.

„Macht was draus!", hatte das Stadtoberhaupt den künftigen Stadion-Nutzern, ob auf dem Rasen oder den Tribünen zugerufen. Naturgemäß emotionaler formulierte es der RWE-Fanbeauftragte, die Kultfigur Lothar Dohr. „Das ich das noch erleben darf!"

Dominik Hamers/Robert Gerlings

HERZSPORTZENTRUM SGZ NIENHAUSEN

Es ist aus Essener Sicht ein Blick über den Tellerrand: Im Grunde genommen steht der heutige Gesundheitspark Nienhausen hinter der Grenze. Aber oft genug macht die Bürokratie dem echten Leben, dass sich nämlich die Bürger des Ruhrgebiets, dieses dicht besiedelten polyzentrischen Ballungsraums, kaum um irgendwelche Grenzen von Gebietskörperschaften scheren, einen Strich durch die Rechnung. Nicht so aber beim Gesundheitspark Nienhausen in Gelsenkirchen, der auch durch Essener Mitwirken gelungen ist.

Der Espo hat bei der Gestaltung des Gesundheitspark innovative Ideen, abgeleitet aus dem bei Kur vor Ort in der Gruga gewonnenen Erfahrungsschatz, eingebracht. Er hat – auch finanziell – Verantwortung gezeigt, und das gute Ergebnis, das von den Bürgern angenommen wird, gibt auch Recht.

Robert Gerlings

EIN NEUES BAD FÜR ESSEN

Im Herzen der Stadt entsteht eine weitere Sportstätte: In unmittelbarer Nähe der Universität setzt die Stadt den ersten Spatenstich für das neue Bad am Thurmfeld, das das marode Hauptbad ersetzen soll.

Wie steht es um die Essener Vereine?

Der Sportmonitor der FOM untersucht das Image der Klubs

Prof. Julia Naskret (r.) und Prof. Christian Rüttgers entwickelten den Sportmonitor.

Wie hoch ist der Bekanntheitsgrad Essener Sportvereine? Und wie ist ihr Image? Diese Fragen beantwortete der Sportmonitor der Hochschule für Ökonomie und Management (FOM) in Essen in einem regionalen Ranking. Die FOM nahm die zehn bekanntesten Sportvereine Essens unter die Lupe: Rot-Weiss Essen, die ESC Moskitos, den Tusem, die Fußballabteilung des ETB, den FC Kray, den Etuf, die SGS, die Basketballabteilung des ETB, DJK Adler Frintrop und die Assindia Cardinals. Der Bekanntheitsgrad variierte stark, Rot-Weiss war allerdings klar die Nummer eins. Zudem nahm die FOM das Thema Sponsoring unter die Lupe, das für die Sportvereine immer wichtiger wird.

97 Prozent aller befragten Essener kannten RWE. Die ESC Moskitos waren immerhin 81 Prozent ein Begriff und die Namen Tusem und die Fußballabteilung des ETB sagten jeweils 80 Prozent der Befragten etwas. Weit abgeschlagen auf dem letzten Platz landeten die Assindia Cardinals mit nur 37 Prozent Bekanntheitsgrad.

Bei der Frage nach der Beliebtheit lagen die Rot-Weissen vor dem Tusem und den Moskitos ebenfalls auf Rang eins. Insgesamt waren die Unterschiede hier aber weitaus geringer. Neben Bekanntheit und Beliebtheit interessierte die FOM Hochschule auch das Image der Essener Vereine. Was verbanden die Befragten mit den zehn bekanntesten Essener Klubs? Wie ordneten sie sie ein? Auch hier waren die Ergebnisse unterschiedlich. Der FC Kray galt beispielsweise als aufstrebend.

DJK Adler Frintrop hatte ein junges beziehungsweise jugendorientiertes Image. Die Auskunftgeber sahen die am wenigsten bekannten Assindia Cardinals als zielstrebigen und ehrgeizigen Verein, der aber gleichzeitig als familiär galt.

Neben diesen Statistiken wollte der Sportmonitor über das Thema Sponsoring aufklären. Daher beinhaltete er eine Übersicht von Werbemöglichkeiten für interessierte Unternehmen. Neben Banden- und Trikotwerbung bestand für die Firmen auch die Möglichkeit, sich auf der Vereinswebsite oder in der Vereinszeitschrift zu präsentieren. „Auch jenseits des Leistungssports sind Geldleistungen für ein nachhaltiges Wirtschaften der Vereine notwendig und angesichts der gesellschaftlichen Bedeutung von Breitensport wünschenswert", erklärte Christian Rüttgers. Er entwickelte gemeinsam mit Julia Naskrent den Sportmonitor 2013.

Theresa Steven

PASSANTEN TANZEN IN DER FUSSGÄNGERZONE

Eine einwöchige Reise durch die Essener Sportszene bot der Espo im März in der Rathaus Galerie. Im Rahmen der Aktion „Sport vor Ort" stellten zahlreiche Vereine ihre Sportarten vor und luden die Zuschauer unter dem Motto „Runter vom Sofa" zum Mitmachen ein. Ein besonderes Highlight dabei war der Auftritt des dreimaligen Hip Hop-Weltmeisters Pedran Zamani. Auch danach ging es tänzerisch weiter. Die Passanten sahen eine Zumba-Show vom Sport- und Gesundheitszentrum Zeche Helene. Die Tänzerinnen und die Musik aus Südamerika holten die Passanten von ihren Zuschauerplätzen und verleiteten sie zum Mitmachen. Die Rollkunstläuferinnen des REV Gruga zeigten ebenfalls ihr Können bei einer tollen Show.

Neuer Anstrich zum 100. Geburtstag

Seit 2013 gelten für das Sportabzeichen neue Regeln

Die Prüfer: Wolf Roloff und Ute Arndt nehmen jährlich tausende von Sportabzeichen ab.

Von einem neuen Sportabzeichen lässt sich wohl nicht ganz sprechen, doch anlässlich des 100. Geburtstages hat der Deutsche Olympische Sportbund (DOSB) die Prüfung zum Sportabzeichen grundlegend modernisiert. Daher gelten auch in Essen seit 2013 andere Regeln. Ein Rückblick auf einen der ersten Tage unter den neuen Bedingungen.

Die Sonne lacht. Auch die Walkerin hat gute Laune. Energisch bringt sie die Meter auf der Aschebahn an der Schillerwiese hinter sich. Es geht darum, in einer bestimmten Zeit die geforderte Rundenzahl zu schaffen. „Noch zwölf", ruft Ute Arndt (68) und geht davon aus, dass das ankommt. „Im Zweifel steht da vorne mein Kollege", sagt sie. „Der zählt ihre Runden und trägt dann das Ergebnis ein." Für 7,5 Kilometer hat die junge Frau eine Stunde Zeit. Es sind viele Schritte bis zum Sportabzeichen.

Viele machen ihre ersten bei Ute Arndt. Seit gut sieben Jahren ist sie Sportabzeichen-Beauftragte der Stadt und des Espo. Mehr als 5.000 Essener haben im Vorjahr das Sportabzeichen in jeweils fünf Disziplinen abgelegt. Seit 100 Jahren gibt es diese Möglichkeit. Jetzt im neuen Gewand: es sind nur noch vier Prüfungsfelder. Die Einzeldisziplinen entstammen nur noch den Sportarten Leichtathletik, Schwimmen, Turnen und Radfahren.

„Es ist halt anders als zuvor. Aber es ist schon aufgewertet", sagt Arndt. „Die Leute wussten früher genau, wie schnell sie sein müssen. Jetzt gibt es neue Zeiten und Weiten und nur noch vier Prüfgruppen. Aber es ist schon so, dass durch die Änderungen nicht mehr so viele Gold schaffen." Denn den Automatismus, Sportabzeichen zum wiederholten Mal geschafft, ergibt irgendwann immer wieder Gold, den gibt es nicht mehr. Nun gibt es Gold, Silber, Bronze für jede Altersklasse und ein von Leistungsstufen unabhängiges „Abzeichen mit Zahl".

Der Walkerin wird Wasser gereicht. Sie nimmt die Flasche mit. Später wird sie das auch mit ihrer Prüfkarte machen. Heute wird Arndt da ihre Leistung für das Umrunden des Stadionplatzes eintragen. Die anderen Leistungen kann die heutige Walkerin an anderer Stelle zu anderer Zeit erbringen. Wichtig ist, dass sie die Anforderungen innerhalb eines Kalenderjahres absolviert. Ein Haken an die Ausdauer, bleiben noch die Themen Kraft, Schnelligkeit und Koordination.

An diesem vierten Punkt versucht sich gerade ein älterer Herr. „Als Kind bin ich jeden Tag Seil gesprungen", sagt Christian Hampel und fängt an zu hüpfen. „Wie oft? Wie lange?" Arndt muss nachsehen. Ebenso bei der Frau mittleren Alters, die gerade ihre „Kraft weggemacht hat". „Schauen wir mal", sagt Arndt und geht mit ihr zur Prüf-Tabelle. „Das ist Gold. Glückwunsch. Hochsprung können sie heute auch hier noch machen. Oder später in Kettwig." Sportabzeichen geht fast überall. „Auch im Urlaub an der Nordsee", sagt Arndt und muss schon die nächste Frage beantworten. „Ist die Fünf-Kilo-Kugel noch da? Ich soll aber auch die Vier-Kilo-Kugel mitbringen."

Die Walkerin geht in die letzte Runde.

Markus Rensinghoff/
Christian Schwarz

Die Sportschau Essen wird 25 Jahre alt

Die beliebte Chronik feiert gemeinsam mit ihrem Gründer Geburtstag

Das Sportforum 2014 mit der goldenen Ausgabe der Sportschau Essen.

Das „kleine“ Jubiläum kam nicht aus, ohne das große zu nennen. Und das passte gleich auf mehreren Ebenen. Denn die Sportschau Essen ihr inzwischen verstorbener Gründer Erwin „Erki“ Remplewski gehören ebenso in

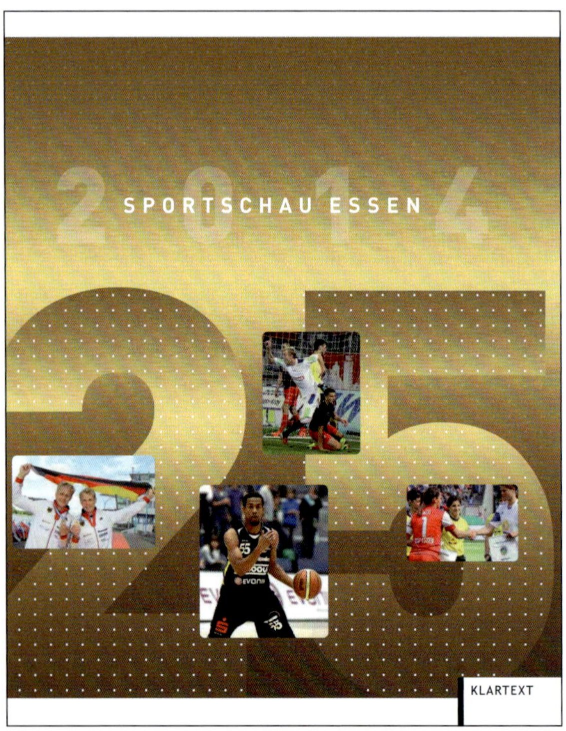

einem Atemzug genannt wie Essen und der Grugapark, die Zeche Zollverein und der Baldeneysee. In dem Jahr, als die größte zusammenhängende Sportchronik Deutschlands 25 Jahre alt wurde, feierte „Erki“ seinen 90. Geburtstag. Gut zwei Jahrzehnte betreute er die vom Essener Sportbund herausgegebene Lokalchronik redaktionell selbst – bis er die passive Rolle des aufmerksamen Lesers einnahm.

Die 25. Ausgabe dürfte eine besondere gewesen sein. Schon rein optisch, denn mit einem goldenen Titel ist das Werk sicher heute noch in den Bücherregalen deutlich zu erkennen. „Jede Ausgabe nimmt uns mit auf eine eindrucksvolle Reise durch die sportliche Vielfalt von Essen und fasst aus einem Jahr die wichtigsten Ereignisse der lokalen Sportszene zusammen“, lobte der damalige Oberbürgermeister Reinhard Paß (SPD).

Den Jubiläums-Band nahmen die Autoren zum Anlass, um eine Zeitreise durch die vorherigen 25 Jahre zu unternehmen. Darunter waren etliche große sportliche Ereignisse, zu denen wohl jeweils eigene Bücher hätten geschrieben werden können.

Dazu gehörten die sechs nationalen und internationalen Titel der Handballer des Tusem Essen, die Eishockey-Bundesliga-Meisterschaft der Essener Moskitos und selbstverständlich die Finalteilnahmen im DFB-Pokal der SGS (2014) und von Rot-Weiss Essen (1994).

In dieser Zeit gewannen die Rockets 2011 den Europapokal im Skaterhockey, Schwimmer Mark Warnecke holte 1996 in Atlanta Bronze über 100 Meter Brust und der MTG Horst stieg 1995 in die Tischtennis-Bundesliga auf.

„Nicht nur die großen Klubs kommen zum Zug, sondern auch die vermeintlichen Randsportarten. So wird es wirklich eine komplette Sache“, sagte der ehemalige Tusem-Star und Handball-Nationalspieler Peter Quarti.

Und auch vom wichtigsten Partner gab es ein großes Lob zum Jubiläum: „Mit ihr lässt sich der Weg interessanter Sportler oder Mannschaften verfolgen, die wir als Sparkasse fördern und die ihr Publikum mitreißen und manchmal auch mitleiden lassen“, so der Vorstandsvorsitzende der Sparkasse Essen, Hans Martz.

Viele große und auch kleinere Ereignisse hat das Jahrbuch des Essener Sports gewürdigt und Teilnehmer*innen wie Weggefährt*innen noch einmal alles Revue passieren lassen. Etwas, das ein prominenter Sohn dieser Stadt auch gern in seiner Karriere gehabt hätte: „Es ist verdammt schade, dass es so etwas zu meiner aktiven Zeit noch nicht gegeben hat, da ich meine Laufbahn ja bereits Anfang der 80er Jahre beendet habe“, bedauerte Willi Lippens, ehemaliger Spieler von Rot-Weiss Essen.

Dominik Hamers

Hans Martz erhält das Bundesverdienstkreuz

Besondere Auszeichnung im Jahr seines 65. Geburtstags

Ein fester Händedruck, dann folgte das Anstecken des Bundesverdienstkreuzes. Oberbürgermeister Reinhard Paß überreichte Hans Martz, Vorstandsvorsitzender der Sparkasse Essen, im Januar das Bundesverdienstkreuz am Bande. Der ehemalige stellvertretende Vorsitzende des Essener Sportbundes (1996 bis 2000) wurde für sein Engagement im Sport, der Kultur und der Wissenschaft geehrt.

Die Liste der Dinge, an denen Martz entscheidend mitgewirkt hat, ist lang: Unter seiner Beteiligung wurde das Projekt „Kur vor Ort" entwickelt. Und in der eigens dafür gegründeten „Kurhaus Grugapark GmbH" gehörte Martz von 2004 bis 2011 zum ehrenamtlichen Aufsichtsrat.

Ein besonderes Anliegen war und ist für Hans Martz auch die Förderung von Kunst und Kultur. Er ist Mitglied des Folkwang-Museumsvereins, Mitglied und Kassenprüfer des Kunstrings Folkwang und gehört dem „Freundeskreis Theater und Philharmonie" als stellvertretender Vorsitzender des Kuratoriums an.

Zur Unterstützung von sozial benachteiligten Menschen in Essen nutzte der gebürtige Frintroper Hans Martz seine Stellung in der „Stiftung Alten-, Behinderten- und Jugendförderung der Sparkasse Essen", wo er den Vorstand innehatte, und bei der „Gut für Essen"-Stiftung der Sparkasse Essen.

Der Familienvater kümmerte sich ehrenamtlich um den Erhalt von Sportstätten und Gesundheitszentren in der Stadt. Für den Leistungssport setzte sich Hans Martz unter anderem als Vorsitzender des Vereines zur Förderung des Leistungssports und als Mitglied des Freundeskreises für das Talentfördermodell des Etuf ein.

Hans Martz (l.) mit Oberbürgermeister Reinhard Paß.

„Ohne sein herausragendes und persönliches Engagement wären viele Projekte im Essener Sport nicht möglich gewesen", ließ der Espo anlässlich der Auszeichnung für Hans Martz verlauten und traf damit den allgemeinen Tenor.

Warme Worte prasselten in diesem Jahr aber nicht nur bei der Auszeichnung mit dem Bundesverdienstkreuz, sondern auch im August auf Hans Martz herab, als er seinen 65. Geburtstag feierte.

Nick von Przekowski

DIE ERSTE DUALE STUDENTIN BEIM ESPO

2014 gab es beim Essener Sportbund eine besondere Premiere. Als erste duale Studentin beim Espo übernahm Annina Blum die Betreuung der allgemeinen Sportarbeit sowie der Medien und Presse.

Ein Studium an einer Medienakademie hatte die 23-Jährige mit dem Schwerpunkt Event- und Medienmanagement bereits absolviert und sich anschließend entschieden, noch ein duales Studium dranzuhängen. Hierbei handelte es sich um eine Ausbildung, die Theorie und Praxis verband, um direkt Erfahrungen im Berufsleben zu sammeln und zusätzlich zu studieren.

Die Fachrichtung „Sportmanagement" umfasst die Betriebswirtschaftslehre in Kombination mit Fachwissen aus dem Bereich Sport. An zwei Tagen der Woche besuchte Annina Blum die Internationale BA in Bochum, die restlichen drei Arbeitstage verbrachte sie beim Espo.

Nick von Przekowski

Erschreckende Ausmaße der Gewalt

Espo und Sport- und Bäderbetriebe verabschieden Maßnahmen

Thorsten Flügel, Vorsitzender des Kreises 13, bei der Krisensitzung mit Vereinsvertreter*innen.

Gewalt im Sport – das Phänomen war beileibe nicht neu. Doch die Intensität hat in den ersten Jahren des Jahrtausends erschreckende Ausmaße angenommen. Bundesweit schrieb das Thema immer wieder Schlagzeilen, und zum Leidwesen dieser Stadt haben die Essener Amateur-Fußballer (und ihre Zuschauer) eine unrühmliche Führungsrolle in Sachen ausufernder Übergriffe übernommen. Es verging kaum eine Woche, in der es ruhig blieb auf den hiesigen Sportplätzen.

Schon Ende März hatten die beiden Essener Fußballkreise, der Essener Sportbund (Espo) und die Sport- und Bäderbetriebe zu einem Krisengespräch ins Pfarrzentrum St. Elisabeth geladen. Allein drei Spieler aus dem Kreis Nordwest waren im halben Jahr zuvor nach tätlichen Übergriffen mit lebenslangen Sperren belegt worden. „Es ist an der Zeit, dass etwas passiert“, hatte damals der Kreisvorsitzende Thorsten Flügel gesagt. Eine Handlungsstrategie musste demnach her.

Zunächst unterzeichneten sämtliche Essener Fußball-Klubs eine Selbstverpflichtung gegen Gewalt im Sport. „Wir sind schon ein bisschen stolz, dass alle dabei sind“, meinte Flügel, doch die Ernüchterung ließ nicht lange auf sich warten. Denn die Übergriffe und brutalen Ereignisse rissen auch in der Folge nicht ab. Als Reaktion auf eine der Eskalationen boykottierten im Oktober die Schiedsrichter die Partien von Yurdum Spor.

Die Vorfälle ziehen sich allerdings quer durch die Stadt und betreffen nicht nur einzelne Vereine. Der Amateur-Fußball hat sich zu einer Bühne gesamtgesellschaftlicher Exzesse entwickelt. Und die Selbstverpflichtung der Essener Fußball-Vereine scheint für viele nicht das Papier wert zu sein, auf dem sie unterschrieben wurde. Wie anders ist es zu erklären, dass sich bisher noch nichts zum Guten gewandelt hat?

„Sport heißt Toleranz, Ehrenamt und Integration. Wir stehen in Essen für einen fairen Sport“, formulierte Espo-Geschäftsführer Wolfgang Rohrberg schon Ende März. Doch weil Worte alleine nichts bewirkt haben, will der Espo nun hart durchgreifen und auffällig gewordene Klubs aus seinem Verbund ausschließen. Der jeweilige Verein hätte dann weder Anspruch auf einen städtischen Trainingsplatz noch auf die Teilnahme am Spielbetrieb. „Wir wollen ein Zeichen setzen“, begründete Rohrberg die Maßnahmen. Das Ausschlusskonzept aus dem Espo sei „hart, aber vielleicht begreifen es so endlich einige Leute“.

Trotz der Ankündigung, entsprechend durchzugreifen, ebbte die Welle der Gewalt noch immer nicht ab. Deutlich klarer ist es, dass Anstand, Fairplay und das freundschaftliche Miteinander (auch mit dem Gegner) bei vielen auf der Strecke geblieben sind. Der Sport hat einen Teil der Werte verloren, die ihn einst so groß gemacht haben – Schade.

Christian Schwarz

Ein Lob für das Nachwuchskonzept

TLV Germania Überruhr erhält den „Stern des Sports" in Bronze

Genobank-Chef Hans-Georg Anschott (links) gratulierte den Siegern vom TLV Germania Überruhr: Elfi Ettelt, Georg Neuser, Tim Husel und Reiner Proplesch.

Eine besondere Auszeichnung erhielt der TLV Germania Überruhr in den Räumen der Essener Genobank. Der Verein wurde mit dem „Sterne des Sports"-Award in Bronze geehrt und durfte sich zusätzlich über 1.500 Euro Preisgeld freuen. Der Deutsche Olympische Sportbund vergibt mit der Gruppe der Genossenschaftsbanken diesen bundesweit ausgeschriebenen Preis. Er soll das soziale Engagement der Vereine und den Einsatz für das Gemeinwohl honorieren, der über das normale Breitenangebot hinausgeht.

Den Ausschlag zugunsten des TLV, der als einer von sechs Essener Klubs ins Rennen um die Auszeichnung gegangen war, gab letztlich das Nachwuchskonzept. Die Kinder- und Jugendabteilung bestand zu dem Zeitpunkt aus circa 200 Nachwuchsathleten, die in sieben Trainingsgruppen zunächst bewegungs- und später wettkampf- sowie leistungsorientiert trainierten. Zudem half die Abteilung bei schulischen Problemen und bot Nachhilfe sowie Abiturvorbereitungen selbst im Trainingslager an.

Außerdem kümmerte sich der Verein um gehörlose und verhaltensauffällige Kinder und Jugendliche sowie um Flüchtlinge. Der TLV bot ihnen eine neue Heimat. So trainierte etwa ein junger Mann aus Guinea bei der Leistungsgruppe Lauf, und der Klub übernahm die dafür anfallenden Kosten. Wie es sich für einen guten Teamgeist gehört, versuchten die anderen 16- bis 18-jährigen Läufer den Guineer zweisprachig in seiner neuen Umgebung zu unterstützen. Auch bei den Unternehmungen der Teenager abseits der Laufstrecke war der junge Mann ein gern gesehener Begleiter.

Durch das enorme Engagement soll ein offener Blick auf die Vielfältigkeit der Menschen gefördert werden. Die Jugendarbeit steht beim TLV hierbei besonders im Fokus. In allen Belangen bindet der Verein seinen Nachwuchs ein, so auch bei der Integration in den Jugendausschuss oder bei der Trainerausbildung. Positiv abgerundet wurde das vorbildliche Nachwuchskonzept durch die Inklusion beeinträchtigter Sportler*innen.

Georg Lukas / Carsten Liebfried

Kurt Uhlendahl (l., Leiter Abteilung Bäder) und Kulturdezernent Andreas Bomheuer am 25-Meter-Becken.

RICHTFEST FÜR DAS BAD AM THURMFELD

Die Becken sind seit August gefüllt, und das neue Sportbad am Thurmfeld betriebsbereit. Die seinerzeit größte Baustelle unter städtischer Regie feierte im Februar Richtfest. „Wir liegen voll im Kosten- und Zeitplan", erklärte Kurt Uhlendahl, Leiter der Abteilung Bädermanagement bei den Sport- und Bäderbetrieben, im Sommer spürbar stolz. Zwar scheint das Sportbad mit seinem geplanten Volumen von 9,3 Millionen Euro auf den ersten Blick nicht unbedingt ein Schnäppchen zu sein. Doch das hochmoderne Gebäude wurde dank seiner progressiven Technik stark auf Kosteneffizienz getrimmt. Dadurch entstanden im Vergleich zum bisherigen Hauptbad enorme Einsparungen. Und diese sollen sich über den Lebenszyklus des Bades deutlich auszahlen. Oben- drein gilt es auch rein optisch als gelungen.

Willkommen im neuen Zuhause

Der Essener Sportbund zieht ins Haus des Sports an der Planckstraße um

Der Chef packt selbst an: Geschäftsführer Wolfgang Rohrberg trägt ein Surfbrett ins die neue Heimat des Espo.

Wer schon einmal umgezogen ist, der kennt das: In diesem ganzen Chaos zwischen Möbeln und Umzugskartons den Überblick zu behalten, ist eine sportliche Herausforderung. In welchem der vielen Kisten versteckt sich denn nun der verdammte Kaffee?

Dabei hätte Wolfgang Rohrberg gut die eine oder andere Pause gebrauchen können. Der Geschäftsführer des Essener Sportbundes managte den Umzug in das neue Domizil des Dachverbandes an der Planckstraße in Holsterhausen. Es ist die ehemalige Dependence der Theordor-Fliedner-Schule. 500000 Euro hat die Stadt in den Umbau des Gebäudes investiert. Damit Platz für alle Nutzer ist, wurden in den einstigen Klassenräumen Zwischenwände gezogen. Alles ist hell und einladend. Nur die kleine Sporthalle mutet an, als sei die Zeit in den 1980er-Jahren stehen geblieben.

Seit die Stadt endgültig den Stöpsel im einstigen Vorzeigebad an der Steeler Straße gezogen hat, waren die Tage für den Sportbund gezählt. „Am Ende war es schon gespenstig“, schildert Wolfgang Rohrberg die ungewohnte Atmosphäre im Haus, wo das Jauchzen und Schreien der badenden Kinder einer bedrückenden Stille gewichen war. „Der Trubel war schön, wenn auch manchmal nervig“, blickt Rohrberg zurück.

Seit 2016 hat der Espo eine neue Heimat. Zur Eröffnung gab es dann ein großes Fest, und Oberbürgermeister Thomas Kufen überreichte dem ESPO einen überdimensionierten und symbolischen Schlüssel.

Die ehemalige Grundschule beheimatet allerdings nicht nur den Essener Sportbund. Auch das Sportbildungswerk NRW, die Sportjugend und einige Fachverbände befinden sich in dem Gebäude, darunter die Handballer, Schwimmer, Turner und Footballer. Zudem nutzen zwei Schulen und die Essener Seniorengemeinschaft auch weiterhin die Sporthalle.

Ein gutes Vierteljahrhundert hatte der ESPO seine Heimat im Hauptbad in der Innenstadt, da wäre es nur allzu verständlich, wenn beim Abschied etwas Wehmut aufgekommen wäre. Doch weit gefehlt! Stattdessen herrschte Vorfreude auf allen Ebenen, und ESPO-Geschäftsführer Wolfgang Rohrberg hatte sich direkt beim ersten Ortstermin in das neue Gebäude verliebt. „Früher saßen wir auf drei Etagen verteilt, jetzt liegen alle Büros direkt nebeneinande. Es passt einfach alles“, begründete Rohrberg.

Insgesamt acht Monate dauerten die Renovierungs- und Umbauarbeiten, ehe der ESPO mit Sack und Pack anrückte. Als Eigentürmer ließen die Sport- und Bäderbetriebe viele der nötigen Tätigkeiten durch die Essener Arbeit Beschäftigungsgesellschaft ausführen. Auf diese Weise qualifizierten sich Mitarbeiter für den ersten Arbeitsmarkt. Und am Picco-Bello-Tag haben Ende Mai dann noch einmal gut 40 Helfer mit Hand angelegt, um dem neuen Haus des Sports den letzten Feinschliff zu verpassen.

Christian Schwarz

EHRENTELLER FÜR GERD KÄMPKES

Bevor sich der Tross aufmachte, um der Eröffnung des Haus des Sports beizuwohnen, zeichnete der ESPO noch Gerd Kämpkes für sein jahrelanges Wirken mit dem Ehrenteller und der Ehrenmitgliedschaft des Essener Sportbundes aus. Von 1994–2016 gehörte Kämpkes dem ESPO-Vorstand an, zudem bekleidete er weitere Ehrenämter wofür er unter anderem mit dem Bundesverdienstkreuz und dem goldenen Stern des Sports ausgezeichnet wurde.

Essens Fußballkreise fusionieren

Die anfänglichen Sorgen erweisen sich schon bald als unbegründet

Der neue Kreisvorstand (v. l.): Stv. Geschäftsführer Norbert Müller, Vorsitzender Jugendausschuss Josef Wosnitza, stv. Vors. Fußballausschuss Frank Westerbeck, stv. KJA Klaus Koglin, Vors. KFA Stephan Kahse, Vors. Schiedsrichterausschuss Christian Sorgatz, Geschäftsführer Norbert Kluge, Vorsitzender: Thorsten Flügel, stv. Vorsitzender Werner Ozdoba und Kassenwart Thomas Liebisch.

Die Sorgen, die sich sämtliche Beteiligte vor dem Zusammenschluss gemacht hatten, waren unbegründet. Etwa die, an die die Zeitschrift „Pfiff" in ihrer letzten Ausgabe als Presse-Organ der Schiedsrichter des Altkreises Süd/Ost erinnerte. „Wie sollen zwei Kreise fusionieren, die ähnlich viel voneinander hielten in die Fans von Schalke und den BVB? Geht das? Und was ändert sich jetzt eigentlich für uns alle?"

Am Ende lief alles wie am Schnürchen. Am 18. April 2016 beschlossen die Fußballkreise Süd/Ost und Nord/West den Zusammenschluss zum Kreis Essen. Nach fast 70 Jahren hatte somit mal wieder ein gemeinsamer Essener Fußballkreistag stattgefunden. Nachdem die Stadt Essen in die Kreise Süd/Ost und Nord/West geteilt war, haben die im Frohnhauser Pfarrzentrum St. Elisabeth anwesenden 130 Vertreter fast aller Essener Fußballvereine einen gemeinsamen Vorstand gewählt, der die Fußballerinnen und Fußballer gegenüber Politik, Verwaltung und Fußballverband vertreten sollte.

Unter anderem Oberbürgermeister Thomas Kufen, der Präsident des Fußballverbandes Niederrhein Peter Frymuth sowie der 1. Vorsitzende des Essener Sportbundes Dr. Bernhard Görgens waren zu Gast. In harmonischer Atmosphäre wurden die Anwärter mit nur vereinzelten Gegenstimmen in die Ämter gewählt.

So harmonisch die Veranstaltung auch war, während der Anbahnung der Fusion hatte es Sorgen gegeben. Etwa bei Christian Sorgatz, der im Zuge des Zusammenschlusses zum Kreisschiedsrichter-Obmann gewählt worden war.

„Ich denke, dass es noch viele in unserem Kreis gibt, die dem Projekt sehr skeptisch gegenüber stehen und die Zusammenlegung alles andere als gut empfinden", betonte er kurz nach seiner Wahl. Sorgatz fügte hinzu: „Man muss dazu sagen, dass sich die beiden Kreise früher auch schon nicht immer 100 prozentig grün waren und man sich deshalb nicht jubelnd um den Hals fällt."

Ende des Jahres trat Sorgatz von seinem Amt zurück, Stefan Heuer übernahm für ihn. Und der neue Kreisschiedsrichter-Obmann bestätigte mit seinen Aussagen den Eindruck vom ersten gemeinsamen Fußballkreistag: „Niemand hat ein Interesse daran, dass die Ligen immer einseitiger und immer kleiner werden, und dass es immer weniger Spiele gibt. Auch wir Schiedsrichter nicht, denn ohne Mannschaften und Spiele haben wir ja nichts zu pfeifen."

Cedric Pelka/Johannes Alberts/ Dominik Hamers

Eine Galerie der Essener Olympioniken

Edgar Gorgas ist bei der Einweihung im Haus des Sports sichtlich gerührt

Spürbar ergriffen: Der frühere Boxer Edgar Gorgas.

Mit einer Ehrenwand erinnert der Essener Sportbund seit Juni in seinen neuen Räumen in Holsterhausen an 100 Essener, die seit 1928 als Athleten an den Olympischen Spielen teilgenommen haben und dabei 43 Medaillen holten. „Es sind Mitbürger, die Großartiges geleistet haben", sagte Oberbürgermeister Thomas Kufen bei der Einweihung.

Zu der Einweihung war auch Edgar Gorgas, 89, gekommen: 1952 in Helsinki bei den ersten Olympischen Sommerspielen mit deutscher Beteiligung nach dem Zweiten Weltkrieg stand er als Boxer im Ring. Zur Ehrung kam Gorgas, 65 Jahre später, gestützt auf seinen Rollator und begleitet von Claudia Höing und Vera Hasken, zwei seiner vier Töchter. „Das wollte sich unser Papa nicht nehmen lassen", sagte Claudia Höing. Und der Olympia-Teilnehmer war sichtlich gerührt, als er seinen Namen auf der Ehrenwand entdeckte: „Es freut mich so, dass sich meine Stadt an mich erinnert. Ich hätte nie gedacht, dass mir mal so eine Ehre zuteil wird", gestand Gorgas. Und verdrückte eine Träne.

Gorgas nutzte die Ehrung, um sich an seine Spiele zu erinnern. „Das war eine andere Zeit. Eine ganz andere Zeit." 1952 war er 24 Jahre alt und Metzger. „Tagsüber habe ich normal gearbeitet und abends etwas trainiert." Für Helsinki qualifizierte er sich überraschend: Er besiegte in der Ausscheidung Horst Witterstein, gegen den er kurz zuvor bei den Deutschen Meisterschaften verloren hatte.

„Die Spiele waren ein Erlebnis: Die Reise nach Helsinki. Das war damals weit. Dazu die vielen Menschen aus aller Welt. Da war es nicht schlimm, dass ich in der ersten Runde verloren habe", erinnert sich Edgar Gorgas. Seinen größten Erfolg hatte er ein Jahr zuvor gefeiert: Im EM-Finale unterlag er in Mailand dem Italiener Giacomo di Segni und 20.000 fanatischen Landsleuten seines Gegners. Ein Jahr nach Olympia beendete Gorgas seine internationale Karriere und konzentrierte sich auf Teamkämpfe mit dem „Boxclub 1930 Essen-Steele" – und auf seine Arbeit als Metzger.

Edgar Gorgas war einer von den 20 Essener Olympia-Startern, alle Teilnehmer bei Sommerspielen, die zur Einweihung der Olympiawand kamen. Darunter Schwimmer Christian Keller und Ruderer Ansgar Wessling, aber auch Gold-Kanute Max Rendschmidt und Schwimmer Damian Wierling, die 2016 in Rio dabei waren. „Die Liste wird fortgeschrieben. Sie ist schon jetzt beeindruckend, eine einzigartige Wand der Erfolge", freute sich der damalige ESPO-Chef Wolfgang Rohrberg.

Thorsten Schabelon

NRW-SPORTPLAKETTE FÜR RAINER RUTH

Sport-Staatssekretärin Andrea Milz hat 20 engagierte Bürger für besondere Verdienste um den Sport mit der Sportplakette des Landes Nordrhein-Westfalen ausgezeichnet. Einer von ihnen ist Rainer Ruth. Der Essener, Mitglied des Tischtennisvereins MTG Horst, war zunächst Jugendwart des Essener Sportbundes. Von 2012 bis 2015 war er Vorsitzender der Sportjugend NRW und zugleich Vorstandsmitglied in der Deutschen Sportjugend. „Rainer Ruth brachte seine Fachlichkeit in zahlreiche Gremien ein. Sein Engagement und seine Expertise sind auch heute vielerorts gefragt", so die Staatssekretärin. 2005 erhielt der Essener die Ehrengabe der Deutschen Sportjugend und 2016 die Ehrung durch den Diskus der Deutschen Sportjugend. Seit 2016 ist er Ehrenmitglied des Landessportbundes NRW.

Rainer Ruth

Eine Institution im Essener Sport

Das Sportforum Essen findet zum 25. Mal statt

Längst zur Tradition geworden: Das Gruppenfoto mit der „Sportschau Essen".

Ein Werk wie die Sportschau Essen, fand Erwin „Erki" Remplewski, brauche doch einen würdigen Rahmen. Die ersten beiden Ausgaben der mittlerweile größten zusammenhängenden Sportchronik Deutschlands erschienen noch ohne Präsentationstermin. Doch inzwischen hat das Sportforum Tradition. Und einen festen Platz im Kalender von Stars und Sternchen, Amateur- und Profisportlern, Spielern, Trainern, Funktionären. 2016 fand das Sportforum im feierlichen Rahmen zum 25. Mal statt. Es ist damit ein weiteres „Baby" von Erwin Remplewski.

Ein Mal lud das Forum auf die Zeche Zollverein ein, für gewöhnlich aber war das Sparkassen-Gebäude Schauplatz der Veranstaltung. Der Gastgeber und Hausherr ist seit jeher ein guter Freund und engagierter Förderer des Sportgeschehens dieser Stadt. Im Foyer ihrer Zentrale hat die Sparkasse Essen dem Präsentationstermin der Sportschau Essen eine Heimat gegeben und damit einen wichtigen Teil zum Fortbestand der außergewöhnlichen Chronik geleistet.

Rund 15 Mal moderierte der ehemalige WAZ-Sportchef Hans-Josef „Hennes" Justen die Veranstaltung. Er plauderte mit den ganz großen der globalen Sportszene, doch er parlierte auch mit recht unbekannten lokalen Nachwuchshoffnungen. Mit allen auf Augenhöhe, entlockte ihnen Justen wissenswerte, unterhaltsame und kuriose Geschichten. Wie kaum ein anderer verstand er es, den Zuhörern den Menschen hinter dem Sportler oder Funktionär näher zu bringen.

Vor einem guten Jahrzehnt hat Björn Schüngel das Mikrofon von „Hennes" Justen übernommen. Der Geschäftsführer einer Essener Kommunikationsagentur und Morgenmann von Radio Essen hat dem Sportforum seitdem in seiner charmant-witzigen Art einen neuen und jüngeren Anstrich verliehen. Und auch er führt auf brillante Art und Weise durch die Veranstaltung.

Rolf Hantel/Christian Schwarz

20 JAHRE: DAS SGZ ZECHE HELENE FEIERT JUBILÄUM

Früher schwitzten dort die Kumpel unter Tage, inzwischen tun es die Besucher beim Sport. Anfang der 90er Jahre umgebaut zum Sport- und Gesundheitszentrum (SGZ), feierte die Zeche Helene ihr 20. Jubiläum in neuem Gewand. Die ehemalige Lohnhalle der Kruppzeche Helene-Amalie steht damit beispielhaft für den gelungenen Strukturwandel des Ruhrgebiets.
Der bekannte Essener Architekt Edmund Körner entwarf und baute das frühere Verwaltungsgebäude im Jahr 1927. Nach Stilllegung der Zeche (1961) wurde die Lohnhalle im Jahr 1983 unter Denkmalschutz gestellt. Nach dem Abriss der übrigen Tagesanlagen entstanden zudem der Helenenpark und ein Standort der Stadtwerke Essen AG.
Das 20-jährige Bestehen der Zeche Helene feierten der Essener Sportbund und die angesiedelten Vereine Anfang September mit einem Jubiläumstag, bei dem selbstverständlich Sport und Gesundheit im Mittelpunkt standen.

Mach's gut, Erki!

Erwin Remplewski, Erfinder und Vater der Sportschau, ist mit 93 verstorben

„Erki" und seine Sportschau Essen.

Gelernter Kaufmann, Schauspieler, Literaturliebhaber, leidenschaftlicher Geschichtenerzähler und ein bezaubernder Mensch – die Sportschau Essen verneigt sich vor ihrem Erfinder und Vater. Erwin Remplewski ist am 25. April 2018 im Alter von 93 Jahren verstorben.

Tausende von Geschichten und Hunderttausende von Zeilen rund um den Sport verbargen sich hinter Erki, so Remplewskis Kürzel und späterer Rufname. Wenn einer Anekdoten erzählen konnte, dann er. Er hat Box-Legende Max Schmeling noch persönlich getroffen, er hat Tennis-Königin Steffi Graf verehrt und die Formel 1 verabscheut. Und er war dabei, als Rot-Weiss Essen noch auf Augenhöhe mit Schalke 04 oder Borussia Dortmund agierte. „Damals standen die Fans noch mit der Bratwurst in der Westkurve, heute wollen sie doch alle nur ihren Hintern in Sitz- schalen pressen", hat Erki einmal gesagt.

Nach Volksschule und Kaufmannslehre in seiner Heimatstadt Rheinhausen war Erwin Remplewski sechs Jahre Schauspieler am Theater und wirkte sogar an der deutschen Erstaufführung von „Endstation Sehnsucht" mit. Der Schöngeist, stets korrekt gekleidet mit Hemd, Krawatte und Sakko, liebte klassische Literatur. Er pries die deutsche Sprache, er liebte den verbalen Streit und Reibereien, aber alles mit Niveau.

Erst 1952 kam Erki zur Zeitung, zunächst als Theaterkritiker und Gerichtsreporter in freier Mitarbeit, später als Sportberichterstatter. In den 1960er Jahren wurde er Redakteur bei der NRZ, 1973 wechselte er dann zur WAZ. Dort war Erki von 1978 bis 1990 in der Sportredaktion unter anderem Experte für Boxen und Eishockey. „Ich war an Sport interessiert, aber nie euphorisch, sondern immer ein nüchterner Beobachter", betonte Erwin Remplewski. Das Schreiben hatte für Erki fast schon therapeutische Bedeutung. „Wenn es mir schlecht geht, stecke ich mir eine Pfeife an, setze mich an meine Schreibmaschine, und alles ist vergessen", verriet er einmal.

Dem Journalismus blieb Erki auch nach seinem Abschied von der WAZ eng verbunden. 1991 rief er die bis heute vom Essener Sportbund herausgegebene Lokalchronik Sportschau Essen ins Leben und war bis 2006 als Autor tätig. Seine Lieblingsthemen: natürlich Nostalgie-Geschichten. Denn davon konnte Erki eine Menge erzählen.

Michael Köster/Christian Schwarz

Ein einzigartiger Zusammenschluss

Sechs Essener Klubs haben sich im Team Talente Essen vereint, um den Nachwuchs zu fördern

Ein starker Zusammenschluss: Der Gründungsvorstand des Fördervereins „Team Talente Essen" mit (von links) Marcus Uhlig (RWE), Jonathan Krause (VV Humann), Niels Ellwanger (Tusem), Oberbürgermeister Thomas Kufen, Jan Barta (Moskitos), Dirk Rehage (SGS) und Dieter Homscheidt (ETB-Basketball).

Sportliche Talente und Träume gibt es reichlich in dieser Stadt, die sich allzu gerne als Sportstadt begreift. Das Potenzial ist riesig, die Förderung aber nur selten optimal. Die hiesigen Vereine arbeiten engagiert für ihren und mit ihrem Nachwuchs und möchten die Jugendlichen möglichst lange an sich binden. Am besten bis ins Erwachsenenalter, um dann später von der eigenen Förderung zu profitieren. Das wäre ideal, ist aber angesichts der potenten und hochklassigen Konkurrenz in der Region ziemlich schwierig. Oft bleibt da der Wunsch der Vater des Gedankens.

Um sich diesem Ideal jedoch etwas anzunähern, machen seit Sommer 2018 sechs Klubs gemeinsame Sache und haben den Förderverein „Team Talente Essen" (TTE) gegründet. Mit dabei sind: SGS, Rot-Weiss, Tusem, ETB Wohnbau Baskets, VV Humann und die ESC Wohnbau Moskitos. Fußball, Handball, Basketball, Volleyball und Eishockey – alles olympische Disziplinen.

Einen ähnlichen Zusammenschluss von Mannschaftssportarten gibt es bundesweit in Zusammenarbeit der Verbände mit dem DOSB (Teamsport Deutschland), auf kommunaler Ebene dürfte er einmalig sein. Ziel ist es, die Talente intensiver zu betreuen, besser zu trainieren und zu entwickeln. „Wenn wir sie dadurch länger in Essen halten könnten, würden auch die jeweiligen Seniorenmannschaften davon profitieren und könnten dann in höhere Ligen streben", lautet der Plan.

„Entscheidend ist nicht, wo der Ball ist, sondern wohin er soll", sagte Essens Oberbürgermeister Thomas Kufen bei der ersten Versammlung in der Messe Essen. Er hatte im vergangenen Jahr für die Initialzündung gesorgt. Nachdem er die Vereinsvertreter zu sich ins Rathaus eingeladen hatte, um sich auszutauschen, regte Kufen eine Kooperation im Jugendbereich an. Eine ehrgeizige Vision, schließlich kommen die sechs Klubs auf 84 Mannschaften mit gut 100 Trainern und etwa 1.000 jungen Athleten, die in ihren Altersklassen erstklassig sind oder zumindest in oberen Ligen mitmischen.

„Wir wollen mit diesem Verbund Synergien schaffen und nutzen", sagt Niels Ellwanger, Chef des Handball-Zweitligisten Tusem, bei dem die Fäden zusammenlaufen. Die Rahmenbedingungen im Jugendbereich sollen verbessert, ein Netzwerk geschaffen werden. Es gehe nicht darum, Spenden oder Sponsorengelder an die Klubs zu verteilen. Vorstellbar sind dagegen gemeinsame Athletiktrainer, Physiotherapeuten oder eine zentrale medizinische Anlaufstelle. Auch in der Logistik (zum Beispiel Fahrdienst, Mannschaftsbus) könnte man sich abstimmen.

Eigenes Personal hat dieser Verein nicht, auch kein Büro, sondern die Dinge werden von den Klubs erledigt. Gemeinsam wollen sie den Essener Jugendspitzensport auch vermarkten, Türen bei Unternehmen und Konzernen öffnen, um die Ideen zu realisieren. Denn Frank Gentges, Cheftrainer und Manager bei den Moskitos, brachte es an dem Abend in der Messe auf den Punkt: „Leistungssport funktioniert nicht ohne Geld."

Rolf Hantel

Ein vorzeitiges Weihnachtsgeschenk

Essener Vereine profitieren vom Programm „Moderne Sportstätte 2022"

Michael Steinbach (KG Wanderfalke) freut sich darüber, dass der Verein dank der Förderung bald das alte Bootshaus ersetzen kann.

Mit dem Sportförderprogramm „Moderne Sportstätte 2022", dem größten seiner Art bislang in Nordrhein-Westfalen, hat das Land vielen Sportvereinen ein vorzeitiges Weihnachtsgeschenk beschert. Vom Gesamtvolumen in Höhe von 300 Millionen Euro erhielten allein 25 Essener Vereine weit mehr als zwei Millionen Euro. Damit konnten die Vereine eine nachhaltige Modernisierung, Sanierung sowie Um- oder Ersatzneubau ihrer Sportstätten und Sportanlagen durchführen. „Nur wenn Sportstätten auf dem neuesten Stand sind, können die Vereine auch in Zukunft ihre wichtige Aufgabe in unserer Gesellschaft wahrnehmen", betonte der Essener Landtagsabgeordnete Fabian Schrumpf (CDU).

Selbstverständlich stieß die Finanzspritze auf überaus positive Resonanz. Im Lager der Kanugesellschaft (KG) Wanderfalke etwa war Vorsitzender Michael Steinbach froh, dass das Geld aus dem Wettbewerb überhaupt bereitgestellt wurde. „Wir hatten ernsthafte Befürchtungen, dass das Land derzeit mit anderen Themen belastet ist." Insgesamt 46.000 Euro hat der Verein mit Sitz im Löwental erhalten. Das Geld soll ins neue Bootshaus für 120 Boote investiert werden. Dazu haben die Sportler rund 600 Quadratmeter Land gepachtet, denn der alte Bootsschuppen steht mitten in der Hochwasserzone.

Gerade für die Wassersportler kam der Geldregen zum richtigen Zeitpunkt. Im Essen-Werdener Ruder-Club etwa begannen kurz nach Ankunft des Geldes die Bauarbeiten. Glasbausteine, die bislang für Licht in der Gymnastikhalle sorgten, wurden aus der Wand gebrochen. Sie machten Platz für neue Fenster mit Kippfunktion. Drinnen wurden Heizkörper an den Wänden montiert, unter die Decke Heizstrahler. Bei dieser Gelegenheit wurde moderne LED-Lichttechnik installiert. Auch der daneben liegende Kraftraum bekam neue Heizkörper.

Die bauliche und energetische Modernisierung der Gymnastikhalle wird mit 27.160 Euro gefördert. Geld, auf das der EWRC lange gewartet hat. „Eigentlich wollten wir schon im Sommer mit den Umbauarbeiten angefangen haben", erklärte der Vorsitzende Alfred Höltgen. Doch es habe noch einiger Abstimmungen mit dem Essener Sportbund bedurft, der die Landesfördermittel verwaltet. „Neue Materialschränke haben wir zum Beispiel nicht bewilligt bekommen", sagte Höltgen. Dennoch sei man froh, dass der Anbau aus den 1980er Jahren aufgefrischt werde, zumal in der Halle auch die beiden Werdener Gymnasien Sport betreiben.

Deutlich üppiger fiel die Förderung für den Rasen- und Wassersportverein „Rawa" Essen aus. Nicht weniger als 134.120 Euro decken den größten Teil der Kosten ab, die bei der Sanierung des Daches der Wassersportanlage am Hardenbergufer anfallen. In die Maßnahme einbezogen sind das Bootshaus und eine Pächterwohnung. „Darüber sind wir sehr erleichtert, weil das Gebäude aus den 1970er Jahren stammt", erklärte Vorsitzender Marc Kluge. „Alle Gebäude haben Flachdächer, die regelmäßig wegen Undichtigkeit repariert werden müssen."

Von dem Förderprogramm profitierten insgesamt mehr als 1.000 Sportvereine aus ganz Nordrhein-Westfalen.

Dominik Hamers/Espo

ESPO feiert 40 Jahre Herzsport

Zum Start sind es sechs Personen, inzwischen mehr als 800

ESPO-Geschäftsführer Wolfgang Rohrberg (2.v. l.) begrüßte und ehrte gemeinsam mit Margarethe Sliwinski und Ricarda Geske (1. u. 2. v. r.) die Menschen der ersten Stunde des Essener Herzsports, Rudi Jansen (l.) und Gertrud Sänger (3.v.l).

Der Essener Sportbund e. V. und die Essener Sport-Betriebs GmbH können im Jahr 2019 auf stolze 40 Jahre im Herzsport zurückblicken. Beginnend mit einer kleinen Gruppe von anfangs sechs Personen gilt die Essener Sport-Betriebs GmbH als einer der größten Träger von Herzsportgruppen in der Region.

Gemeinsam mit dem damaligen ESPO-Geschäftsführer Günter Kropp sollte ein vollkommen neuer Zweig „Koronarsport" beim Essener Sportbund geschaffen werden. Doch die Essener Ärzte und Ärztinnen zeigten sich anfangs skeptisch. „Die Ärzte hatten große Bedenken, eigene Patienten an den ESPO zu verlieren", berichtet Mitbegründer Rudi Jansen über die Anfänge. Doch sein Mitstreiter Dr. Hans-Joachim Vandenesch holte den damaligen Direktor des Elisabethkrankenhauses, Prof. Georg Sabin, mit ins Boot. Der Oberarzt der Kardiologie setzte sich aktiv dafür ein, den Herzsport beim ESPO zu ermöglichen.

Dadurch gelang es, ein Netzwerk aus Ärzten und Übungsleitern in Essen aufzubauen. Unter der offiziellen Bezeichnung „Infarktgruppe" startete im Oktober 1979 unter Rudi Jansens Leitung und mit der ärztlichen Betreuung von Dr. Vandenesch die erste Gruppe des ESPO mit sechs Teilnehmern in der Turnhalle der Jakob-Weber-Hauptschule in Essen-Steele.

Dank des Engagements aller Übungsleiter und Ärzte sowie Mitarbeiter des ESPO und der ESBG werden in 2019, nach 40 Jahren, rund 850 Aktive in 49 Gruppen an 12 Standorten in Essen und Gelsenkirchen betreut.

Neben Dr. Vandenesch und Jansen zählen noch viele weitere Akteure zu den Menschen der ersten Stunde. Insbesondere die Ärzte Dr. Gerhard Gewaltig und Mosen Tekiyeh MD (Initiator des Herz-Kreis e. V.), sowie die Übungsleiterinnen Dorit Vordenbäumen und Gertrud Sänger. Sie initiierte die Herzsportgruppen bei der MTG Horst 1881 e. V. im Jahr 1981.

Neben dem sportlichen Aspekt, der Verbesserung der Leistungsfähigkeit oder der Gewichtsabnahme spielt der psychosoziale Aspekt eine wichtige Rolle. In der Gruppe erlangen die Herzsportler Motivation und durch den regelmäßigen Austausch unter den Betroffenen während der Sportstunde einen hohen sozialen Rückhalt. Und: Nach schweren Herzerkrankungen müssen oft Ängste überwunden werden, und der Patient muss das Vertrauen in seinen eigenen Körper zurückerlangen.

Es gibt spezialisiere Gruppen für Berufstätige, für Frauen, für bestimmte konorare Krankheitsbilder oder nach Alter und Fitnesslevel eingestuft. Die fortwährende Kontrolle durch die immer anwesenden Ärzte und Übungsleiter während der Trainingseinheiten bieten den Herzsportlern ein Maximum an Sicherheit, damit keine Überbelastung stattfindet und sich das Trainings- und Gesundheitslevel im Idealfall stets verbessert.

Gemeinsame Veranstaltungen stehen bei den Herzsportgruppen ebenfalls auf dem Programm. So bietet der Essener Sportbund e. V. mindestens dreimal im Jahr allen Herzsportlern die Möglichkeit, an verschiedenen Laufveranstaltungen teilzunehmen. Der Herz-Kreis-Lauf sowie der Welterbelauf auf Zollverein und der Brustkrebslauf in Gelsenkirchen stehen seit einigen Jahren fest im Terminkalender. Im einheitlichen Teamoutfit wird in den Disziplinen 5 und 10 km gewalkt und gelaufen. Spaß und Gesundheit stehen bei den Veranstaltungen im Vordergrund, Leistung ist Nebensache.

Espo

Erst Stillstand – dann die Suche nach einem Konzept

Beim Espo liefen in der Corona-Krise viele Fäden zusammen

Ein trauriges, im Frühjahr 2020 aber alltägliches Bild: Gähnende Leere, ruhende Bälle.

Großkampftag im Haus des Sports an der Planckstraße, dem Sitz des Essener Sportbundes (Espo). Nach den verkündeten Lockerungen erwachte der Sport aus dem Corona-Schlaf. Natürlich nur langsam und ganz vorsichtig, denn die vorgeschriebenen Hygiene-Maßnahmen und Abstandsgebote galten weiterhin. Und bei aller Freude und Erleichterung, so einfach ist das alles nicht umzusetzen. „Wir fühlen uns schon etwas überrumpelt", sagte Espo-Geschäftsführer Wolfgang Rohrberg.

Am Tag nach dem Erlass der Landesregierung begann der Stress für Rohrberg, dessen Handy heiß lief. Denn nicht nur die Frage, wann es in Essen tatsächlich wieder losgehen konnte, sondern vor allem wie es in der „neuen Normalität" laufen soll, beschäftigt die Verantwortlichen. Die Disziplin des Einzelnen bei der Einhaltung der Schutzvorgaben war dabei unerlässlich. Ebenso wie die Mitarbeit der Stadt Essen, die die Sportanlage, Plätze sowie Hallen- und Freibäder erst wieder freigeben musste.

Lange waren die Verantwortlichen auf der Suche nach einem schlüssigen Corona-Konzept. Es galt schließlich, die notwendigen Regeln einzuhalten und die Gefahr einer möglichen Ansteckung so gering wie möglich zu halten. Dusch-, Wasch-, Umkleide-, Gesellschafts- und sonstige Gemeinschaftsräume durften nicht genutzt werden, außerdem mussten in den 22 Essener Sport und Gesundheitszentren Teilnehmerzahlen in Kursen angepasst und Räume umgestaltet werden. Aufgrund des Mehraufwandes sei man „schnell mal an finanzielle Grenzen gestoßen", so Rohrberg.

Der Espo-Geschäftsführer und sein Team arbeiteten unermüdlich daran, wieder ein Stück Normalität zu ermöglichen, obwohl bei ihn selbst keine herrschte. Spätestens dann, als der Vereinssport gänzlich zum Erliegen gekommen war. So sollen in der Geschäftsstelle zahlreiche Anrufe von verunsicherten Kursteilnehmern eingegangen sein. Über manche Frage habe sich Rohrberg gewundert. Etwa über die eines Reitsportvereins mit 50 Pferden in den Boxen, der wissen wollte, was zu tun sei. Nun, da der Reitsport eine Zwangspause macht. „Dass man die Tiere aber nicht verhungern lässt, ist doch klar."

Lange Zeit stand das Vereinsleben gänzlich still, und so griffen die Klubs zu Alternativen. Manche boten Online-Training an, andere wiederum hatten mit existenziellen Sorgen zu kämpfen. Etwa Florian André, Bewirtschafter der Gaststätte beim TuS Holsterhausen. „Der Vertrag mit dem Fußballverein ist für mich ein echter Volltreffer. Jetzt sorge ich mich um meine berufliche Zukunft", sagte er während des sportlichen Stillstands.

Es war eine von unzähligen Geschichten, und fast immer schien ihr Plot identisch. Angestellte, Sportler*innen und Trainer*innen gerieten unverschuldet in Not, standen teils zum ersten Mal vor einer ungewissen und auch bedrohlichen Zukunft. Vereine mit Fitnesscentern mussten schließen, einige von ihnen Mitarbeiter*innen kündigen und die Belegschaft in Kurzarbeit schicken.

Die Handlungsmöglichkeiten: Stark begrenzt. Der Espo, in erster Linie Ansprechpartner für Not leidende Vereine, setzte unter anderem auf Ablenkung. Im Internet richtete der Dachverband eine Plattform ein, auf der Vereine mit Videos Übungsanleitungen für ihre jeweiligen Sportarten hochladen konnten. Einer der ersten Anbieter: Die Reitergemeinschaft 77. „Es gibt auch Übungen ohne Pferd", versicherte Petra Fischer vom Espo und bewies damit Galgenhumor.

Rolf Hantel/Dominik Hamers

Jochen Sander ist neuer Chef beim Essener Sportbund

Kuriose Mitgliederversammlung des Dachverbandes nimmt den erwarteten Ausgang

Der neue Espo-Vorsitzende Jochen Sander (4.v.r.) mit seinem neuen Team sowie Mitgliedern des alten Vorstandes.

Dass der Essener Sportbund (Espo) als Dachverband der Sportvereine in dieser Stadt firmiert, durfte man bei der Mitgliederversammlung 2020 fast schon wörtlich nehmen. Aufgrund der Corona-Auflagen hatte sich der Espo entschieden, das Jahrestreffen im Freien, nicht im „Haus des Sport", sondern auf dem Hinterhof abzuhalten. Ein gewagtes Unterfangen, wie sich herausstellen sollte, denn pünktlich zum Beginn zogen dunkle Wolken auf und es begann zu tröpfeln. Aber Sportler sind nun mal nicht gar so empfindlich, die Gäste stellten sich unters Vordach oder unter die aufgebauten Zelte und lauschten von dort den Worten der Protagonisten.

Es war ohnehin keine gewöhnliche Hauptversammlung. Sie sorgte vielmehr für eine Zäsur auf der Führungsebene, ohne Kontinuität zu verlieren. Und nicht weiter spektakulär, weil schon im Februar angekündigt: Der Vorsitzende Bernhard Görgens, immerhin seit 2002 im Amt, stellte sich nicht mehr zur Wahl, Klaus Kölbel, Kerstin van Beek und Klaus Diekmann verzichteten ebenfalls auf eine weitere Kandidatur. Gleichzeitig hatte sich Jochen Sander (60), der 2. Vorsitzende, dazu bereit erklärt, den Chefposten zu übernehmen. Also war der Nachlass bereits geregelt, auch wenn man der Wahl natürlich nicht vorgreifen wollte.

Aber offenbar waren die Mitglieder mit der Arbeit des Gremiums sehr zufrieden, entsprechend zügig ging das Ganze über die Bühne. Sander wurde wie alle Nachfolgekandidaten einstimmig ins Amt gehoben. Alles erfahrene und kundige Strategen, die sich als Sportfunktionäre verdient gemacht und bereits beim Espo mitgearbeitet hatten. Sanders Stellvertreter/in sind Stefanie Jochem, Rainer Ruth, neuer Schatzmeister für Kölbel ist Martin Unterschemmann, Personalleiter bei der Sparkasse.

Jochen Sander mischt schon seit seit 2002 im Espo-Vorstand mit, zunächst als Beisitzer, dann zehn Jahre als 2. Vorsitzender. „Es wird nicht gemeckert, sondern angepackt und gemacht", sagte Sander, das habe dem Espo bundesweit Anerkennung verschafft. Er habe nicht lange gezögert, als man ihm den Chefposten angeboten hatte. „Ich habe Lust auf diese neue Funktion. Und ich möchte mit meinem Team mutig in die Zukunft gehen."

Gleichwohl weiß Sander, dass Herausforderungen auf ihn und sein Team warten. „Die Anforderungen wachsen in dieser schnelllebigen Zeit." Die Digitalisierung werde in den kommenden Jahren ein Arbeitsschwerpunkt sein. Und Corona selbsverständlich ebenfalls. Die Auswirkungen der Pandemie spürt der Espo wie alle anderen Vereine auch. Und natürlich spiegelt sich das im Haushalt wider. Mit einem Überschuss von knapp 13.000 Euro hatte der Espo gerechnet, letztlich machte er unterm Strich rund 30.000 Euro Miese, unter anderem, weil das Sport- und Gesundheitszentrum Helene vorübergehend schließen musste und die Einnahmen fehlten. Existenzielle Probleme drohen aber nicht. „Wir haben Rücklagen und sind liquide." Der Espo ist auch weiterhin gut aufgestellt.

Rolf Hantel

DAS IST DER NEUE ESPO-VORSTAND

1. Vorsitzender: Jochen Sander
Stellvertreter/in: Stefanie Jochem, Rainer Ruth;
Schatzmeister: Martin Unterschemmann;
Beisitzer: Alexandra Becker, Lenhard Teigelack, Eckhard Sprengler, Roland Berger, Sybille Meier (neu), Jörg Ludwig (neu).

Eine Ära endet – Thorsten Flügel folgt auf Wolfgang Rohrberg

Nach 18 Jahren gibt der Geschäftsführer des Essener Sportbundes sein Amt weiter

Es war ein leiser Abschied während der Corona-Zeit: 18 Jahre lang hat Wolfgang Rohrberg die Geschäfte des Essener Sportbundes (Espo) geführt. Im Dezember verabschiedete sich der allseits beliebte und geschätzte Funktionär in den Ruhestand und gab den Staffelstab in jüngere Hände: Thorsten Flügel ist sein Nachfolger.

Geschäftsführer beim Espo zu sein bedeutet Lobby-Arbeit für den Essener Sport und einen Arbeitstag, der gerne mal länger dauert als ein üblicher Bürojob. Thorsten Flügel weiß, worauf er sich einlässt. Seit 2012 gehörte er dem Vorstand des Espo an. Als er dort gefragt wurde, ob er sich vorstellen könnte, die Geschäftsführung zu übernehmen, musste er nicht länger überlegen. „Wann bekommt man schon die Chance, sein Hobby zum Beruf zu machen", sagte Flügel, der Kennern der Essener Fußballszene als langjähriger Schiedsrichterobmann und Vorsitzender des Fußballkreises bekannt ist.

Welche Baustellen hat ihm sein Vorgänger hinterlassen? „Mit dem 2:1-Programm sind wir weitgehend durch", sagte Wolfgang Rohrberg und meinte den Umbau von Asche- zu Kunstrasenplätzen, für den sich zwei Fußballvereine eine Sportanlage teilen müssen.

Wolfgang Rohrberg (l.) und sein Nachfolger Thorsten Flügel vor dem Haus des Sports.

Rund 40 moderne Fußballplätze sind so im Laufe der Jahre entstanden. Nicht jeder davon wäre gebaut worden, hätte allein der Espo darüber zu entscheiden gehabt. Der Platz An der Windmühle in Burgaltendorf zum Beispiel, mitten in einem Wohngebiet, erinnerte sich Rohrberg. Ärger mit Anwohnern, die sich über Lärm beklagten, sei in solchen Fällen programmiert.

Aber im Sport heißt es auch immer, auszutarieren zwischen den verschiedenen Interessen und sich gleichwohl gegen Begehrlichkeiten zu wehren. Auch wenn oft von der großen Koalition im Essener Sport die Rede ist, so sind Mitglied des Stadtrates auch versucht, etwas für den „eigenen Wahlkreis" herauszuholen. Auch darauf musste sich Thorsten Flügel einstellen. Im Rat der Stadt gibt es viele neue Gesichter, altgediente Kämpen habe ihre Plätze geräumt. Ein Netzwerk zu knüpfen war eine der ersten Aufgaben, die Flügel angehen musste.

So manches Thema, das auch zu Beginn der Amtszeit des neuen Mannes diskutiert wurde, kennt Vorgänger Rohrberg nur allzu gut. Den Umbau des Grugabades zum Beispiel habe der Espo schon vor mehr als zehn Jahren thematisiert. Den Denkmalschutz für Essens größtes Freibad sieht Rohrberg kritisch. Den Abriss des Hauptbades nennt er im Rückblick bedauerlich. Damals sei die Stadt nicht bereit gewesen, eine zweistellige Millionensumme in den Erhalt des Bades zu investieren. Auch der Espo machte sich seinerzeit für einen Neubau am Thurmfeld stark. Weil das Hallenbad zu klein ist, müssen sich Sportler bei Wettkämpfen mit einem Zelt behelfen. „Vielleicht kann man ja einen Anbau dran setzen", überlegt Rohrberg.

Einlagen wie die Teilnahme am Polarsoccer waren für Wolfgang Rohrberg eine Selbstverständlichkeit.

Wird der Espo gehört? Angesichts von zig Millionen Euro, die in den vergangenen zwei Jahrzehnten in die Sportlandschaft geflossen sind, ist dies zu bejahen. Aktuell fließt dank öffentlicher Förderung viel Geld in die Sanierung von Turnhallen. 19 Turnhallen wurden dafür gleichzeitig geschlossen.

Baustellen gibt es also genug. Das ist so in einer Sportlandschaft, die sich ständig verändert. Wer hatte zum Beispiel gedacht, dass aus dem Daddeln am Computer einmal eine Sportart werden wird und Vereine eigene E-Sport-Abteilungen unterhalten? Andererseits muss auch der Espo sich darauf einstellen, dass Sport immer individueller wird. Sport ist im Verein am schönsten? Für viele gilt das nicht mehr. Und: Wer übernimmt in einem Verein noch ein Ehrenamt?

Ob Corona diese Trends beschleunigt, bleibt abzuwarten. „Sport hat eine soziale Funktion. Für viele ist der Verein Familienersatz", davon ist Wolfgang Rohrberg überzeugt. Dennoch: Der Espo wird sich diesen Fragen stellen müssen. „Bieten wir genügend Service? Welche Aufgaben können wir für Vereine übernehmen?", fragt Thorsten Flügel, der bis zu seinem Wechsel zum Espo den Kundenservice eines großen Energie- und Wasserversorgers geleitet hat. Diese Erfahrung könnte ihm bei seiner neuen Aufgabe helfen.

Marcus Schymiczek

100 Jahre

espo

1921-2021

ESSENER SPORTBUND e.V.

Thomas Böttcher ist neuer Moskitos-Boss

Der neue Eishockey-Vorstand will den ESC nach vorne bringen

Der Eishockey-Oberligist Wohnbau Moskitos hat eine neue Vereinsspitze. Auf einer außerordentlichen Versammlung wählten 87 Mitglieder Vorstand und Aufsichtsrat. Beide Wahlen wurden einstimmig en bloc durchgeführt. Thomas Böttcher ist wie erwartet neuer Präsident der Moskitos. An seiner Seite stehen Thomas Wilken (2. Vorsitzender) und Simone Wettstein (Schatzmeisterin). Das Trio hatte die Kandidatur einen Monat zuvor angekündigt, Gegenvorschläge gab es nicht. Sie sind Nachfolger von Thorsten Schumacher und Ismael Tekin, die zuletzt überhaupt nicht mehr in Erscheinung getreten waren.

„Ich habe große Lust, den ESC wieder nach vorne zu bringen", sagte Böttcher. „Das Wichtigste ist, dass der Verein nachhaltig auf wirtschaftlich gesunden Beinen steht und der Sport wieder in den Mittelpunkt rückt." Dafür brauche es in erster Linie eine Mannschaft, „die für die Moskitos brennt und die Fans mitreißt".

An Erfahrung mangelt es Böttcher nicht. Seit mehreren Jahrzehnten fungiert er als Boss des Skaterhockey-Bundesligisten SHC Rockets. Dort verfügt er über die alleinige Entscheidungshoheit – anders als nun bei den Mücken. „Das ist schon eine Herausforderung, jetzt mehr im Team zu spielen. Aber ich freue mich darauf."

Konfliktpotenzial ob seiner Doppelfunktion sieht Thomas Böttcher nicht. „Ich habe aus beiden Vereinen viel Zuspruch erhalten. Ich bin gut organisiert und habe mir die Entscheidung reiflich überlegt."

Eine Zusammenarbeit zwischen ESC und SHC schlossen die Verantwortlichen auf lange Sicht nicht aus, da vor allem im Jugendbereich „viele Synergien" bestünden. Bis 2008 waren die Rockets als Abteilung bei den Moskitos eingegliedert.

Gemeinsamer Neustart am Westbahnhof: Simone Wettstein, Frank Skrube, Thomas Wilken und Thomas Böttcher (v. l.).

Der Kontakt zum neuen Vorsitzenden wurde zu Beginn des Jahres über Hauptsponsor Wohnbau eG geknüpft. Da war ein erster Versuch der Moskitos, einen neuen Vorstand zu wählen, gerade gescheitert. In Thomas Haver hatte sich ein Kandidat am Tag vor der Versammlung überraschend zurückgezogen und Thomas Wilken sowie Simone Wettstein im Regen stehenlassen.

Böttcher war Wunschkandidat des Hauptsponsor, der möglicherweise auch sein Engagement an diese Person geknüpft hat. Thomas Wilken war seit Juni 2019 kommissarisch für die Vereinsführung tätig. Entsprechend erleichtert zeigte er sic, dass sein Amt in Beton gegossen wurde. „Das ist Balsam für die Seele, die in den vergangenen Monaten sehr gelitten hat." Simone Wettstein, seit Dezember 2019 dabei, erklärte: „Mit diesem starken Team sind wir perfekt aufgestellt. Jetzt heißt es, weiter Gas geben, um die Moskitos nach vorne zu bringen."

Der Aufsichtsrat besteht aus Guido Hagemeier, Norbert Meier, Frank Skrube, Robert Gunz und Thomas Schiemann. Karl-Heinz Berten zog sich auf eigenen Wunsch zurück. Dem langjährigen Mitglied Berten gebührte das Schlusswort der Versammlung. „Herr Berten, Sie haben den Verein am Leben gehalten", sagte Moderator Thomas Schiemann. Berten hatte den Moskitos immer wieder finanziell aus der Klemme geholfen.

Erik Asmussen

Dank Sponsoren: Moskitos können weiter stechen

Partner stopfen kurzfristig sechsstellige Finanzlücke – Es geht in der Eishockey-Regionalliga weiter

Die Wohnbau Moskitos sind erneut in finanzielle Schieflage geraten. Zwar sind die Essener aufgrund von mehreren Insolvenzen seit der Jahrtausendwende nicht unbedingt für seriöse Wirtschaftsarbeit bekannt. Dennoch war es eine Nachricht, die unerwartet, ja fast schon aus heiterem Himmel kam – und das Vereinsumfeld in Schockstarre versetzte. Denn viele wähnten den Klub gerade auf dem Weg in eine bessere Zukunft.

Es geht weiter mit den Moskitos: Vorstand Thomas Böttcher, Trainer Frank Petrozza und Frank Skrube (Wohnbau).

Doch nach richtungsweisenden Gesprächen mit Partnern des Vereins im Mai konnte Thomas Böttcher, Erster Vorsitzender der Essener, zumindest leichte Entwarnung geben. So sollen dem ESC kurzfristige Zahlungen zugesichert worden sein, die ein Fortbestehen des Klub garantieren. „Das wichtigste ist, dass es mit dem Verein weitergeht, aber nur auf einer wirtschaftlich gesunden Basis", sagt Böttcher.

Unter dieser Prämisse war er Anfang März bei den Vorstandswahlen angetreten. „Es kann nicht sein, dass der Verein immer am absoluten Existenzminimum agiert, wie es in den vergangenen Jahren der Fall war."

Des vollen Umfangs der Verbindlichkeiten waren sich die Verantwortlichen erst im Laufe des ersten Halbjahres klargeworden. „Natürlich war mir zum Amtsantritt bekannt, dass der Verein Verbindlichkeiten hat. Diese sind in letzter Zeit aber um ein Vielfaches gestiegen. Erst nach der Vorstandswahl sind reihenweise Gläubiger mit alten Forderungen an uns herangetreten." Selbstkritisch ergänzt Böttcher: „Dennoch muss ich mir vorwerfen lassen, dahingehend etwas blauäugig gehandelt zu haben."

Um endlich festen Boden unter den Füßen zu bekommen, ergriffen die Moskitos eine weitere drastische Maßnahme: Nach fünf Jahren zogen sich die Essener aus der Oberliga Nord zurück und meldeten stattdessen in der viertklassigen Regionalliga West.

Die Ligazugehörigkeit sei angesichts der aktuellen Situation „absolut zweitrangig", betont Böttcher. Gehälter, diverse Beiträge und Abgaben, Kosten für Fahrt und Ausrüstung – als Viertligist werden die Essener ihren Etat um bis zu 300.000 Euro senken.

Erik Asmussen

Abreise statt Achtelfinale

Mats Moraing reist vorzeitig aus Kasachstan ab

Flucht aus Kasachstan: Der Tennisprofi Mats Moraing (27), der für den TC Bredeney spielt, stand beim mit 54.000 Dollar dotierten Challengerturnier in Nur-Sultan nach einem 6:3, 6:3-Auftakterfolg über den Tschechen Michael Vrbensky und einem kampflosen Sieg gegen den Franzosen Enzo Couacaud immerhin schon im Achtelfinale – doch weiter spielt er nicht.

Moraing trat eilig die Heimreise an, um einer 14-tägigen Quarantäne-Zeit aus dem Weg zu gehen. Grund war natürlich der Coronavirus, wie er im Interview erklärt.

- **Wie verlief die Reise nach Kasachstan und war im Vorfeld mit Problemen zu rechnen?**

Mats Moraing: Uns deutschen Spielern war klar, dass es problematisch werden könnte. Mein Kollege Jeremy Jahn ist deshalb auch nicht nach Kasachstan geflogen, andere wie Tobias Kamke schon. Die Einreise verlief völlig normal.

- **Was war ausschlaggebend dafür, dass Sie das Land so fluchtartig verlassen haben?**

Die ATP (Anm. der Redaktion: „Association of Tennis Professionals“) hat uns darüber informiert, dass Deutschland auf die Stufe „1b“, also direkt hinter China, gesetzt worden sei. Uns drohte eine zweiwöchige Quarantäne im Hotel in Kasachstan. Da kann ich mir etwas Schöneres vorstellen.

- **Wie ging es dann weiter?**

Nach Gesprächen mit dem deutschen Konsulat in Kasachstan und der ATP war klar, dass wir bis abends 24 Uhr das Land verlassen haben müssten, um der Quarantäne aus dem Weg zu gehen. Um 17 Uhr bin ich dann über Moskau nach Düsseldorf geflogen. Ich hatte noch Sorge, es könnte Probleme in Moskau geben, aber da es nur ein Transit war, ging es zeitnah weiter.

- **Was für Auswirkungen hat die Corona-Krise auf Ihre weitere Turnierplanung?**

Ich wollte eigentlich eine Woche lang zu Hause trainieren und dann die Turniere in Lille und St. Brieuc in Frankreich spielen. Im Anschluss sollte es nach Südamerika gehen. Nun warte ich aber erst einmal die weitere Entwicklung ab. Jetzt bin ich erst einmal froh, wieder zu Hause zu sein.

Dieter Meier

Mats Moraing schaffte es ins Achtelfinale, reiste dann ab.

TCB-Damen werden der Favoritenrolle gerecht

Bredeneyerinnen werden souverän Niederrheinmeister, ETB-Damen kehren in Niederrheinliga zurück

Nachdem der Tennisverband Niederrhein den Wettspielbetrieb der Winterrunde 2019/2020 vorzeitig beendete, wurden nur in den offenen Klassen von der Niederrhein- bis zur 2. Verbandsliga alle Spiele durchgeführt.

Niederrheinliga
Die Damen des TC Bredeney feierten die Niederrheinmeisterschaft. Nach ihrem Aufstieg aus der Verbandsliga im Vorjahr wurden sie souverän ihrer Favoritenrolle gerecht. Ungeschlagen ohne einen Punktverlust setzten sie sich gegen Moers-Asberg, NBV Velbert, TC Solingen, Bayer Wuppertal und den Rochusclub Düsseldorf durch. Im Spitzenspiel sicherte sich das Team vom Zeißbogen in der Besetzung Mina Hodzic, Michele Tongers, Julia Mikulski und Leonie Schuknecht durch ein 6:0 gegen den Gladbacher HTC den Titel.

Am Erfolg waren noch Laura Böhner, Mara-Sophie Burger, Cassandra Kolender und Patricia Böntgen beteiligt.

Nach dem Aufstieg in die Verbandsliga im Vorjahr gab es nun das nächste Erfolgserlebnis: Bredeneys Damen sind Niederrheinmeister.

Verbandsliga
Die Damen des ETB steigen als Tabellenerster der Verbandsliga-Gruppe 1, wieder in die Niederrheinliga auf. Mit Imke Küsgen als Neuzugang und Spitzenspielerin machte es das Team um die Mannschaftsführerin Meike Berger im Duell mit dem TC Rheinstadion aber sehr spannend.

Bei jeweils 9:1-Punkten, 24:6-Matchpunkten und 52:14/51:55-Sätzen war das bessere Verhältnis der Spiele von 338:139/327:169 entscheidend für die Meisterschaft vor den Düsseldorferinnen. Hinter Imke Küsgen, die in der Sommersaison wieder zum Etuf in die Regionalliga wechselt, kamen Vivian Polak, Claudia Alkan, Marija Bodrozic, Meike Berger und Fleur Holtkamp zum Einsatz.

2. Verbandsliga
Die Damen des Etuf waren in der 2. Verbandsliga mit beiden Mannschaften erfolgreich. Die Erstvertretung setzte sich in der Gruppe 1 mit 8:2-Punkten vor dem TuB Bocholt (7:3) durch. Am letzten Spieltag reichte ein 3:3 für das von Carolin Raschdorf angeführte junge Team gegen den Verfolger. Das 13-jährige Talent wechselte zwischenzeitlich zum TC Bredeney. Zum Einsatz kamen noch: Laura Bastian, Antonia Roessli, Katharina Fielhauer, Jule Schulte, Karlotta Seidelmann, Teresa Teschendorf, Karlotta Seidelmann und Anjuscha Tiggemann.

Die zweite Mannschaft blieb in der Gruppe 3 bei 8:2-Punkten ebenfalls ungeschlagen und verwies den MTV Kahlenberg auf Rang zwei. Das Team: Katharina Fielhauer, Johanna Lambrich, Nina Knippert, Karlotta Seidelmann, Sophie Schneider, Laura Elsenheimer.

Dieter Meier

Der HC Essen ist am Ziel und macht das Triple perfekt

Nach mehr als 20 Jahren kehren die Essener Hockeyer zurück in die Zweite Bundesliga

Das Triple ist perfekt. Mit dem Sieg vor 400 begeisterten Zuschauern in der Halle Kupferdreh steht der HCE bereits zwei Spieltage vor dem Saisonende als Aufsteiger in die zweite Bundesliga fest. Der dritte Aufstieg ist auch eine Bestätigung für den ehrgeizigen Spielertrainer Philipp Weide, der das Team von der Hubertusburg vor zwei Jahren übernommen hat.

Der HCE übernahm sofort die Spielkontrolle und setzte die Gäste unter Druck. Philipp Weide (2) und Sven Brodersen sorgten für die 3:0-Führung. Der THC musste sich auf Konter beschränken und nutzte zwei Fehler der HCE-Defensive zum Anschluss. Nach dem Wechsel das gleiche Bild: Gladbach kam nur selten aus der eigenen Hälfte heraus, machte die Räume jedoch sehr eng. Erst in der 45. Minute erlöste Spielertrainer Weide sein Team mit dem 4:2. Die Bergischen wurden nun offensiver. Weide und Brodersen in den Schlussminuten sorgten für die Entscheidung.

„Ich habe schon viel in meinem Hockeyleben erlebt. Das, was die Jungs und der HCE gestern möglich gemacht haben, ist für mich ein absolutes Highlight. Vor etwas mehr als zwei Jahren haben wir uns dieses Ziel gesetzt. Die Entwicklung hat gezeigt, was Wille und Leidenschaft möglich machen kann. Der Verein, die Fans und die Mannschaft verdienen diesen Rahmen. Wir dürfen uns schon auf die erste Saison in der Zweiten Liga nach mehr als 20 Jahren freuen. Wir werden alles versuchen, dass es nicht nur ein kurzer Exkurs wird. Dieses Spiel und diese Saison werden einigen Fans des HCE noch lange in Erinnerung bleiben, ganz sicher auch meinen Jungs und mir."

Für den HCE-Vorsitzenden Peter Bos war es ebenfalls die Erfüllung eines langgehegten Wunsches: „Nachdem die Damen eine drohende Niederlage in dem Stadt-Derby gegen den Etuf noch umbiegen konnten, schafften die Herren souverän nach 20 Jahren wieder den Sprung die zweite Liga. Ein riesengroßes Dankeschön geht an die Mannschaft, auch an das Trainerteam mit Philipp Weide, Steven Dühr und Christian Kleinherbers."

Dieter Meier

Am Ziel ihrer Träume: Nach mehr als 20 Jahren kehren die Hockeyspieler des HCE wieder in die Zweite Bundesliga zurück und machen das Triple perfekt.

ETUF STEISGT AB

Bereits am vorletzten Spieltag der Saison stand der Etuf als Absteiger in die Oberliga fest. Eine knappe 4:5-Niederlage gegen die ETG Wuppertal war damit der Tiefpunkt einer enttäuschenden Saison erreicht. Immerhin gelang zum Kehraus ein Sieg beim HTC SW Bonn.

Der Höhepunkt einer intensiven Saison

Die Rockets sichern sich zum dritten Mal die Deutsche Meisterschaft im Skaterhockey

Die Essener Raketen sind am Ziel. Auf ihrem letzten Flug in dieser Saison haben sie ihren dritten Titel gewonnen: Die Hockeyskater der Wohnbau Rockets sind Deutsche Meister 2019. In einem packenden Finale setzten sie sich im entscheidenden dritten Spiel der Best-of-Three-Serie mit 12:10 gegen Titelverteidiger Crash Eagles Kaarst durch.

Die Wohnbau Rockets sind Deutscher Meister 2019 im Skaterhockey.

„Das war eine unfassbar intensive und anstrengende Saison", blickt ein überglücklicher SHC-Präsident Thomas Böttcher zurück. „Und wir haben uns den Titel hart erarbeitet. Die beiden Meisterschaften zuvor (2015 und 2016, Anm. d. Red.) haben wir immer bei uns in Essen gewonnen. Dass wir jetzt im Kaarster Wohnzimmer den Titel geholt haben, ist ein absolutes Highlight. Das werden wir auch noch gebührend feiern."

Schon die ersten zwei Begegnungen (5:8, 7:5) waren angesichts des Leistungsniveaus und der Spannung einem Endspiel mehr als würdig. Und im dritten Spiel kamen die 680 Skaterhockey-Fans in der Kaarster Halle erneut voll auf ihre Kosten. „Kaarst ist ein absolutes Top-Team, das immer mit uns auf Augenhöhe war", lobt der SHC-Chef.

Von Beginn an spielten die Gäste voll konzentriert und gingen bereits im ersten Drittel mit 5:1 in Führung. „Das erste Drittel war wirklich allererste Sahne von uns und auch fast das beste der gesamten Saison", meint Böttcher. Doch die Gastgeber blieben gefährlich, trotz der klaren Führung konnten sich die Essener nicht ausruhen. „Wir haben auch im ersten Spiel gegen Kaarst schon vorn gelegen und noch verloren. Wir wussten, dass sie schnelle Leute haben und das auch nutzen können. Wir konnten uns nie sicher sein."

Gleichwohl führten die Rockets ab der ersten Minute und gaben diese Führung nicht mehr ab. Der Titelverteidiger sollte nie näher als auf ein Tor herankommen, auch weil die Gäste in den brenzligen Szenen clever spielten. „Wir haben eigentlich immer eine Antwort gefunden", analysiert der Klubchef und lobt auch die eigenen Fans, die mit nach Kaarst gereist waren: „Sie haben wirklich super Stimmung gemacht. Das war toll."

Auch im finalen Spieldrittel ließ sich der SHC nicht aus der Ruhe bringen, obwohl Kaarst noch einmal auf 10:12 herankam und für noch mehr Offensivkraft den Torwart vom Feld nahm. Aber auch in dieser Phase machte sich die Erfahrung der Rockets bezahlt. „Wir haben es immer wieder geschafft, Zeit von der Uhr zu nehmen. Jeder ist über seine Leistungsgrenze hinausgegangen."

Und weil die Rockets in den vergangenen zehn Monaten durchweg über sich hinausgewachsen sind, stehen am Ende der Saison drei neue Pokale im SHC-Regal: Der Pott für die Deutsche Meisterschaft, der Europacup der Pokalsieger und der Landesmeister.

„Wir haben auch schon 2016 diese Titel gewonnen, aber da waren wir insgesamt mit unserem Kader breiter aufgestellt", erinnert sich Böttcher. „Das war in dieser Saison nicht der Fall, da mussten diesmal wirklich viele Dinge und Kleinigkeiten zusammenpassen."

Kira Alex

Der erfolgreichste Essener Klub des Jahres

Trotz des großen Erfolges müssen die Rockets um jeden Partner kämpfen

Der Sitznachbar fand es schon merkwürdig und flüsterte es Thomas Böttcher auch gleich ins Ohr: „Wo seid ihr denn? Ihr kommt hier ja gar nicht vor." Der Chef der Wohnbau Rockets ließ sich zwar nichts anmerken, aber wer ihn kennt, weiß sehr wohl, dass ihn solche Dinge schon mal ärgern. Beim Sportforum der Sparkasse spielte seine Mannschaft keine Rolle, dabei war der Skaterhockey-Bundesligist 2019 der erfolgreichste Verein in dieser Stadt.

Die Deutsche Meisterschaft, die die Essener in drei Play-off-Finalspielen gegen den Titelverteidiger Crash Eagles Kaarst eingefahren hatten, krönte die Spielzeit. „Trotzdem war von den drei Titelgewinnen der letzte der schwerste", sagt Böttcher. Auch weil die Liga deutlich an Niveau zugelegt hat und ausgeglichener geworden ist. Bei den Essenern gab es immer wieder Personalengpässe durch Verletzungen oder private Umstände.

Topscorer Dominik Doden beispielsweise, zu Beginn der Saison aus Velbert gekommen, fiel früh bis zum Saisonende verletzt aus. Zwischenzeitlich stand Trainer Frank Petrozza nicht zur Verfügung, so dass Böttcher selbst die Mannschaft coachte. „Wir haben manchmal nur mit zehn Leuten gespielt, während die Top-Teams drei, vier Reihen aufstellen konnten."

Allein drei Titel haben die Rockets 2019 geholt. Sie sind die nationale Nummer eins und haben im Europapokal der Landesmeister und Pokalsieger triumphiert. Viel mehr geht nicht. Da sollte man meinen, dass die Hockeyskater auf dem Sponsorenmarkt lockeres Spiel haben, zumal sich ihr Gesamtetat für das Erstliga-Team ohnehin nur in einem unteren fünfstelligen Bereich bewegt. Doch auch da müssen die Rockets kämpfen. Böttcher hat wieder Klinken geputzt, hier einen Vertrag verlängert, da einen neuen Partner gefunden.

Rockets-Torhüter Marvin Frenzel kam zu dieser Saison nach Essen und entpuppte sich als Volltreffer.

„Die Teilnahme am Europapokal in der Schweiz hat uns allein 10.000 Euro gekostet", sagt der Rockets-Boss. Allein die EC-Teilnahme verschlingt rund ein Drittel des Gesamtbudgets. Die zweite Mannschaft war ein zusätzlicher Kostenfaktor. Das Team, in der ausschließlich der eigene Nachwuchs spielt, ist in die 2. Bundesliga aufstiegen, so dass die Fahrten weiter geworden sind. Das belastetet die Vereinskasse um rund 15.000 Euro. „Aber durch sie haben wir natürlich auch einen soliden Unterbau und können die Lücken in der Ersten leichter füllen."

Das Rollenspiel ist und bleibt eine Randsportart, dessen sind sich alle bewusst. Doch was sie an der Raumerstraße auf die Beine gestellt haben, kann sich dennoch sehen lassen. Ohne ehrenamtliches Engagement läuft wie in vielen anderen Vereinen gar nichts. Rund 350 Mitglieder hat der SHC. Viele davon bringen sich Wochenende für Wochenende mit ein und sitzen nicht nur auf der Tribüne und schauen zu. Die Rockets sind wie eine große Familie, was besonders deutlich wird, wenn die Kids in der Pause mit ihren Inlinern auf dem Spielfeld herumtoben.

Rolf Hantel

> 4.1.

***Basketball:* Also doch: Die ETB Wohnbau Miners gewinnen endlich ihr erstes Spiel in der Ersten Regionalliga: Im Kellerduell beim Tabellenvorletzten SV Haspe setzt sich das Team von Interimscoach Björn Barchmann am Ende knapp mit 99:91 durch. Die Erleichterung, die pure Freude ist dem schwarz-weißen Tross natürlich deutlich anzumerken. „Endlich hat sich die Mannschaft für ihre Arbeit belohnen können", sagt Barchmann zufrieden.**

Tischtennis: Nach einer Pause von zehn Jahren erreicht die SG Heisingen wieder die Deutschen Pokalmeisterschaften der Verbandsklassen. Beim „Final Four", der Endrunde um den WTTV-Pokal, setzt sich das SGH-Trio in Bönen mit zwei 4:1-Siegen durch, die jedoch schwerer um- kämpft sind, als es die Ergebnisse ausdrücken.

> 5.1.

***Hallenfußball:* Das neue Fußballjahr beginnt für Rot-Weiss Essen mit einem Titelgewinn: Souverän holt sich die RWE-Traditionself den Turniersieg beim NRW-Masters in der Mülheimer innogy-Halle. im Finale lassen die Torschützen Erwin Koen und Serkan Calik beim 2:0-Sieg den Gastgebern keine Chance.**

Eishockey: Der 3:2-Sieg über die Rostock Piranhas in der Overtime macht das Fünf-Punkte-Wochenende für die Moskitos perfekt. Damit ist erst einmal Rang zehn gefestigt. „Das gibt uns Selbst- vertrauen für die kommenden Aufgaben", sagt Coach Larry Suarez.

> 6.1.

***Handball:* Der Spielbetrieb in der 2. Handball-Bundesliga ist zwar gerade in der EM-Pause, doch wenn es um Personal und Verträge geht, bleibt selten Zeit zur Muße. Tusem Essen hat Linksaußen Noah Beyer vorzeitig für zwei weitere Jahre an sich gebunden. Überraschend kommt diese Entscheidung nicht, nachdem Ende Dezember bekannt wurde, dass Tom Skroblien in der nächsten Saison für den Liga-Rivalen TuS Nettelstedt-Lübbecke spielen wird.**

Tusem-Linksaußen Noah Beyer bleibt den Essener Handballern erhalten.

> 9.1.

Fußball: Getestet – und schnell für gut befunden: Keine 24 Stunden, nachdem sich Drittligaspieler Jonas Hildebrand beim 9:1-Sieg von Rot-Weiss Essen beim Landesligisten BW Mintard eine Halbzeit lang präsentieren konnte, werden am Mittag danach Nägel mit Köpfen gemacht: Der 23-Jährige wechselt von Hansa Rostock an die Hafenstraße. „Ich habe Jonas' Entwicklung seit längerer Zeit beobachtet. Er ist ein gut ausgebildeter, zweikampfstarker Sechser, der aufgrund seiner Flexibilität auch auf anderen Positionen spielen kann. Jonas wird uns helfen, unsere Defensive zu stabilisieren, so Sportdirektor Jörn Nowak.

> 11.1.

***Rollstuhlbasketball:* Die Hot-Rolling Bears führen in der 2. Rollstuhlbasketball-Bundesliga weiterhin ungeschlagen die Tabelle an. Die Essener besiegen die BG Baskets Hamburg II mit 67:52 und landen damit den achten Erfolg in Serie. Mit dabei ist erstmals Yunus Kilic. Trainer Marcel Pungercar fasst zusammen: „Hamburg war ein unangenehmer Gegner. Wir müssen nun konzentriert weiterarbeiten, um noch mehr Konstanz in unser Spiel zu bekommen. Unser neuer Mann hat einen guten Job gemacht."**

> 12.1.

Eishockey: Die Moskitos schlagen den Tabellenletzten Krefelder EV deutlich und verdient mit 4:1. Damit erobert sich das Team von Coach Larry Suarez den wichtigen neunten Platz zurück. „Es war gut", sagt der Chefcoach nach dem Erfolg. Zwar habe er „einige Momente" gesehen, „in denen wir nicht so erwachsen gespielt haben", so der US-Amerikaner. „Aber im Endeffekt haben wir das Spiel souverän zu Ende gebracht."

Eiskunstlauf: **Bei den Deutschen Jugendmeisterschaften im Eiskunstlauf in Berlin belegt Titelverteidigerin Anna Fellinger vom EJE überraschend Rang vier hinter drei Läuferinnen aus Bayern. Nach dem Kurzprogramm liegt die Essenerin noch in Führung, doch der Titel-Hattrick gelingt ihr nicht. Das Endergebnis ist außerordentlich knapp: Am Ende fehlen der viertplatzierten Fellinger 0,41 Punkte zum dritten Platz. Die zweite EJE-Läuferin Luisa Tenter kann ihren 16. Platz nach dem Kurzprogramm noch verbessern und kommt in der Endabrechnung mit 89,44 Punkten auf Rang 15. Damit sind die beide Essenerinnen die besten Teilnehmerinnen aus NRW.**

> 17.1.

Handball: Trainerwechsel bei der SG Überruhr: Nachdem Sonja Fischer ihr Traineramt auf eigenen Wunsch vorzeitig beendet hat und nur noch den Drittligisten Fortuna Düsseldorf betreut, setzen die Verantwortlichen der SGÜ auf Kontinuität und Erfahrung: Wie in der Saison 2017/18 sitzt Fischers Assistentin Sinje Weisz nun im „Chefsessel", spielt aber auch weiter.

Eishockey: Eine 2:0-Führung nach dem ersten Abschnitt genügt dem ESC nicht, um gegen die Tilburg Trappers für eine Überraschung zu sorgen. Die Essener bleiben zwar lange dran, müssen sich nach einem Empty-Net-Goal in der Schlussminute allerdings mit 3:5 geschlagen geben.

> 18.1.

Rollstuhlbasketball: **Der Bears-Express ist einfach nicht zu stoppen: Gegen den RSC Osnabrück gewinnen die Hot Rolling Bears auswärts mit 67:52. Coach Marcel Pungercar ist sehr zufrieden: „Zwei Ausfälle im Vorfeld und Romario Biswane nur eingeschränkt einsatzfähig haben das Spiel nicht einfacher gemacht. Osnabrück hat nie aufgegeben und uns einen Riesen-Fight geliefert."**

> 19.1.

Fußball: Jubel beim FC Kray: Der Oberligist ist nach 2001, 2006 und 2012 zum vierten Mal Essener Hallenfußball-Stadtmeister. Im Finale gegen den Oberliga-Rivalen ETB Schwarz-Weiß starten die Krayer furios und führen mit 4:0. Doch am Ende wird es beim 4:3-Sieg noch eine ganz enge Angelegenheit.

Eishockey: **Zum 100. Mal stehen sich die Wohnbau Moskitos und der Herner EV gegenüber. Anlässlich des Jubiläums lassen sich beide Teams nicht lumpen: Sie bescheren den 2658 Zuschauern am Gysenberg ein spektakuläres Derby mit 14 Toren. Dabei genügt es nicht, dass der ESC dem HEV ein halbes Dutzend einschenkt. Die Essener müssen sich mit 6:8 geschlagen geben.**

Basketball: Es ist die 18. Niederlage im 19. Spiel: Auch im Derby bei Citybasket Recklinghausen steht Basketball-Erstregionalligist ETB Wohnbau Miners am Ende mit leeren Händen da. Das Team von Interimstrainer Björn Barchmann muss sich deutlich mit 67:90 geschlagen geben. Ein Ergebnis, das darüber hinweg täuschen mag, dass die Essener die Party im Vest durchaus über weite Strecken ausgeglichen gestalten können.

> 24.1.

Fußball: Rot-Weiss Essen gelingt zum Pflichtspiel-Auftakt des neuen Jahres ein knapper 1:0-Sieg bei der U21 des Bundesligisten 1. FC Köln. Amara Conde trifft vor 1400 Zuschauern spät.

> 25.1.

Basketball: Knapp daneben ist auch vorbei. Basketball-Erstregionalligist ETB Wohnbau Miners unterliegt in der Helmholtz-Halle dem Play-off-Kandidaten BG Hagen mit 71:75, aber für eine ordentliche Leistung können sich die Essener nichts kaufen. Eine Niederlage sind sie jetzt noch vom Abstieg entfernt, auf den sich die Miners seit Wochen und Monaten vorbereiten können.

Hockey: **Das Triple ist perfekt. Mit dem 6:2-Sieg gegen den THC Bergisch Gladbach vor 400 begeisterten Zuschauern in der Halle Kupferdreh steht der HC Essen bereits zwei Spieltage vor dem Saisonende als Aufsteiger in die zweite Bundesliga fest. Der dritte Aufstieg ist auch eine Bestätigung für den ehrgeizigen Spielertrai-**

Das 100. Derby: Die Moskitos Essen sind beim Herner EV zu Gast.

ner Philipp Weide, der das Team von der Hubertusburg vor zwei Jahren übernommen hat.

> 26.1.

Rollstuhlbasketball: Enttäuschung beim Spitzenreiter: Die Hot Rolling Bears unterliegen im Spitzenspiel der 2. Rollstuhlbasketball-Bundesliga Nord (RBBL2 N) dem Tabellenzweiten BBC Münsterland mit 48:66. Damit verlieren die Essener ihre weiße Weste und lassen die ersten wichtigen Punkte liegen. „Streckenweise haben wir einen ganz schönen Murks gespielt. Wichtig war, dass wir den direkten Vergleich weiter auf unserer Seite haben. Wir können den ersten Platz immer noch aus eigener Kraft sichern", sagt Trainer Marcel Pungercar nach der Niederlage.

Eishockey: Es sind bemerkenswerte Szenen, die sich nach der 1:9-Pleite der Moskitos gegen die Crocodiles Hamburg abspielen. Zunächst gibt es die Krisensitzung in der Kabine der Essener, dann rechnet Coach Larry Suarez mit seinem Team ab: „Wir haben zu viele Leute, die nur für sich spielen", kritisiert er.

Schach: Bei den Jugendmeisterschaften des Ruhrgebiets in Oer-Erkenschwick räumt der Essener Nachwuchs in den Altersklassen U10 und U12 fast alle Titel ab: Drei der vier Siegerpokale gehen an Essener Vereine. Nils Berresheim (SF Katernberg) siegt als Favorit in der U12 mit sieben Punkten aus neun Partien. Daniela Claussen (SF Werden) war in der gleichen AK mit fünf Punkten bestes Mädchen. Souverän verteidigt Collin Goldkuhle (Germ. Kupferdreh) in der U10 seinen Titel. Er gewinnt alle neun Partien.

> 1.2.

Fußball: Die reifere Mannschaft gewinnt an der Hafenstraße: Rot-Weiss Essen kassiert mit dem 0:2 gegen Spitzenreiter SV Rödinghausen die vierte Heimniederlage und rutscht ab auf Rang vier. Dafür haben die Essener mit Schlusspfiff der Transferperiode Angreifer Maximilian Pronichev (22) von Hertha BSC verpflichtet. „Der Transfer war mit einem hohen organisatorischen Aufwand verbunden, daher sind wir froh, dass Pronichev nun Spieler von RWE ist", sagt Sportdirektor Jörn Nowak.

Neuer Mann bei Rot-Weiss Essen: Maximilian Pronichev.

***Handball:* Im Fallen und mit letzter Kraft macht sich Dennis Szczesny zum Helden dieses Handballspiels. Sein Tusem Essen tritt beim TuS Ferndorf an und zittert sich zum knappen 27:26-Sieg im ersten Ligaspiel des Jahres. Der Rückraumspieler erzielt nur zwei Sekunden vor dem Ende den entscheidenden Treffer und lässt die Mannschaft von der Margarethenhöhe am Ende jubeln. „Das ist eine geile Geschichte", freut sich Tusem-Trainer Jaron Siewert.**

Rollstuhlbasketball: Die Enttäuschung sitzt tief. Die Hot Rolling Bears verlieren in der 2. Rollstuhlbasketball-Bundesliga ihr Heimspiel gegen die Baskets 96 Rahden II hochverdient mit 44:60. Damit rutschen sie von der Tabellenspitze. Neuer Spitzenreiter ist BBC Münsterland aus Warendorf. Bears-Präsident Ronny Berger muss ordentlich durchschnaufen nach der ernüchternden Niederlage: „Vier Spiele in 2020, zwei erwartete Erfolge gegen Hamburg und Osnabrück und zwei derbe Klatschen gegen Warendorf und Rahden, so haben wir uns das nicht vorgestellt."

***Basketball:* Nun ist es offiziell: Der Essener Basketball steigt erneut ab, die neu gegründeten ETB Wohnbau Miners werden in der Saison 2020/21 nur noch in der Zweiten Regionalliga vertreten sein. Die klare 59:85-Pleite bei den BSV Münsterland Baskets Wulfen besiegelt, was ohnehin seit Wochen und Monaten klar war: Dass es für die Miners keine Rettung mehr geben würde – dass sich der Absturz am Basketball- Standort der Ruhrgebietsmetropole ungebremst fortsetzen würde.**

> 2.2.

Eishockey: Die Moskitos erleben turbulente Zeiten: Coach Larry Suarez wird entlassen, die Existenz ist wegen finanzieller Schwierigkeiten ungewiss. Thomas Haver zieht auf der

Jahreshauptversammlung seine Kandidatur für den Vorstand zurück. Daraufhin verzichten auch einige Kandidaten für den Aufsichtsrat. Zu allem Überfluss wechselt Topscorer Lars Grözinger kurz vor Ablauf der Transferperiode zum Herner EV.

> 4.2.

***Frauenfußball:* Gute Nachricht von der SGS Essen: Der Bundesligist verlängert den zum Sommer auslaufenden Vertrag mit Kirsten Nesse um zwei Jahre. Die gebürtige Lemgoerin spielt seit 2015 für die SGS und geht somit im Sommer an der Ardelhütte in ihre sechste Spielzeit.**

> 7.2.

Handball: Irgendwo zwischen „bitter" und „sehr, sehr bitter" ordnen die Handballer des Tusem Essen die 31:32-Niederlage gegen die SG BBM Bietigheim ein. Im Verfolgerduell der 2. Bundesliga muss sich die Mannschaft von Trainer Jaron Siewert nach guter erster und schwacher zweiter Halbzeit geschlagen geben. Eine Fünf-Tore-Führung reicht nicht für Zählbares.

Eishockey: Die Wohnbau Moskitos mussten in dieser Saison schon einige böse Klatschen einstecken. Doch im Gastspiel bei den Saale Bulls erreicht die Essener Defensiv-Schwäche eine neue Dimension. Mit 6:12 wird der ESC von den Hallensern zurück ins Ruhrgebiet geschickt.

> 8.2.

Basketball: Die bereits als Absteiger feststehenden ETB Wohnbau Miners müssen sich beim Spitzenreiter der Ersten Basketball-Regionalliga Rheinstars Köln erwartungsgemäß deutlich geschlagen geben, das Team von Coach Dhnesch Kubendarajah kassiert in der Domstadt eine 69:105-Niederlage. Sorgen bereitet aber weniger die dicke Pleite, sondern vielmehr Chris Alexander: Der Point Guard und ETB-Publikumsliebling knickt drei Minuten vor dem Ende um – für ihn geht es vorzeitig in die Kabine.

> 11.2.

Frauenfußball: Lea Schüller wird ihren auslaufenden Vertrag beim Frauenfußball-Bundesligisten SGS Essen nicht verlängern und sich im Sommer dem FC Bayern München anschließen. Schüller ist an der Ardelhütte zur A-Nationalspielerin gereift und hat dort großen Anteil am sportlichen Erfolg. SGS-Geschäftsführer Florian Zeutschler: „Lea hat uns mitgeteilt, dass sie den nächsten Schritt in ihrer Karriere gehen möchte. Auch wenn der Wechsel für uns einen Verlust bedeutet, so ist dieser Wechsel doch auch die Bestätigung für unsere super Nachwuchsarbeit."

***Eishockey:* Nur vier Tage nach dem 6:12-Debakel in Halle senden die Wohnbau Moskitos in der Eishockey-Oberliga ein Lebenszeichen – und zwar ein deutliches. Im Nachholspiel besiegen die Essener den EV Duisburg am Westbahnhof mit 4:1. Mit viel Kampfgeist und der Hilfe von vier Förderlizenzspielern der Düsseldorfer EG beenden die Moskitos damit ihre sechs Partien andauernde Durststrecke.**

> 14.2.

Eishockey: Drei Pleiten gegen den Rivalen Herner EV mussten die Wohnbau Moskitos in dieser Saison bereits einstecken, und auch im vierten Duell werden dem ESC die Punkte vorenthalten. Doch diesmal sind die Essener nah dran: Erst im Schlussdrittel lenken der HEV das Spiel in seine Richtung. Begünstigt durch die Qualität des Tabellenzweiten, dem Verletzungspech der Gastgeber und einer schwachen Schiedsrichterleistung heißt es am Ende 4:8.

> 15.2.

***Basketball:* Es wäre eine der schöneren Geschichten dieser insgesamt grässlichen Saison gewesen – ein Comeback-Sieg der ETB Wohnbau Miners gegen die BG Dorsten an alter Bundesliga-Wirkungsstätte. Doch der Basketball-Erstregionalligist muss sich den Gästen am Ende doch mit 83:91 geschlagen geben.**

Handball: Auswärts läuft es für die Handballer des Tusem Essen in diesem Kalenderjahr nach Plan. Beide Spiele in der Fremde haben die Jungs von Trainer Jaron Siewert knapp für sich entschieden. Auf das 27:26 in Ferndorf, folgt nun ein weiteres 27:26 beim TV Hüttenberg. Ein wichtiger Sieg, um sich in der Spitzengruppe der 2. Bundesliga festzusetzen.

> 16.2.

***Fußball:* Rot-Weiss Essen meldet sich wieder zurück im Aufstiegsgeschäft. Nach einer en-**

Ausgebremst: Jonas Ellwanger und die Tusem-Handballer verlieren gegen Bietigheim.

Wird den FC Kray verlassen: Trainer Philip Kruppe.

gagierten und kämpferisch starken Leistung besiegt das Team von Trainer Christian Titz Rot-Weiß Oberhausen vor einer Rekordkulisse von 13.256 Zuschauer:innen verdient mit 1:0 und zieht damit zumindest mit dem Revierrivalen wieder gleich. „Das war ein Derby. Heute mussten wir liefern – und das hat die Mannschaft exzellent gemacht", lobt Titz.

Frauenfußball: Die SGS Essen startet mit einem souveränen 4:0-Derbysieg in die Restrunde der Frauenfußball-Bundesliga. Anders als im Hinspiel, als die Elf von Trainer Markus Högner 84 Minuten bis zum ersten Torerfolg anlaufen musste, stellt das Abwehrbollwerk des MSV Duisburg diesmal kein Problem dar. Bereits nach drei Minuten ist Meike Kämper im Tor der Gastgeberinnen überwunden.

Eishockey: Auch im Gastspiel bei den Icefighters Leipzig gehen die Moskitos leer aus: 1:3 lautet der Endstand. Trotz der zwei Niederlagen überwiegt der Stolz im Essener Lager, denn wie schon gegen den HEV verkauft sich der ESC den Umständen entsprechend teuer. Mit nur zehn Feldspielern reisen die Moskitos an – gerade mal zwei Reihen kann Interimscoach Thomas Schneeberger aufbieten.

> 19.2.

***Fußball:* Überraschung an der Buderusstraße: Trainer Philip Kruppe wird den Oberligisten FC Kray nach Ablauf der Saison verlassen. Dies teilt der 34-Jährige den Verantwortlichen in einem persönlichen Gespräch mit. „Ich habe mich nach reiflicher Überlegung dazu entschieden, meine Prioritäten ab Sommer mehr in Richtung Familie und Privatleben zu schieben und habe mich deshalb dazu entschlossen, meinen Vertrag beim FC Kray nicht zu verlängern", so Kruppe.**

> 21.2.

Handball: Das Karnevalswochenende ist gerettet für die Handballer des Tusem Essen. Im Heimspiel gegen den HC Elbflorenz aus Dresden gewinnt die Mannschaft von der Margarethenhöhe verdient mit 29:25 (13:12) und punktet damit fleißig weiter im Aufstiegskampf der 2. Bundesliga. Auch wenn die Partie wahrlich erneut kein Glanzstück ist, steht am Ende das Ergebnis über allem.

***Eishockey:* Endlich gibt es Anlass zur Heiterkeit für den ESC. Die Essener setzen sich im richtungsweisenden Duell um den Einzug in die Pre-Playoffs mit 6:3 gegen die Black Dragons Erfurt durch. „Endlich haben wir uns mal mit Punkten belohnt. Heute war es ein hartes Stück Arbeit", sagt Coach Thomas Schneeberger.**

> 22.2.

***Frauenfußball:* Die SGS Essen gibt sich im eigenen Stadion weiter keine Blöße. Selbst der Tabellenzweite aus Hoffenheim kann den siebten Heimsieg im siebten Spiel der Bundesliga-Fußballerinnen von der Ardelhütte nicht verhindern. Mit 3:2 setzen sich die Essenerinnen dank eines weiteren Doppelpacks von Nationalspielerin Lea Schüller völlig verdient durch.**

Rollstuhlbasketball: Die Hot Rolling Bears patzen in der 2. Rollstuhlbasketball-Bundesliga am vorletzten Spieltag überraschend und verlieren bei Hannover United II mit 56:62. Damit vergeben sie im Kampf um die Aufstiegsrelegation den ersten Matchball und machen es noch einmal unnötig spannend. Der Tabellendritte RBC Köln 99ers liegt nur zwei Punkte hinter den Essenern.

> 27.2.

***Handball:* Der eine kommt, der andere geht. Einen Tag, nachdem der Handball-Zweitligist Tusem Essen den Abschied von Kreisläufer Rolando Urios González verkündet, steht bereits der Nachfolger fest. Tolga Durmaz (20), ein Kreisläufertalent vom Erstligisten Füchse Berlin, unterschreibt einen Zweijahresvertrag auf der Margarethenhöhe. González ist ebenfalls von den Füchsen Berlin ausgeliehen und kehrt zum Saisonende nach nur einer Saison in die Bundeshauptstadt zurück.**

> 28.2.

Frauenfußball: Die SGS Essen verpasst eine vermeintliche Vorentscheidung im Kampf um Platz vier der Frauenfußball-Bundesliga. Durch eine 0:1-Niederlage beim direkten Verfolger Turbine Potsdam schmilzt der Vorsprung auf nur noch einen Punkt. Dabei ist die SGS vor allem im ersten Durchgang die bessere Mannschaft, nutzt aber ihre Chancen nicht.

Fußball: Das ist gerade noch einmal gut gegangen. Mehr als eine Stunde lang tut sich Rot-Weiss Essen gegen den Abstiegskandidaten SV Lippstadt schwer, rennt mehr oder minder geschickt einem Rückstand hinterher und zittert sich verdient zu einem 3:1. RWE bleibt oben dran und feiert einen gelungenen Einstieg in die Englische Woche. Am Ende überschlagen sich aber die Ereignisse. Erst hat Lippstadt die 100-prozentige Chance zum Ausgleich durch Steringer (90.), der allein vor dem Tor aus drei Metern den Ball nicht ins Netz bringt. Im Gegenzug macht Pronichev mit dem Schlusspfiff das 3:1.

> 29.2.

Handball: In der 2. Handball-Bundesliga kämpft sich Tusem Essen zu einem 30:24-Auswärtssieg bei der HSG Konstanz. Der Abstiegskandidat vom Bodensee hält dabei erstaunlich lange mit und stellt die Mannschaft von Jaron Siewert vor erhebliche Probleme. „Wir haben diese schwere Aufgabe als Team gelöst, und es verdient viel Anerkennung, dass die Jungs dieses Spiel noch gedreht haben. Viele Spieler haben Verantwortung übernommen", lobt der Coach.

> 1.3.

***Eishockey:* Im letzten Heimspiel der Oberliga-Hauptrunde beschenken die Wohnbau Moskitos ihre Fans mit einem Sieg. Gegen die Hannover Indians setzt sich der ESC mit 3:2 im Shoot-out durch. Die reguläre Spielzeit endet beim Stand von 2:2. Niklas Hildebrand verwandelt den entscheidenden Penalty, Goalie Leon Frensel entschärft alle drei Versuche der Gäste aus Hannover. „Für mich war es ein klasse Spiel", meint Moskitos-Chefcoach Thomas Schneeberger. „Ich hatte zu keiner Zeit das Gefühl, dass wir verlieren werden. Und so ein Penaltyschießen hat ja auch seinen Reiz."**

Basketball: Die ETB Miners sind beim 63:102 gegen den Tabellendritten Rhöndorf chancenlos. Wer will es ihnen verübeln? Waren die Trümpfe ohnehin schon alle aufseiten der Dragons verteilt, so muss der Tabellenletzte aus Essen die Reise zum Drachenfelsen mit nur fünf Spielern antreten. Die tapferen Fünf wehren sich über 40 Minuten nach Kräften, erspielen sich mit den ersten Aktionen der Partie sogar eine 10:4-Führung. Der 30:42-Rückstand zur Pause – mehr als achtbar! Dann setzt sich Rhöndorf aber doch klar ab und überrennt die Miners im dritten Viertel.

Handball: Die Bedenken und Diskussionen rund um das Coronavirus sind auch in Essen angekommen. Der Kettwiger SV sagt sowohl das Verbandsliga-Spiel gegen den ETB, als auch die Landesliga-Partie gegen HSG Mülheim ab. Nach Aussage des KSV-Vorsitzenden Werner Dörnenburg ist es allerdings eine „reine Vorsichtsmaßnahme".

> 2.3.

Fußball: Joshua Endres bleibt dem Fußball-Regionalligisten Rot-Weiss Essen über die laufende Saison hinaus erhalten. Mit seinem Einsatz beim 3:1-Heimsieg gegen den SV Lippstadt verlängert sich der Vertrag des 22-jährigen Außenstürmers dank einer Vertragsklausel automatisch.

> 3.3.

***Handball:* Zweitligist Tusem Essen meldet die nächste Personalie: Rückraumspieler Carsten Ridder (25) wird den Verein nach zehn Jahren zur kommenden Saison verlassen und sich dem Drittliga-Zweiten VfL Eintracht Hagen anschließen. „Den Tusem nach all den Jahren zu verlassen wird mir mit Sicherheit nicht leichtfallen. Was ich in der Jugend und auch später im Seniorenbereich erlebt habe, werde ich immer in Erinnerung behalten", sagt Ridder.**

> 4.3.

Fußball: Rot-Weiss Essen erleidet im Aufstiegskampf einen Rückschlag. Im Nachholspiel beim Abstiegskandidaten TuS Haltern kommen die ambitionierten Essener nur zu einem mageren 1:1 (0:1) durch ein spätes Tor von Maximilian Pronichev, der aus der Distanz einnetzt (87.). Ein Punktgewinn für den Tabellenzweiten, der schwach spielt und einiges Glück hatte bei Halterner Kontern.

> 6.3.

Handball: Die Handballer des Tusem Essen machen im Kampf um den Aufstieg einen wichtigen Schritt. Dank des 37:28-Heimsieges gegen den ThSV Eisenach feiert die Mannschaft von Trainer Jaron Siewert zwei weitere Punkte und kann nach dem Spiel glücklich auf die Tabelle schauen. Denn die Konkurrenten ASV Hamm-Westfalen und VfL Gummersbach patzen.

> 7.3.

***Skaterhockey:* Mit einem knappen Heimsieg startet der Deutsche Meister SHC Wohnbau Rockets in die neue Spielzeit. Wenn man so will, ein erster, winziger Schritt zur Titelverteidigung. Der Skaterhockey-Erstligist setzt sich zu Hause in der Arena an der Raumerstraße gegen Samurai Iserlohn mit 8:7 durch. Dass das Ergebnis am Ende so knapp ausfällt, liegt vor allem an den „vielen dummen Strafzeiten, die wir dann kassiert haben", ärgert sich der Vereinsvorsitzende Thomas Böttcher.**

Dominik Luft und die Rockets gewannen gegen Iserlohn.

Rollstuhlbasketball: Die Enttäuschung ist riesig bei den Hot Rolling Bears. Die Rollstuhlbasketballer verlieren am letzten Spieltag der 2. Bundesliga gegen Verfolger RBC Köln 99ers deutlich mit 41:64 und verpassen den sicher geglaubten Einzug in die Aufstieg-Playoffs. Die Essener beenden die Saison auf dem dritten Tabellenplatz.

Fußball: Rot-Weiss Essen landet mit dem Ende der Englischen Woche noch einmal einen Sieg. Sie gewinnen beim Bonner SC mit 3:1 (1:0) und verkürzen damit den Rückstand auf den Tabellenzweiten SC Verl auf zwei Punkte. Allerdings ist die Partie der Ostwestfalen gegen Fortuna Köln aufgrund der schlechten Platzverhältnisse abgesagt worden, so dass sie nun zwei Partien weniger ausgetragen haben als RWE. Der 17-jährige Noel Futkeu erzielt in Bonn sein erstes Saisontor.

> 8.3.

***Eishockey:* Der Playoff-Traum der Wohnbau Moskitos ist beendet. Die Essener verlieren in der Pre-Playoff-Runde der Eishockey-Oberliga gegen die Saale Bulls aus Halle auch das zweite Duell der Best-of-Three-Serie am Westbahnhof mit 4:5. Dieses zweite Spiel spitzt sich am Ende dramatisch zu. Im Schlussabschnitt gleichen die Gäste aus, die Overtime liegt in der Luft. Zwei Minuten vor Ende, die Moskitos haben gerade eine Unterzahl überstanden, treffen die Bulls den Gastgeber mit dem Treffer zum 5:4 mitten ins Herz. Die Aufstiegsrunde findet ohne Essener Beteiligung statt.**

> 9.3.

Fußball: Die Verunsicherung rund um das Coronavirus greift weiter um sich – auch im Sport. Gesundheitsminister Jens Spahn rät dazu, Veranstaltungen mit mehr als 1000 Teilnehmern abzusagen, NRW-Ministerpräsident Armin Laschet sagt, er werde Spahns Empfehlung in NRW umsetzen. In letzter Konse-

Gähnende Leere: Das Stadion Essen wird lange keine Besucher mehr begrüßen dürfen.

quenz bedeutet das, dass auch die Regionalliga-Partie zwischen Rot-Weiss Essen und FC Schalke 04 II davon betroffen wäre.

> 11.3.

Handball: **Die Handballer des Tusem Essen bekommen in der 2. Bundesliga kurzfristig spielfrei. Das Topspiel beim ASV Hamm-Westfalen wird aufgrund des Corona-Virus vorsorglich auf einen noch unbekannten Termin verschoben. Somit wolle man auf der einen Seite einem gesundheitlichen Risiko aus dem Wege gehen und auf der anderen Seite ein Geisterspiel vor leeren Rängen vermeiden.**

Fußball: Das hat Rot-Weiss Essen gerade noch gefehlt: Kaum ist das Problem mit dem Regionalliga-Heimspiel am kommenden Samstag gegen FC Schalke 04 II vom Tisch – die Partie wurde wegen der Coronavirus-Problematik abgesagt – da schlägt eine Meldung vom Hamburger Boulevard an der Hafenstraße ein wie ein Meteorit. Laut „Bild" soll Trainer Christian Titz „erheblich in der Kritik stehen", so dass sogar sein Arbeitsplatz in Gefahr sei.

> 12.3.

Volleyball: **Sportlich sieht es für den VV Humann in der 2. Bundesliga mau aus. Doch ab sofort brauchen sie sich in der Wolfskuhle keinen Kopf mehr zu machen, ob sie den Klassenerhalt in den restlichen sechs Spielen noch packen werden. „Der Spielbetrieb der 2. Bundesliga der Frauen und Männer wird mit sofortiger Wirkung eingestellt", verkündet die Volleyball Bundesliga (VBL).**

Handball: Die Handball-Bundesliga (HBL) setzt aufgrund der bundesweiten Corona-Epidemie-Entwicklung und der damit einhergehenden behördlichen Entscheidung mit sofortiger Wirkung den Spielbetrieb der Handball-Profiligen bis Ende April aus. „Für die HBL und alle 36 Klubs stellt diese Entscheidung einen sportlichen und wirtschaftlich einzigartigen, massiven und bedrohlichen Einschnitt dar", heißt es. „Dennoch hat sich der gesamte Handball-Profisport zu diesem sehr schwierigen Schritt entschlossen, da oberste Priorität natürlich die Gesundheit und der Schutz der Bevölkerung sein muss."

> 13.3.

Fußball: **Auch der Fußballverband Niederrhein entscheidet, den gesamten Spielbetrieb im Jugend- und Seniorenbereich mit sofortiger Wirkung einzustellen. Diese Regelung betrifft sämtliche Meisterschafts- und Pokalspiele. Im Männerfußball betrifft dies alle Partien ab der Oberliga sowie im Kreispokal. Im Frauenfußball gilt dies für alle Partien ab der Niederrheinliga abwärts sowie im Niederrheinpokal, ebenso im Jugendfußball ab der Niederrheinliga sowie im Pokal.**

Kanu: Nicht nur die Ballsportarten sind vom Coronavirus betroffen, auch das Präsidium des Deutschen Kanu Verbandes hat sich in einer kurzfristig einberufenen Präsidiumssitzung mit den Auswirkungen auf die Vereine und Sportler beschäftigt und empfiehlt den Vereinen und Landesverbänden folgende Maßnahmen: Alle Vereine sollen, vorläufig bis einschließlich Ostern, den Wettkampfbetrieb einstellen. Darunter fallen alle geplanten Regatten auf Vereinsebene, Athletik- oder andere Wettkämpfe in Vereinen oder auf Landes- und Bundesebene.

> 20.3.

Fußball: **Die Hafenstraße voll machen, Rot-Weiss Essen unterstützen: Mit virtuellen Tickets arbeitet RWE an der Reduzierung des finanziellen Schadens durch die Coronakrise und unterstützt Corona-Helfer. Die wirtschaftlichen Auswirkungen der Coronakrise können Rot-Weiss Essen existenziell hart treffen. Ein Drittel des Saisonetats steht durch Spielausfälle auf dem Spiel. Um einen möglichen Wegfall eingeplanter Umsätze abzufedern, setzt RWE ein virtuelles Spiel auf den momentan leeren Spielplan gesetzt und verbindet damit gleich ein ambitioniertes Ziel: Nichts Geringeres als eine ausverkaufte Hafenstraße.**

Basketball: Der Meister der 2. Basketball-Regionalliga kommt aus Essen und heißt DJK Adler Union Frintrop – das steht nun fest, nachdem der Westdeutsche Basketballverband entschieden hat, die aufgrund des Coronavirus zunächst unterbrochene Saison komplett abzubrechen. Die letzte Tabelle geht in die Wertung ein – in der steht Frintrop oben. Verband und Vereine haben so Planungssicherheit. „Wir hätten natürlich gerne das Topspiel gegen die Erftbaskets Bad-Münstereifel noch gespielt und die Meisterschaft auf dem Parkett klar gemacht", sagt Coach Tobias Stadtmann, „so fehlt natürlich etwas der emotionale Moment und das gemeinsame Feiern mit den Jungs in der Kabine."

> 26.3.

Frauenfußball: Antonia Baaß (19) wechselt von der zweiten Mannschaft des VfL Wolfsburg nach Essen und unterschreibt dort einen Dreijahresvertrag. In Sophia Thiemann präsentiert die SGS Essen den nächsten Neuzugang für die Frauen-Bundesliga Saison 2020/21. Die 23-Jährige wechselt im Sommer vom Zweitligisten Arminia Bielefeld an die Ardelhütte und unterschreibt für zwei Jahre.

> 27.3.

***Handball:* Beim Handball-Zweitligisten Tusem Essen gibt es Arbeit. Obwohl niemand weiß, wann und wie es weitergeht, planen die Verantwortlichen die nächste Spielzeit. Mit der Personalie Michael Hegemann (43) ist der nächste Punkt abgearbeitet. Der ehemaligen Nationalspieler und Weltmeister von 2007 wird für ein weiteres Jahr auf der Margarethenhöhe bleiben und auch dem neuen Cheftrainer Jamal Naji als Co-Trainer zur Seite stehen.**

> 29.3.

Fußball-Oberligist ETB Schwarz-Weiß gibt einen Zugang für die kommende Saison bekannt. Jürgen Lucas, einst Sportdirektor beim Stadtrivalen Rot-Weiss, wird neuer Sportlicher Leiter am Uhlenkrug.

> 6.4.

Fußball: Während aufgrund der Corona-Situation weiterhin der Ball ruht, wird beim Fußball-Oberligisten FC Kray im Hintergrund weiter an der Kader-Zusammenstellung für die neue Spielzeit gearbeitet. Mit Innenverteidiger Christian Büttner von Adler Union Frintrop und Offensivmann Sertac Tepe von den Sportfreunden Katernberg wechseln zwei Essener Spieler an die Buderusstraße.

Frauenfußball: Die SGS Essen kann ein weiteres vielversprechendes Talent für die neue Saison der Frauen-Bundesliga vorstellen. Die 18-Jährige Nina Räcke wechselt von der zweiten Mannschaft des VfL Wolfsburg ins Ruhrgebiet und unterschreibt für drei Jahre bis zum 30. Juni 2023. Die Innenverteidigerin spielte bereits für die deutsche U19-Nationalmannschaft und hat mit Ihren jungen Jahren bereits 36 Partien in der 2. Frauen-Bundesliga absolviert. Mit Ihrem Wechsel nach Essen erfüllt sie sich nun den Traum, in der ersten Liga zu spielen.

Frank Petrozza ist neuer Trainer der Essener Moskitos.

> 7.4.

***Handball:* Der Handballverband Niederrhein bricht die Saison 2019/20 vorzeitig ab. Das hat das Präsidium des HVN in einer Telefonkonferenz am Dienstagabend entschieden. Wie es abwärts der Landesligen weitergeht, müssen nun die Kreise entscheiden – es ist aber davon auszugehen, dass diese dem Vorbild des HVN folgen.**

> 8.4.

Eishockey: Die Wohnbau Moskitos verkünden eine richtungsweisende Entscheidung für die Zukunft und stellen Frank Petrozza als neuen Trainer vor. Der 49-Jährige übernimmt zudem das Amt des Sportlichen Leiters und unterzeichnen einen langfristigen Vertrag beim Essener Eishockey-Oberligisten. „Frank Petrozza ist für mich die Idealbesetzung", sagt Thomas Böttcher, Erster Vorsitzender der Moskitos.

> 14.4.

Fußball: Fußball-Oberligist ETB Schwarz Weiß Essen wartet wie die Konkurrenz auch auf den Fortgang der Saison, alles ist ungewiss. Worüber die Mannen vom Uhlenkrug aber jetzt Gewissheit haben ist, dass sie zur neuen Spielzeit einen ihrer Leistungsträger verlieren: Athanasios Tsourakis hat sich dem VfB Speldorf, Tabellenvorletzter der Landesliga, angeschlossen.

> 15.4.

***Basketball:* Folgen den Worten diesmal wirklich Taten? Damit haben sich die ETB-Basketballer in der jüngeren Vergangenheit schwer getan. Ausgerechnet jetzt, da**

vollmundig der Wiederaufstieg in die Erste Regionalliga als Ziel formuliert worden ist, wollen die Miners offenbar untermauern, dass es ihnen ernst ist. Denn nach der Weiterverpflichtung von Chris Alexander lässt auch die zweite Kader-Personalie aufhorchen: Vom ehemaligen ProA-Team FC Schalke 04 (Lizenz-Verzicht) wechselt Point Guard Thomas Szewczyk (28) nach Essen.

> 20.4.

Jugendfußball: Die Nachwuchsabteilung von Rot-Weiss Essen darf sich über eine großzügige Spende freuen. „Ein Freund des Vereins" lässt den Junioren eine Spende in Höhe von 25.000 Euro zukommen. Namentlich wird der Spender nicht genannt. Generell erfährt RWE in Zeiten der Corona-Krise eine Menge Unterstützung. Durch den Verkauf von virtuellen Geisterspiel-Tickets nimmt der Regionalligist über 100.000 Euro ein. Und nun die Spende an die Jugend. Geld, das Rot-Weiss sicherlich gut gebrauchen kann, um die Arbeit im Nachwuchsleistungszentrum weiter voranzutreiben. Die A- und B-Junioren führen jeweils die Tabelle in der Niederrheinliga an und haben somit beste Aussichten auf den Aufstieg in die Bundesliga.

> 21.4.

***Handball:* Tusem Essen kann jubeln und die Korken knallen lassen: Die Handballer von der Margarethenhöhe steigen in die 1. Bundesliga auf. Die Ligaversammlung der Handball-Bundesliga (HBL), zu der die 36 Vertreter aus 1. und 2. Liga gehören, hat dem Antrag des Präsidiums mit überwältigender Mehrheit zugestimmt, die Saison abzubrechen und mit der Quotienten-Regelung zu werten. Das bedeutet, die Abschlusstabelle wird ermittelt, indem die Zahl der Punkte durch die Zahl der Spiele dividiert wird.**

> 24.4.

Frauenfußball: Herber Verlust für die SGS Essen: Marina Hegering wird ihren auslaufenden Vertrag an der Ardelhütte nicht verlängern und wechselt im Sommer zum FC Bayern München. In den vergangenen drei

Jahren bei den Schönebeckerinnen kam sie auf bisher 55 Spiele in der 1. Bundesliga und dem DFB Pokal.

> 29.4.

***Frauenfußball:* Der SGS Essen gehen allmählich die Nationalspielerinnen aus. Und alle haben das gleiche Ziel: Bayern München. Linda Dallmann verließ die Bundesliga-Fußballerinnen von der Ardelhütte bereits nach der Vorsaison, der Wechsel von Lea Schüller nach dieser Spielzeit ist längst bekannt und nun schließt sich auch noch Essens Kapitänin Marina Hegering an. Turid Knaak und Lena Oberdorf sind die beiden verbliebenen A-Nationalspielerinnen, wobei der Vertrag von Knaak im Sommer ebenfalls ausläuft.**

> 30.4.

Frauenfußball: Die SGS Essen bastelt derweil weiter an der Zukunft – und hat sich die Dienste des nächsten Toptalents gesichert: U17-Europameisterin Carlotta Wamser wird bald das Trikot der Schönebeckerinnen tragen. In 13 Partien für die deutsche U17-Nationalmannschaft hat Wamser elf Tore erzielt, insgesamt absolvierte sie 20 Länderspiele für DFB-Mannschaften. Zuletzt spielte die 16-Jährige für die B-Junioren der Spvg. Brakel in der Landesliga.

> 18.5.

Fußball: Essens Oberligisten atmen auf, sie haben nun Gewissheit. Der Fußballverband Niederrhein (FVN) entscheidet sich dazu, die Saison vorzeitig abzubrechen. „Das ist für alle Beteiligten die beste Lösung. Denn selbst, wenn es eine Fortsetzung gegeben hätte, hätte immer noch die Frage im Raum gestanden: wann“, gibt sich ETB-Vorsitzender Karl Weiß erleichtert.

***Eishockey:* Die Wohnbau Moskitos geben die Vertragsverlängerung mit Routinier Thomas Richter bekannt. Der 37-Jährige kam 2018 vom Herner EV zum ESC. Er spielte schon zuvor dreimal in Essen (2005 bis 2008, 2010 bis 2011, 2014 bis 2015) und absolvierte bereits knapp 350 Einsätze für die Moskitos. In der Vorsaison kam Richter auf 45 Partien (zwölf Tore, 13 Vorlagen).**

> 25.5.

Fußball: Planungssicherheit für Enzo Wirtz: Der Angreifer von Rot-Weiss Essen, dessen Vertrag nach dieser Saison an der Hafenstraße ausläuft und wohl auch nicht verlängert werden sollte, schließt sich dem souveränen Tabellenführer SV Rödinghausen an, wo er einen Zweijahres- vertrag erhält. Von den Rödinghausern wird er als „absolute Wunschlösung für die Offensive“ bezeichnet.

Fußball: Aufatmen beim SC Frintrop: Der lang ersehnte Kunstrasen ist nun beschlossene Sache. Vorsitzender Werner Engels freut sich auf das neue Geläuf: „Endlich ist es so weit. Nach langer Planung geht der Umbau der Sportanlage „Am Schemmansfeld“ in die Bauphase. Dann wird die neueste Kunstrasen-Generation mit Sand und Kork verbaut. Alle Sportler des SC Frintrop und NK Croatia freuen sich natürlich auf den neuen Platz.“

> 26.5.

***Rugby:* Auch die Assindia Cardinals erwachen aus der coronabedingten Schockstarre. Der Football-Zweitligist nimmt das Training wieder auf. Vorerst in Fünfergruppen, mit dem Fokus auf laufspezifische Einheiten – und kistenweise Desinfektionsmittel. Obgleich man weit entfernt von Normalität sei, „freuen sich alle, zumindest wieder ein Stück weit in die Routine zu kommen“, betont Klubpräsident Wilfried Ziegler. Und außerdem will die Assindia nach dem Aufstieg im Vorjahr ja gewappnet sein für die GFL2-Spielzeit.**

> 27.5.

Basketball: Das nächste Mosaiksteinchen ist gesetzt, das Bild soll am Ende einen Miners-Kader zeigen, der den direkten Wiederaufstieg in die Erste Regionalliga schaffen soll. Besser noch: schaffen wird. Basketball-Zweitregionalligist ETB hat sich die Dienste von Nino Janoschek gesichert. Der 2,03-m-Hüne wechselt von den Elephants Grevenbroich nach Essen und soll hier unter den Körben für Lufthoheit sorgen.

Trainingsauftakt mit Desinfektionsmitteln. Die Assindia Cardinals kommen aus der Pause zurück.

> 28.5.

***Fußball:* Der Top-Torjäger der Regionalliga West, Simon Engelmann, wechselt vom Spitzenreiter SV Rödinghausen an die Hafenstraße. Damit haben die ambitionierten Essener Rot-Weissen den Knipser schlechthin verpflichtet. Bis die Spielzeit in der Regionalliga West unterbrochen wurde, erzielte Engelmann in 26 Spielen 26 Tore. Kein Zufall, denn in der Serie davor waren es immerhin auch schon 19 Treffer (33 Spiele). In seiner Viertliga-Laufbahn kommt der Routinier auf 120 Tore in 271 Spielen. Eine beachtliche Quote und für einen Assist ist der großgewachsene und enorm präsente Mittelstürmer ebenfalls gut.**

Handball: Torhüter-Talent Julián Borchert (20) verlässt den Handball-Erstligisten Tusem Essen und schließt sich den SGSH Dragons aus Schalksmühle/Halver an, wo er seit vergangener Saison bereits mit Zweitspielrecht zum Einsatz kam. Vor sechs Jahren war Borchert von den HC Wölfen Nordrhein in die B-Jugend des Tusem gewechselt und wurde dort 2014/15 Deutscher Vizemeister. Bereits in der Saison 2017/18 absolvierte er zwölf Spiele für die Profis, bei denen er 2018 einen Vertrag erhielt. Dort kam er zu insgesamt 33 Einsätzen.

> 1.6.

Karsten Neitzel, ehemaliger Trainer von Rot-Weiss Essen, heuert beim EBT Schwarz-Weiß an. Ralf vom Dorp bleibt Chefcoach, Neitzel soll dem ETB bei der Neuausrichtung behilflich sein. „Es war auch gar nicht schwierig, ihn zu überzeugen", freut sich der Sportliche Leiter Jürgen Lucas über die prompte Zusage der prominenten Hilfe.

> 3.6.

Frauenfußball: Der Traum vom DFB-Pokalfinale, er nimmt bei der SGS Essen immer konkretere Formen an. Die Hürde Turbine Potsdam nehmen die Essenerinnen mit Bravour und der nötigen Portion an Spielglück. Dank des 3:1-Erfolgs trennt die Elf von Trainer Markus Högner jetzt nur noch ein Sieg vom Endspiel in Köln. Der erste Auftritt nach der Zwangspause gibt den SGS-Frauen ordentlich Grund zum Jubeln.

Da bin ich! Karsten Neitzel beim ersten Training des ETB Schwarz-Weiß.

> 4.6.

***Basketball:* Die Essener Basketball-Fans dürfen sich in der kommenden Spielzeit auf das Essener Derby ETB Wohnbau Miners gegen Adler Union freuen. Die Frintroper, nach dem coronabedingten Saisonabbruch Meister der Zweiten Regionalliga, verzichten auf ihr Aufstiegsrecht und bleiben in der fünften Liga. „Das ist die Klasse, in der wir uns einfach wohl fühlen", sagt Trainer Tobias Stadtmann. „Die Liga, die wir mit dem Einsatz, den wir noch aufwenden können und wollen, meistern können."**

> 5.6.

Eishockey: Eine Woche nachdem bekannt wurde, dass die Wohnbau Moskitos zukünftig in der Eishockey-Regionalliga West starten werden, meldet der ESC die ersten drei Verpflichtungen. So werden Kapitän Stephan Kreuzmann, Importstürmer Aaron McLeod und Verteidiger Thomas Richter auch in der kommenden Saison am Westbahnhof bleiben.

> 7.6.

Frauenfußball: Die SGS Essen kassiert vor dem Halbfinale im DFB-Pokal gegen Bayer Leverkusen einen Dämpfer: Beim abstiegsbedrohten 1. FC Köln unterliegen die Bundesliga-Fußballerinnen mit 0:1. Besonders bitter: Der Gegentreffer fällt in der vierten Minute der Nachspielzeit, nachdem die SGS die Partie über weite Strecken dominiert hat. Allerdings bleiben die Essenerinnen trotz erdrückender Spielanteile dabei zumeist ungefährlich.

> 8.6.

***Frauenfußball:* Nationalspielerin Lena Oberdorf verlässt die SGS Essen und wechselt zur neuen Saison zum VfL Wolfsburg. Beim amtierenden Meister der Frauenfußball-Bundesliga erhält die 18-Jährige einen Dreijahresvertrag und wird künftig Champions-League-Luft schnuppern. „Es ist schade, dass sie uns verlässt", erklärt SGS-Trainer Markus Högner. Groll aber hegt er keinen. „Ich akzeptiere ihre Entscheidung. Bei einer Spielerin solchen Kalibers ist es klar, dass sie**

Das war nichts: Christian Titz muss Rot-Weiss Essen nach der Saison verlassen.

über kurz oder lang bei einem Weltklasse-Klub wie Wolfsburg landet."

> 11.6.

Frauenfußball: Die SGS Essen fährt nach Köln: Zum zweiten Mal in der Vereinsgeschichte stehen die Bundesliga-Fußballerinnen im Endspiel des DFB-Pokals. Trotz aller Warnungen im Vorfeld ist das Halbfinale gegen Bayer Leverkusen lange eine klare Angelegenheit, nachdem Ramona Petzelberger bereits nach drei Minuten zur Führung trifft. Doch so ganz ohne Drama kam die SGS nicht durch: Schönebeck holt Leverkusen selbst zurück und muss bis zum erlösenden 3:1 von Lea Schüller bis zur 93. Minute zittern.

> 13.6.

Basketball: Ein Coup für die Schwarz-Weißen: Jozo Brkic kommt aus der Pro B von den Iserlohn Kangaroos zu den ETB Miners. Die Essener sind begeistert über die Verpflichtung – der Kroate hat internationale Erfahrung und starke Zahlen vorzuweisen.

> 14.6.

Frauenfußball: Die SGS verliert an der Hafenstraße gegen Wolfsburg mit 0:3. Ausgerechnet Lena Oberdorf ist beim Startelf-Comeback gegen ihren neuen Verein im Pech – sie ist unfreiwillig am Führungstreffer der Gäste beteiligt.

> 17.6.

Fußball: Rot-Weiss Essen meldet sich mit einem Donnerhall aus der langen Ruhepause zurück: Der Regionalligist trennt sich zum Saisonende von Cheftrainer Christian Titz, der im Sommer 2019 einen Zweijahresvertrag unterschrieben hat. Überraschend kommt das nicht, obwohl die Rot-Weissen bis zum corona-bedingten Abbruch der Saison auf Rang drei noch realistische Chancen hatten, die Aufstiegsrelegation zur 3. Liga zu erreichen. Es war die beste Spielzeit für den Essener Regionalligisten seit Jahren, allerdings war es zweifelsohne auch der mit Abstand beste Kader. Nun also die Scheidung.

Frauenfußball: Die SGS Essen meldet sich in der Frauenfußball-Bundesliga im Kampf um den vierten Platz zurück. Nach einem kuriosen Spielverlauf schlägt Schönebeck den 1. FFC Frankfurt mit 2:1 (0:0) und rückt damit bis auf zwei Punkte an die Hessinnen heran. Den Siegtreffer erzielt Laura Störzel per Eigentor, nachdem zuvor schon Essens Marina Hegering für die Frankfurter Führung gesorgt hat.

> 19.6.

***Fußball:* Nur zwei Tage nach der Freistellung von Cheftrainer Christian Titz präsentier die Rot-Weiss Essen den Nachfolger. Christian Neidhart vom SV Meppen soll den Essener Traditionsklub in die 3. Liga führen. Dorthin, wo er selbst herkommt. „Christian Neidhart war seit unserem ersten Treffen unsere Wunschlösung als neuer Cheftrainer. Er hat in den vergangenen Jahren hervorragende Arbeit beim SV Meppen geleistet und genießt in der Szene ein hohes Ansehen", kommentiert RWE-Sportdirektor Jörn Nowak.**

> 20.6.

Frauenfußball: Die SGS Essen schont ihre Kräfte im Schlussspurt der Frauenfußball-Bundesliga nicht. 93 Minuten muss die Elf von Trainer Markus Högner kämpfen, ehe der 2:1 (1:0)-Erfolg beim SC Freiburg perfekt ist. Und wie schon unter der Woche gegen den 1. FFC Frankfurt: Mit einer besseren Chancenverwertung hätten die Essenerinnen wohl einige Körner sparen können. Im Breisgau hätte jedenfalls schon zur Halbzeit alles klar sein müssen, wäre die SGS nicht allzu oft an SC-Torfrau Merle Frohms und an dem eigenen Chancenwucher verzweifelt.

> 24.6.

Frauenfußball: Die SGS Essen blamiert sich im Saisonfinale der Frauenfußball-Bundesliga: Gegen den bereits abgestiegenen USV Jena kommt die Elf von Trainer Markus Högner nicht über ein enttäuschendes 1:1 (0:1) hinaus. Dabei lassen die Essenerinnen gegen einen eigentlich nicht konkurrenzfähigen

Gegner die richtige Einstellung vermissen und gehen einmal mehr fahrlässig mit ihren vielen Chancen um.

> 25.6.

Fußball: Rot-Weiss Essen nimmt mit Daniel Davari (32) einen neuen Torhüter unter Vertrag. Der ehemalige Bundesliga- und Nationaltorhüter war zuletzt bei RWO aktiv. „Daniel hat in seiner Karriere schon einiges erlebt und bringt enorm viel Erfahrung mit. Durch seine ruhige und positive Ausstrahlung wird er uns noch mehr Stabilität verleihen", so Sportdirektor Jörn Nowak.

> 27.6

Jugendfußball: Auf diese Nachricht haben die Essener Jugendteams sehnlichst gewartet: Der Verbandsjugendtag des Fußballverbandes Niederrhein, der vornehmlich online stattfindet, bricht nun auch offiziell die Saison 2019/20 für die Nachwuchsspielklassen ab. Die Anträge des Verbandsjugendfußballausschusses wurden von den Vereinsdelegierten – wie schon bei den Senioren – mit sehr großer Mehrheit angenommen.

> 28.6.

Frauenfußball: Im Schlussakt der Frauen-Bundesliga rutscht die SGS Essen auf den fünften Tabellenplatz ab. Die Schönebeckerinnen unterliegen dem FC Bayern München am letzten Spieltag mit 0:3. Gleichzeitig gewinnt Turbine Potsdam bei der TSG Hoffenheim und erobert so den vierten Platz zurück, auf den die Essenerinnen erst unter der Woche geklettert sind.

> 30.6.

Frauenfußball: Nach drei erfolgreichen Jahren bei den Schönebeckerinnen verlässt Turid Knaak die SGS Essen. Damit geht die letzte Nationalspielerin des Frauen-Bundesligisten von Bord. Die 29-Jährige Nationalspielerin absolvierte 74 Liga- und Pokalspiele für die Essenerinnen und kam dabei auf 21 Tore. Die Cheftrainer Markus Högner bei allem Verständnis natürlich bedauert: „Leider wird uns Turid am Ende der Saison verlassen. Ihre Beweggründe kann ich aber sehr gut nachvollziehen, da sie täglich ein unglaubliches Programm auf sich nimmt."

Turid Knaak - hier im Zweikampf mit Carolin Simon vom FC Bayern, verlässt die SGS Essen nach der Saison.

Neuer Kunstrasen für American Football

Wilfried Ziegler, Präsident der Assindia Cardinals, spricht über die Pläne des Vereins

Wilfried Ziegler, Präsident der Assindia Cardinals: Mit dem Um- und Ausbau der Anlage in Kettwig will der Verein American Football weiter nach vorn bringen.

Wilfried Ziegler, Präsident der Assindia Cardinals, blickt auf die Baustelle: „Die feste Sportstätte bringt uns massiv weiter. Nun können wir expandieren und denken ganz intensiv über ein Damenteam nach." Ziegler hat sich schlaugemacht: Auf den Kunstrasen werde eine Kork-/ Sandmischung aufgebracht, um den Austrieb von Mikroplastik in die nahegelegene Ruhr zu vermeiden. Ende September werde der Teppich wohl liegen, hätten die Sport- und Bäderbetriebe mitgeteilt.

Zukünftig soll das Gesamtareal geteilt werden: Die Cardinals sowie der FSV Kettwig haben sich bereit erklärt, jeweils einen Teil in eigenverantwortlicher Nutzung zu übernehmen.

Das ehemalige Vereinslokal des FSV wird für den Bedarf der Footballer umgebaut. Neben zwei großen Umkleiden nebst separaten Duschen finden sich hier eine kleine Küche und ein 40 Quadratmeter großer Aufenthaltsraum. Hier können zukünftig in Teilgruppen Videoanalysen durchgeführt werden. Ein sehr wichtiges Element im Football-Training, betont Wilfried Ziegler.

Die Anlage an der Ruhrtalstraße wird sehr stark in Anspruch genommen. Neben vielen Schülern und 13 Mannschaften des FSV Kettwig gehören die Leichtathleten von LAC-THG, Lauftreff Kettwig 2000 und Kettwiger SV sowie die Boulegemeinschaft Kettwig zu den Nutzern.

Anfang des Jahres werde man sich mit allen Nutzern der Anlage zusammensetzen: „An Tagen mit Großveranstaltungen der anderen Clubs werden wir keine Heimspiele ansetzen." Mit dem FSV Kettwig pflege man jetzt schon eine gute Nachbarschaft.

Ziegler selbst hat den Football vor über 20 Jahren für sich entdeckt. Ein Kumpel nahm den früheren Fußballtorwart mit, der auf Anhieb begeistert war.

Als 2002 sein Vorgänger aus beruflichen Gründen kürzer treten musste, war der Quereinsteiger plötzlich Präsident. Und hat 18 Jahre später ganz konkrete Vorstellungen. Ein Meilenstein soll die erste eigene Sportstätte werden, denn seit dem Abriss des Grugastadions 2001 habe der Verein keine richtige Heimat mehr. Erst spät habe die Sportpolitik erkannt, dass der Essener Football eine eigene Anlage brauche. Mit der finanziellen Ausstattung der Spitzenclubs sei es im Essener Sport recht schwierig, obwohl eigentlich genügend potente Firmen ansässig seien.

In der 1. Liga müsse schon ein Etat von 2,5 Millionen Euro her, doch eine Etage tiefer reiche schon ein Zehntel. Zieglers Blick hat sich geändert in den Jahren. Gerade für Amateure müsse aber doch vor allem der Spaß im Vordergrund stehen.

Umso mehr gelte das für die „Erbsenfootballer", wie der 54-Jährige liebevoll die Spieler der U10 und U13 nennt. Sie würden behutsam an Wettkämpfe gewöhnt Die U16 und U19 spielen dann schon in der jeweils zweithöchsten Liga. Die 1. Herren sind gerade in die 2. Liga aufgestiegen. Corona vereitelt zurzeit alle Bemühungen. Mindestens 30 Spieler hat eine Footballmannschaft, nach den aktuellen Bestimmungen ist also kein Spielbetrieb möglich. Die Liga ist abgeblasen, erst 2021 soll ein kompletter Restart folgen. Die 1. Mannschaft wird weiterhin im Stadion Am Hallo in Stoppenberg spielen.

Daniel Henschke

Saisonausfall trifft Assindia Cardinals hart

Herber Dämpfer nach der Aufstiegs-Euphorie – finanziell sind die Essener aber gut aufgestellt

Es war eine bittere Entscheidung für die Assindia Cardinals. Eine mit Ansage. Seit Mitte August steht fest, dass die GFL2-Saison ausfallen wird. Bis zuletzt gehörten die Essener Footballer zu den Befürwortern des Spielbetriebs. Am Ende war nur noch eine regionale Spielzeit mit den vier NRW-Klubs geplant. Doch selbst diese Mini-Runde kann nicht stattfinden.

„Die Enttäuschung im Verein ist groß, wobei spätestens nach der Coronaschutzverordnung vom 11. August kaum noch Hoffnung bestand", erklärt AC-Chef Wilfried Ziegler. Da hatte die Politik die Obergrenze von 30 Personen beim Kontaktsport verlängert. Für die meisten Sportarten kein Problem, für die Assindia der Gnadenstoß. Schließlich zählt das Aufgebot der Essener weit mehr als 30 Mann. Seit geraumer Zeit können die Essener daher nur in abgespeckter Form trainieren.

Eine vernünftige Saisonvorbereitung ist angesichts der Restriktion kaum möglich, ein Pflichtspiel mit insgesamt mehr als 100 Beteiligten sowieso nicht. Und auch das latente Risiko, aufgrund eines positiven Falls in den eigenen oder des Gegners Reihen in Quarantäne zu müssen, können und wollen sich die Amateursportler nicht leisten. Trotz der am Ende erwartbaren Absage habe sich zunächst Resignation im Team ausgebreitet, sagt Ziegler.

Verständlich: Nach dem Aufstieg 2019 war die Euphorie groß, nun warten die Cardinals seit rund elf Monaten auf ein Pflichtspiel – und müssen sich wohl noch mindestens bis zum kommenden Frühjahr gedulden. Ob sich Spieler aufgrund der Pause und der ungewissen Zukunft vom Verein – oder gar vom Football – abwenden werden? „Das glaube ich nicht", meint Ziegler. „Dafür hängt zu viel Herzblut mit dran. Und ein Vereinswechsel hilft ja auch nicht."

Zumal es bald wieder zur Sache gehen soll – zumindest im Training. Vorerst aber hat die Assindia eine vierwöchige Pause einberufen. Zeit für die Verantwortlichen, die nächsten Schritte zu planen. „Wir sind Sportler, wir wollen und müssen immer auf ein Ziel hinarbeiten", sagt Ziegler. „Daher ist es wichtig, Highlights zu setzen." Der Motivation im Team sicherlich zuträglich: Der für Herbst anberaumte Umzug auf die Bezirkssportanlage in Kettwig kann wohl wie geplant stattfinden. Über Jahre hatte sich die Sanierung verzögert, doch seit dem Beginn der Bauarbeiten vor einigen Monaten wurde der Zeitplan eingehalten.

Die Sportstätte an der Ruhrtalstraße soll den über das gesamte Stadtgebiet verteilten Abteilungen der Assindia künftig ein gemeinsames Zuhause bieten. „Die Möglichkeiten in Kettwig machen uns deutlich unabhängiger und flexibler, was die Trainingszeiten und -gestaltung angeht. Sobald die Anlage fertig ist, werden wir intensiv trainieren und die individuelle Entwicklung der einzelnen Spieler stärker in der Vordergrund stellen", erzählt Ziegler, der sich regelmäßig sein eigenes Bild vor Ort macht.

Finanziell können die Essener den Saisonausfall verkraften. Fehlende Einnahmen aus den Heimspielen und eingesparte Kosten für Auswärtsreisen und ausländische Spieler halten sich die Waage. Verheerender seien die Folgen laut Ziegler für die Außendarstellung des Klubs. Nach Jahren des Wachstums stehen die Cardinals nun vor der Aufgabe, auch ohne Spielbetrieb in der Öffentlichkeit präsent zu bleiben. „Wir bleiben positiv und haben schon die ein oder andere Aktion geplant", sagt Ziegler. Auch in diesem Jahr wird es also noch einiges geben von den Assindia Cardinals – nur keinen Zweitliga-Football.

Erik Asmussen

Training ist unter gewissen Einschränkungen möglich, aber den Spielbetrieb lässt die Coronaschutzverordnungen nicht zu: Die Assindia Cardinals bei einer Übungsstunde.

Kupferdreher verbessert einen Tischtennis-Weltrekord

Es gibt vielleicht bessere Spieler als Frank Schweissing – aber keinen, der fleißiger an der Platte steht

Bereits am 31. Juli 2019 hatte Frank Schweissing vom TV Kupferdreh mit 1250 gespielten Einzeln innerhalb von sieben Monaten einen Weltrekord aufgestellt. Inzwischen hat der Essener, auf das gesamte Jahr 2019 gerechnet, eine neue Marke gesetzt. Die Messlatte liegt jetzt bei 1724 Einzeln.

Dieser beachtliche Vielspiel-Rekord wurde erst durch die vor drei Jahren ins Leben gerufene und inzwischen sehr beliebte Turnierserie „andro-WTTV-Cup“ möglich. Die dort gebotenen Anreize und Möglichkeiten gestatten es, auch im unteren Leistungsbereich oft teilzunehmen und viele Spiele zu absolvieren. Allein dadurch konnte diese erstaunliche Leistung überhaupt erst zustande gekommen. „Den Rekord anzustreben, daran hatte ich zuerst gar nicht gedacht. Doch dann verfestigte sich immer mehr die Idee, etwas Ungewöhnliches zu erreichen“, beschreibt der als Dozent für Industrieanlagen tätige Essener seine Motivation.

Frank Schweissing vom TV Kupferdreh.

48-stündiger Turniermarathon

Fortan nutzte Schweissing jede Möglichkeit, gleich mehrmals in der Woche bei einem der Turniere zu starten und schreckte auch nicht davor zurück, an einem 48-stündigen Turniermarathon in Lünen mit mehr als 80 Spielen teilzunehmen.

Im Gegensatz zu den meisten anderen Startern, denen es dabei um die Verbesserung ihrer TTR-Werte geht, hatte Frank Schweissing diesbezüglich keinerlei Ambitionen, denn „in vielen Spielen war der Leistungsunterschied so groß, dass die Erfolgschancen für mich sehr gering waren“.

Das ist kein Wunder, weil Schweissing im normalen Meisterschaftsbetrieb nur für die 5. Mannschaft des TV Kupferdreh in der 3. Kreisklasse an der Platte steht. Für sein Team bestritt er im Vorjahr lediglich elf Punktespiele mit 16 Einzeln. Damit wird auch deutlich, wie sehr die Rekordjagd im WTTV-Cup für den Tischtennis-Oldie, der erst vor fünf Jahren diesen Sport für sich entdeckte, im Vordergrund stand.

Seine 1724 Einzel, die einem Durchschnitt von 4,7 Spielen pro Tag entsprechen, steht nun als neue Bestmarke, die auch noch einige Zeit Bestand haben dürfte. Die Rekordzahl aus dem Juli um fast 500 weitere Spiele aufzustocken, war auch gar nicht so einfach.

„Da die Turnierserie im Oktober endete, durfte ich bis zum Jahresende kaum ein Turnier auslassen“, erinnert sich Schweissing an diese Zeit, in der sonstige Interessen in seinem Leben mal zurückstehen mussten.

Überhaupt war nicht nur der zeitliche Aufwand für dieses ehrgeizige Unternehmen erheblich, denn neben einem ansehnlichen Betrag für Startgelder kommen etwa 40.000 Fahrkilometer zusammen.

Winfried Stöckmann

Hoff und Rendschmidt haben nichts verlernt

Überzeugende Vorstellung bei der Leistungsüberprüfung auf der Wedau

Es war „nur" eine Leistungsüberprüfung des Deutschen Kanu-Verbandes (DKV) für einen kleineren Kreis der besten Kadersportler auf der Duisburger Wedau. Gedacht als Test, in Corona-Zeiten den besten nationalen Sportlern nun erstmals die Möglichkeit zu geben, sich unter Wettkampfbedingungen zu präsentieren und natürlich auch zu sehen, wo jeder derzeit sportlich steht.

Und so war doch ganz deutlich die Anspannung zu sehen bei allen Aktiven, sich erstmals in dieser speziellen Saison der nationalen Elite zu stellen – selbst aus der Distanz heraus neben dem abgesperrten Terrain heraus. Und schnell wurde klar: bei diesem ersten wettkampfmäßigen Aufeinandertreffen der nationale Elite wurden tolle Leistungen geboten; geschenkt wurde da keinem der Athleten etwas.

Max Hoff bei der ersten Leistungsüberprüfung des DKV in Duisburg.

Mittendrin im Geschehen die Kajak-Leistungsträger der KG Essen Max Hoff, Max Rendschmidt und Tobias-Pascal Schultz sowie Canadier-Fahrer Tomasz Wylenzek und bei den Damen Katharina Köther, die allerdings direkt nach dem Vorlauf mit muskulären Problemen passen musste. Am Ende konnten Max & Max (Hoff und Rendschmidt) wie schon so oft vollauf zufrieden sein. Sie hatten ihre Zugehörigkeit zur absoluten Spitze eindrucksvoll untermauert.

Als ein sportliches Highlight der Veranstaltung erwies sich dabei das Einer-Finale über 1.000 m. Am Ende hatte Olympiasieger und Weltmeister Tom Liebscher (Dresden) ganz knapp die Bootsspitze vorne vor dem jungen Supertalent Jacob Schopf (Potsdam – und 19-jähriger WM-Gold-Partner von Hoff im Vorjahr) und vor Max Rendschmidt sowie Max Hoff. Aber was war das für ein Zieleinlauf: Lediglich 1,5 Sekunden trennten die Vier voneinander!

„Dieses mit allen Top-Athleten besetzte Finale war ein packendes und tolles Rennen mit absolut starken Fahrzeiten, die für das Niveau dieses Quartetts sprechen. Da kann ich nur allen Respekt zollen", war nicht nur KGE-Herrentrainer Robert Berger begeistert. Gesehen hat dabei sicher nicht nur er, „dass die Altersfrage" auch für den Mitt-Dreißiger Max Hoff keine Rolle spielt und mit ihm nach wie vor zu rechnen ist.

Ebenso wie mit Max Rendschmidt, der neben Platz drei über 1.000 m über 250 m noch auf Platz vier einfuhr. Keinen guten Tag erwischte allerdings Tobias-Pascal Schultz. In den Vorbelastungen noch gut in Fahrt, konnte er dies auf der Wedau nicht abrufen. Nach acht Jahren Wettkampf-Abstinenz war dann auch wieder Canadier-Fahrer Tomasz Wylenzek am Start. Und er zeigte sich am Tag nach den Rennen durchaus zufrieden. „Wettkampferfahrung und Wettkampfhärte, also Rennen in kurzen Zeiten nacheinander zu fahren, fehlen noch. Das muss auch mein Körper erst noch bewältigen", sagte er lachend.

Im Finale dann aber konnte er sein Ziel, bester Rechtsfahrer zu sein, tatsächlich umsetzen. „Ich bin ja irgendwie noch im Lernprozess, aber gut dabei. Ich habe gesehen, dass ich auch im Wettkampfmodus über die Strecken komme. Ich sehe, dass das, was ich im Winter gemacht habe, gut war. Ich bin ja voll berufstätig – und dann in so einem Feld zu bestehen, das ist schon was", so „Tomek" Wylenzek.

Ute Freise

Für die Karriere hörte er auf sein Herz

Top-Kanute Max Hoff sah sich nach der Olympia-Verschiebung mit großen Fragen konfrontiert

Im Sommer hätten eigentlich die olympischen Kanu-Rennen in Tokyo über die Strecke gehen sollen. Und es hätten nicht nur die vierten Olympischen Spiele für Max Hoff werden sollen, sondern möglichst auch der krönende Abschluss einer schon beeindruckenden sportlichen Karriere mit WM- und EM-Titeln, Olympia-Bronze 2012 in London im Einerkajak und dem Olympiasieg 2016 im Viererkajak im Rio de Janeiro.

„Mein aktueller Zweierpartner Jacob Schopf (Potsdam) und ich waren im Frühjahr in guter Form und mit dem Selbstvertrauen der amtierenden Weltmeister im 1.000 m-Zweier auf Kurs in Richtung Tokyo. Und nach den Spielen wollte ich dann auch beruflich durchstarten, hatte ein gutes Job-Angebot. Denn nach zwei abgeschlossenen Studiengängen mit Biologie und BWL sowie einem eineinhalbjährigen Durchlauf als eine Art Trainee war die Grundlage geschaffen, darauf aufzubauen", so der Essener Athlet.

Die dann aber folgenden Fakten sind bekannt: die Olympischen Spiele wurden auf das folgende Jahr verschoben. Geplatzt war für Max Hoff nicht nur das sportliche Ziel, sondern auch die berufliche Perspektive. Stattdessen bauten sich viele Fragezeichen auf: die über 20 Jahre dauernde Leistungssportkarriere beenden und voll auf die berufliche Schiene setzten; oder noch ein Jahr Sport auf höchstem Niveau dranhängen? Verbunden mit der Unsicherheit, wie es beruflich weitergehen würde.

Verständlich, dass Hoff angesichts dieser Baustellen über viele Wochen hin- und hergerissen war – und aber auch erst einmal weiter machte. Die Entscheidung ist inzwischen gefallen – und war eine klare Herzensangelegenheit des Ausnahme-Athleten. „Ich habe ja schon nach dem Olympiasieg 2016 gemerkt, wie sehr mein Herz noch an dem Sport hängt. Und ich konnte mir nun letztendlich nicht vorstellen, am Schreibtisch zu sitzen, wenn in Tokyo die Olympischen Spiele ausgetragen werden. Da hätte ich großes Herzblut vergossen und würde mein ganzes Leben darüber nachdenken, ob diese Entscheidung richtig war. Dieses Kapitel der Olympischen Spiele hätte ich dann nicht zu Ende gebracht; und das konnte ich nicht mit mir vereinbaren. Ich möchte bewusst im Hier und Jetzt leben, und dazu gehört auch, meinem Herz zu folgen", erklärt Max Hoff seine Entscheidung.

„Ich hatte genug Zeit, mich auch mit dieser Situation zu arrangieren, habe versucht, hier meine Emotionen herauszunehmen. Und es ist gut, dass neben der Deutschen Sportstiftung auch meine individuellen Unterstützungen weiterlaufen und ich auch auf die KG Essen bauen kann. Das gibt mir natürlich Sicherheit. Das Jahr ist nun mal so wie es ist. Durch manche Phasen muss man da halt durch. Ich versuche, das Beste daraus zu machen. Im nächsten Jahr wird sich zeigen, wer mit dieser Situation am besten umgegangen ist, wer solide und professionell weitergemacht hat. Nur der wird dann auch erfolgreich sein", ist Max Hoff mit sich im Reinen.

Ute Freise

Olympia-Bronze (2012 im 1.000m-Einer) und Olympia-Gold (2016 in Rio im 1.000m-Viererkajak) hat Max Hoff schon; nun geht er auch Tokyo 2021 an.

Wo Sportler sich zu Hause fühlen
Der Allbau unterstützt zahlreiche SportlerInnen und Sportvereine in unserer Stadt.
allbau.de/sportsponsoring
Allbau
Mein Zuhause in Essen
Isabelle Zwingmann (VC Allbau Essen) und Max Rendschmidt (Doppel-Olympiasieger und mehrfacher Kanu-Weltmeister)

Olympia verschoben – für Caroline Arft ein Vorteil

Die Essener Kanutin hätte aufgrund einer Verletzung 2020 nicht nach Tokio reisen können

Zwei Leistungsüberprüfungen des Deutschen Kanu-Verbandes, dann die Deutschen Einer-Meisterschaften auf der Duisburger Wedau. Caroline Arft war bei allen drei Events dabei. Nicht aber aktiv auf dem Wasser, sondern als Zuschauerin.

Hintergrund ihrer Anwesenheit passiv am Ufer und nicht im Renngeschehen war ein großer Bandscheibenvorfall, diagnostiziert kurz nach Absage der Olympischen Spiele in Tokyo. Es folgte eine minimalinvasive OP, nachdem über Wochen laufende konventionelle Behandlungen nicht zum gewünschten Ziel geführt hatten. „Nach Rücksprache mit mehreren Ärzten habe ich mich relativ schnell zu diesem Schritt entschlossen, um nicht zu viel Zeit zu verlieren für eine mögliche Olympiavorbereitung für das kommende Jahr“. Ein verletzungsbedingter Ausfall, der unter normalen Umständen für Caroline Arft nur schwer zu verdauen gewesen wäre, denn er hätte ein Olympia-Aus bedeutet.

Aber zu einer „normalen“ Saison ist es durch die Corona-Pandemie nicht gekommen. „Es fällt mir schon auch schwer, dies zu sagen. Aber auf der rein sportlichen Seite hat Corona für mich nun eine positive Konsequenz gehabt.“ Die OP war gut verlaufen; was folgte, war erst einmal eine sechswöchige Ruhephase. Danach befand sich Caroline Arft im Aufbau- und Mobilitätstraining. Täglich war vormittags Reha angesagt, nachmittags folgten abgesprochene individuelle Einheiten. Sogar die ersten sanften Paddelschläge hatte sie da schon absolviert. Alles unter regelmäßiger Kontrolle und im Austausch mit den Ärzten.

Inzwischen strahlt sie wieder: Caroline Arft, die nach überstandenem Bandscheibenvorfall wieder mit moderatem Training beginnen darf und auf Olympia hinarbeitet.

Für die ursprünglich geplante Olympia-Saison hatte Arft viel vor. Und sie hatte es tatsächlich geschafft, sich im Vorjahr in den deutschen Damen-Vierer zu fahren und ist für 2020 in den offiziellen Olympiakader berufen worden mit Perspektive auf eine Olympia-Teilnahme. Gerade die ersten zwei Wochen nach der Diagnose der Verletzung waren nicht ganz einfach für sie und eine große Herausforderung. Da lagen schon so einige Steine im Weg, die es wegzuräumen galt.

„Vielleicht war die Verletzung auch ein Signal meines Körpers. Das ist nun meine Erkenntnis und Zielsetzung: etwas mehr auf Signale zu achten, hellhöriger zu werden“, zieht Arft auch positive Aspekte aus der aktuellen Situation.

Dass zum Zeitpunkt der Deutschen Meisterschaft normalerweise die Olympia-Kanu-Finals stattgefunden hätten, ist für sie nicht mehr von Bedeutung. „Ich habe mich arrangiert und sehe positiv in die Zukunft“. Da passt es gut, dass sie bei der Abschluss-Untersuchung grünes Licht oder von den Ärzten erhielt, wieder ins Training einzusteigen.

„Das freut mich natürlich, das ist der Weg in die richtige Richtung. Und ich bin positiv gespannt auf den Prozess, der nun kommt“, blickt Arft der Zukunft erwartungsvoll entgegen. „Wenn so eine Verletzung kommt, ist das schon ein Schlag. Aber sie hat sich dann doch schnell mit der Situation arrangiert und es gut verkraftet. Sie war auch dann super diszipliniert und hat aus meiner Sicht alles richtig gemacht“, so Heimtrainer Joaquin Delgado.

Ute Freise

Borkowski macht bei Jugend-DM fette Beute

Kanu-Talent aus Essen holt Silber über 500 Meter und 1000 Meter im Einerkajak

Erreichen konnte man Jonas Borkowski am späten Abend – gerade aus der Dusche kommend – im Essener Sportinternat. Er war ziemlich geschafft, aber auch sehr happy. Erst kurz vorher war der junge Kanute zurück gekommen von den Deutschen Jugend-Meisterschaften in Mannheim. Wegen der geltenden Corona-Regeln entsprechend nur in Kleinbooten und wieder einmal ohne Zuschauer.

Mitgebracht hatte er nicht nur einen Sonnenbrand, sondern auch gleich drei DM-Medaillen. Jonas Borkowski von der KG Essen war Deutscher Vizemeister im Einerkajak über 500 m und 1.000 m geworden und hatte seine Bilanz noch mit einer Bronzemedaille über 5.000 m aufgestockt! 60 Vereine und zwölf Verbandsmannschaften hatten für eine überaus hochkarätige Konkurrenz gesorgt – mittendrin auch das Essener Kanu-Talent.

Freut sich über seinen überaus gelungenen Start bei der Jugend-DM in Mannheim: Jonas Borkowski.

Besondere Freude über die Silbermedaille über 1000 Meter

Für eine mehr als positive Überraschung konnte er dabei im 500 m-Einer sorgen, dem mit 61 Teilnehmern größtem Feld. Hinter Maximilian Götzi vom KV Peitz sicherte sich der KGEer die Deutsche Vizemeisterschaft. „Damit hatte ich überhaupt nicht gerechnet, ich bin mehr als positiv überrascht und freue mich total", lautete die Bilanz des Esseners. Am meisten genossen habe Borkowski jedoch die Silbermedaille im 1.000 m-Einer, seiner Lieblingsstrecke. „Auf dieses Rennen habe ich mich besonders gefreut. Da wollte ich gut fahren, weil ich diese Distanz ja ganz gut beherrsche. Und dass es dann auch so gut geklappt hat, ist einfach super. Die harte Arbeit in den letzten Monaten hat sich so super ausgezahlt", gab Jonas Borkowski zu später Stunde glücklich durch.

Dass dann zum DM-Abschluss noch eine Bronzemedaille auf der Langstrecke heraussprang, war eine tolle Zugabe. „Jonas hat den ganzen Winter sehr fleißig trainiert. Das ist schön und freut mich sehr, dass er für seinen Aufwand nun so belohnt wurde. Es hat einfach viel Spaß gemacht, bei dieser DM zu sehen, was er da so hingezaubert hat", war auch Trainer Mirko Wojdowski voll des Lobes.

Ute Freise

Sieg im Wimpernschlagfinale mit Ungarn

Zum Saisonabschluss siegt Max Hoff im Vierer. Tomasz Wylenzek triumphiert im Mixed-Zweier-Canadier

In einem waren sich alle Aktiven nach dem „Elite-Event" zum Saisonabschluss einig: München war nach zwei harten Wochen des Trainingslagers in Kienbaum die Reise wert! Auf der Olympia-Regattastrecke von 1972 wurde vom erweiterten Olympia-Kader noch einmal viel gefordert; in den klassischen Disziplinen, aber zum Saisonabschluss und zum Spaß bzw. Motivation auch in so manchen Kategorien am Rande wie gemischten Booten und Staffeln.

„Es war zum Saisonende noch einmal ein harter, aber auch sehr schöner Wettkampf, von dem nicht nur ich positiv überrascht bin", brachte Tobias-Pascal Schultz die Stimmung der zwei Münchner Tage auf den Punkt. Aufgegangen war offensichtlich die Planung des Verbandes, dem Elite-Kreis zum Abschluss noch einmal einen Wettkampf zu bieten mit einer Mischung aus klassischen olympischen Rennen und Wettkämpfen am Rande.

Und das Rennen im 500 m-Viererkajak der Herren sollte dann auch eines der Highlights werden. „Deutschland I" als amtierender Weltmeister mit Max Rendschmidt, Ronald Rauhe (Potsdam), Tom Liebscher, und Max Lemke, lieferte sich einen packenden Zweikampf mit Balasz Birkas, Bence Nadas, Sandor Tottas und Istvan Kuli. Und zur Überraschung ganz dicht dabei auch „Deutschland II" mit Tobias-Pascal Schultz, Max Hoff, Jakob Thordsen und Jacob Kurschat.

Zur Freude des deutschen Teams hatten in einem Wimpernschlagfinale am Ende Rendschmidt und Co. die Bootsspitze vorn vor Ungarn und Tobi Schultz mit seiner Crew, die wie Max Hoff es direkt nach dem Ziel formulierte, „echt schnell" war.

Nichts anbrennen ließ Max Hoff dann im 1.000 m-Zweier mit Tom Liebscher. Nachdem sein Partner Jacob Schopf krankheitsbedingt ausgefallen war, saß mit Liebscher als „Vierer-Gold-Partner" von Rio eine mehr als gute Alternative im Zweier. Und einmal mehr bot auch Tobi Schultz mit seinem nun dritten Partner Jacob Kurschat in der Saison ein überaus starkes Gegen-Boot. Am Ende hieß es aber dann doch Hoff-Liebscher vor Schultz-Kurschat.

Zu den Gewinnerbooten gehörte dann auch Tomasz Wylenzek im gemischten Zweier-Canadier mit Lisa Jahn, ebenso wie in der gemischten Abschluss-Staffel Tobi Schultz im Zweier mit Jasmin Fritz. „Was für mich natürlich noch ein optimales Ende dieses doch schönen Events war", wie Schultz es formulierte. „Dieser Abschluss hier in München war auf jeden Fall das vernünftige Ende einer mehr als verrückten Saison ohne wirklichen internationalen Höhepunkt. Ich fahre nun auf jeden Fall sehr zufrieden nach Hause. Wir haben unsere Leistung noch einmal abrufen können, bei starker interner und auch internationaler Konkurrenz. Und auch der Zweier mit Tom Liebscher ist auf jeden Fall gut gelaufen. Von daher zum Saison-Ende alles gut", bilanzierte nicht nur Max Hoff positiv.

Mit sich im Reinen war auch Tomasz Wylenzek. „Die ganzen letzten Wochen waren für mich ein großer Schritt nach vorne. Und ich bin sehr froh, ein Teil dieser Mannschaft zu sein. Nun aber freue ich mich auch auf meine Frau und meine Kinder und wieder in meinem Bett zu schlafen".

Ute Freise

Nichts anbrennen ließ Max Hoff (vorne, links) mit Tom Liebscher über 1000 Meter gegen Tobias-Pascal Schultz (hinten) mit Jacob Kurschat.

Essener müssen im Finale zuschauen

KSV Rothe Mühle zieht nach Allbau Cup positives Fazit. Sportlich hätte es besser laufen können

Endlich wieder Kanupolo unter Wettkampfbedingungen – das dachten sich die Essener Bundesliga-Klubs KSV Rothe Mühle und KG Wanderfalke, als sie ihre Boote im Grugabad zu Wasser ließen. Rothe Mühle hatte eingeladen zum Allbau Cup, dem ersten prestigeträchtigen Turnier der Saison, nachdem so ziemlich alles abgesagt worden war, auch die Deutsche Meisterschaft.

Ausgenommen der beiden Hannoveraner Klubs waren die zehn weiteren deutschen Teams nach Rüttenscheid gekommen, um die Qualifikation für die Champions League auszuspielen. Für die beiden Finalisten lagen Tickets für den europäischen Vergleich bereit, zudem durfte sich der Sieger zumindest als inoffizieller Deutscher Meister feiern.

Als sich der Spätsommer am letzten Wettkampftag noch einmal von seiner besten Seite zeigte und das Finale angepfiffen wurde, blieb den Essener Teams allerdings nur die Rolle als Zuschauer. Sie sahen, wie sich der ACC Hamburg mit 3:1 gegen den Meidericher KC durchsetzte. Derweil landete Rothe Mühle auf dem fünften Platz, die Wanderfalken einen Rang dahinter. „Wir hatten uns schon ein besseres Ergebnis ausgerechnet", meinte KRM-Trainer Michael Konrad, der „im Endeffekt aber nicht unzufrieden" war. Schließlich hatte er auf seine Routiniers verzichtet und dafür einige Youngster ins Aufgebot berufen. „Angesichts unserer sehr jungen Mannschaft haben wir uns gut verkauft."

Zwei Lokalduelle hatte der Allbau Cup übrigens auch zu bieten. Zuerst trafen sich KGW und KRM in der Gruppenphase. Hier bescherte Wanderfalke dem favorisierten KSV eine 2:3-Pleite. Eine, die laut Coach Konrad, nachhallte: „Danach hat uns das Selbstvertrauen gefehlt, wir haben nicht wirklich unseren Rhythmus gefunden."

Im Viertelfinale war für beide Essener Endstation. KGW scheiterte am späteren Champion aus Hamburg (0:3). Rothe Mühle kassierte nach einem fesselnden Schlagabtausch mit Meiderich in der Schlusssekunde den Ausgleich und musste sich schließlich mit 7:8 nach Penalties geschlagen geben. Nach Siegen im „kleinen" Halbfinale fanden die Essener Klubs im Spiel um Platz fünf wieder zusammen. Rothe Mühle setzte sich mit 7:3 durch. Ausgleich in der stadtinternen Bilanz. Und für Michael Konrad der zufriedenstellende Abschluss eines aus organisatorischer Sicht gelungenen Wochenendes: „Die Sportler haben sich alle diszipliniert verhalten. Trotz der Auflagen war es eine ganz lockere Atmosphäre, und das Wetter hat auch mitgespielt. Die Resonanz der anderen Teilnehmer war durchweg positiv."

Mindestens genauso wichtig war für den langjährigen Essener Coach: „Wir haben der Bundesliga gezeigt, dass der Spielbetrieb durchaus möglich ist, wenn man sich Gedanken über die Ausrichtung macht und ein Konzept erarbeitet." Denn die frühzeitige Absage der Saison hatte Konrad nicht geschmeckt. Und die verpasste Königsklassen-Teilnahme konnte die Essener auch verkraften. Denn noch während des Turniers wurde der geplante Wettkampf im französischen St. Omer aufgrund der Pandemie abgesagt.

Erik Asmussen

Lennart Unterfeld (rechts/ Rothe Mühle) im Zweikampf mit Jan Herder (KG Wanderfalke).

Goldregen bei Sprint-DM in Kettwig

Zum letzten Ruder-Höhepunkt einer erfolgreichen Saison räumten die Essener noch einmal kräftig ab

Der „Kettwiger Herbst-Cup“ hat Tradition, aber die 29. Auflage war doch etwas Besonderes, denn im Rahmen dieser Veranstaltung wurden Ende 2019 auch die Deutschen Sprintmeisterschaften ausgetragen. Rund 1500 Athleten aus 89 Vereinen sorgten für ein Mega-Event im Essener Süden. Am Ende erhielten der Kettwiger Ruder-Regattaverein, die Kettwiger Rudergesellschaft und 160 ehrenamtlichen Helfer Bestnoten für Organisation und Präsentation.

Deutsche Meister von der Kettwiger RG: Celina Schneider, Julia Barz, Lene Mührs und Lena Sieberkotte.

Die Kettwiger RG war der erfolgreichste Verein bei diesen Titelkämpfen, gewann bei fünf Starts fünf Mal Gold. Auch die Startgemeinschaft des Essener Ruder-Regattavereins (ERRV) setzte bei den 15/16-Jährigen Glanzlichter mit drei Titeln, zwei Mal Silber und zwei Mal Bronze und lag in der Klubwertung hinter der KRG auf dem zweiten Rang. Außerdem verteidigte Laura Kampmann vom TV Kupferdreh ihren Titel im Frauen-Einer.

Zu den Finalrennen am Abend war die Naturtribüne am Ruhrbogen proppenvoll. Als der Kettwiger Junioren Mixed-Doppelvierer mit Lene Mührs, Lena Siekerkotte, Paul Rasch und Jan Philips unter Flutlicht das erste Gold holte, kannte die Begeisterung keine Grenzen. Die Vier setzten noch einen drauf und feierten sowohl im Juniorinnen-Doppelzweier als auch im Junioren-Doppelzweier ihren zweiten Titelgewinn.

Das erste Gold für den ERRV gab es im Mixed-Doppelvierer der 15/16-Jährigen. Emma Achenbach (KRG), Antonia Hinze (RaB), Fynn Strozyk, Henning Käufer (beide Etuf) und Steuermann Eric Voßbeck (RaB) siegten vor den Booten aus Dresden und Oldenburg. Den Schlusspunkt an diesem Tag setzten die Frauen im Ruhr-Achter der KRG. Die Bundesligamannschaft mit Svenja Meintrup, Julia Barz, Fabienne Klung, Franziska Ott, Isabell Nietgen, Charlotte Siering, Tabea Schick, Lenja Fütterer und Steuerfrau Hanna Müller holte ebenfalls den Titel.

Der nächste Tag begann, wie der vorherige aufgehört hatte. Die Kettwigerinnen Lene Mührs und Lena Siekerkotte sicherten sich gemeinsam mit Celina Schneider und Julia Barz den Titel im Frauen-Doppelvierer und waren mit drei Goldmedaillen die erfolgreichsten Teilnehmerinnen dieser DM. Auch der ERRV gewann zwei weitere Titel. Max Krammenschneider (RaB), Nicolas Fuest (EWRC), Fynn Strozyk, Henning Käufer und Steuerfrau Franziska Mohnfeld (alle Etuf) gewannen im Junioren Vierer B mit Steuerfrau.

Lea Schneider und Emma Achenbach (beide KRG) siegten im Doppelzweier der 15/16-Jährigen. Die ERRV-Ruderinnen schoben erst auf den letzten fünf Schlägen ihre Bugspitze nach vorne und beendeten eine unglaublich erfolgreiche Saison ab.

Der ERRV sammelte noch je zwei Silber- und Bronzemedaillen. Im Junioren Doppelzweier B und im Junioren Achter B gewannen Strozyk und Käufer Bronze. Im Achter wurden sie ergänzt durch Paul Gutberlet, Max Krammenschneider (RaB), Nicolas Fuest, Lennart Van Beem (EWRC), Jakob Kolacek (KRG), Juri Schimmele und Steuermann Eric Voßbeck (beide RaB).

Rolf Hantel / Boris Orlowski

RaB siegt unter Flutlicht

Beim Stadtachter-Rennen verteidigt der RaB mit Weltmeister Jakob Schneider zum zweiten Mal den Titel

Siegerehrung des Stadtachters (RaB) und des Stadt-Vierers der Frauen (KRG).

Rudern unter Fluchtlicht. Ja, auch das gibt's. Bereits zum 25. Mal wurden die Essener Stadtmeisterschaften im Rudern im Rahmen des Kettwiger Herbst-Cups ausgetragen. In diesem Jahr hatten die Gastgeber außerdem Auftrag und Ehre, die Deutschen Sprintmeisterschaften auf dem Kettwiger Ruhrbogen auszurichten. Es war eine Menge los an den drei Regatta-Tagen, doch die Verantwortlichen des Kettwiger Ruder-Regattavereins meisterten mit einem großen Helferstab wie gewohnt auch diese Herausforderung.

Um den Terminplan zu entzerren, wurden die Stadttitelkämpfe auf den Freitagabend vorgezogen. In Kettwig wurde für diesen Traditionswettkampf an der Strecke das Licht angeknipst. 17 Flutlichtmasten sorgten für eine einzigartige Atmosphäre und lockten damit hunderte Zuschauern an.

Der Stadtvierer der Frauen startete pünktlich um 19 Uhr. Die Ruderriege des Etuf um Olympiateilnehmerin Mareike Adams ging zwar als Titelverteidiger ins Rennen, doch vom Start weg gab das Quartett der Kettwiger Rudergesellschaft (KRG) den Ton an. Lene Mührs, Lena Siekerkotte, Lea Schneider und Julia Barz fuhren auf der ersten Streckenhälfte mehr als eine Bootslänge Vorsprung heraus.

Obwohl der Etuf auf den letzten 250 Metern noch einmal herankam, glitten die KRG-Damen unter dem tosenden Applaus des heimischen Publikums vor dem Etuf und dem RaB als Erste ins Ziel. Mit dem nunmehr 12. Sieg haben die Kettwigerinnen wieder die Führung in der ewigen Bestenliste der 24-jährigen Geschichte übernommen.

Bedeutend älter ist das prestigeträchtige Stadtachter-Rennen der Männer, das zum 58. Mal ausgetragen wurde. In den beiden Jahren zuvor hatte der Ruderklub am Baldeneysee (RaB) den Sieg davongetragen. Beide Male gehörte Jakob Schneider zur Crew, der Weltmeister aus dem Deutschland-Achter.

Auch diesmal hatte Schneider, der zuvor zum dritten Mal WM-Gold geholt hat, von seinem Erfolgscoach Uwe Bender frei bekommen, um seine Vereinskameraden bei der Titelverteidigung zu unterstützen. Auf der großen Videowand konnte Essens Oberbürgermeister Thomas Kufen und zahlreiche Prominenz den Start verfolgen.

Völlig überraschend übernahmen die jungen Wilden der KRG die Führung. Doch nach der Hälfte der Distanz schwanden ihnen die Kräfte. Der RaB setzte sich an die Spitze und gewann vor dem Etuf und der KRG. Im Siegerboot saßen Leon Siegel, Simon Wenzel, Max Krammenschneider, Moritz Wuerich, Leander Fesser, Thomas Wichelhaus, Benedikt Holländer und Steuermann Eric Voßbeck.

Unter Flutlicht übernahm OB Kufen gemeinsam mit den Vorstandsmitgliedern des Essener Ruder-Regattavereins (ERRV), Kathrin Seegers und André Ströttchen, die Siegerehrung vor.

Der ERRV nutzte die Gelegenheit, um sich bei der Stadt Essen und den Sport- und Bäderbetrieben für die hervorragende Unterstützung bei den Junioren-Europameisterschaften im Mai auf dem Baldeneysee zu bedanken. OB Kufen und dem Leiter der Sport- und Bäderbetriebe, Michael Kurtz, erhielten eine Goldmedaille dieses Events.

Sybille Meier

Titelkämpfe und Show-Event

Bei der Deutschen Meisterschaft im Ergometer-Rudern gibt es dreimal Bronze für Essen

Es war mal wieder ein Spektakel der besonderen Art. Zum 25. Mal wurde in Kettwig der „NWRV Indoor-Cup" ausgetragen und zum vierten Mal in Folge wurden dabei auch die Deutschen Meister gekürt. Mit 100 ehrenamtlichen Helfern im Rücken wurde der Kettwiger Rudergesellschaft einmal mehr eine außerordentlich gute Organisation bescheinigt. Binnen weniger Stunden wurde die Sporthalle des THG-Gymnasiums in eine Show-Arena verwandelt, wo die rund 800 Athleten aus gut 100 Vereinen optimale Wettkampfbedingungen vorfanden.

Die begeisterten Zuschauer verwandelten die Halle in einen Hexenkessel und sorgten für eine einzigartige Atmosphäre, von der sich die Athleten anstecken ließen. Gleich zwei Weltrekorde wurden in „Deutschlands Ergo-Tempel Nummer eins" aufgestellt, was von dem hohen Niveau dieses Events zeugt.

In den nationalen Entscheidungen taten sich die Essener Rudersportler allerdings sichtlich schwer. Zwar schafften es zehn Athleten in die Finals, Medaillen gab es aber nur für Larissa Schäfer (RaB) in der offenen Klasse, Jan Philips (Kettwiger RG) bei den Leichtgewichtsruderern (17/18 Jahre) und Renato Chavez (KRG) bei den Masters (55–59 Jahre). Für alle war es am Ende die Bronzemedaille.

Aber auch die anderen Finalisten machten mit guten Zeiten auf sich aufmerksam. Die amtierende Junioren-Vizeweltmeisterin Lene Mührs (KRG) und Vize-Europameisterin der Junioren, Antonia Galland (RaB) qualifizierten sich bei den 17/18-Jährigen im schnellsten Vorlauf aller Zeiten für das Finale der besten Zehn und belegten Rang sieben bzw. neun. Leichtgewicht Lea Schneider (KRG), die Deutsche Meisterin vom 2019 bei den 15/16-Jährigen, wurde in der nächst höheren Altersklasse Fünfte. Ein großer Erfolg war auch Rang neun für die Newcomerin Julia Kocherscheidt (Werdener RC).

Ebenfalls hoch zufrieden waren die beiden Kettwiger Paul Martin (6., 17/18 J.), Paul Rasch (7./ p. B. in der offene Klasse) sowie vom RaB Mathis Haske auf Rang zehn (Leichtgewicht A Junioren).

In den Kinderrennen und Mannschaftswettbewerben der offenen Landesmeisterschaften präsentierte der Ausrichter seinen starken Nachwuchs. Lotte Martin (14) gewann nach starkem Finish. Tino Scherrer (12) war ebenfalls nicht zu schlagen. Die 14-jährige Leichtgewichtsruderin Arisa Divivier und sowie Frida Weiler und Roman Wolf (beide 12) rundeten mit einem zweiten und zwei dritten Plätzen diese beeindruckende Vorstellung des KRG-Nachwuchses ab. Mit Mia Heseding (RaB) gelang als Dritte einer weiteren Essenerin bei den 14-jährigen Leichtgewichtsruderinnen der Sprung aufs Treppchen.

Boris Orlowski

Deutschlands Ergo-Tempel Nummer eins steht in Kettwig.

EWRC mit Erfolgen bei Sprintmeisterschaft

Fünfter Platz in Werder, Bronze bei der NRW-Landesmeisterschaft

Lennart van Beem (links) auf dem Weg zu Bronze.

Für die Juniorenruderer des Essen-Werdener Ruder-Clubs (EWRC) ging es im Oktober zur deutschen Sprintmeisterschaft in Werder (Havel). Lennart van Beem und Mats Schlieper erwartete dort ein Wettkampfwochenende mit vollem Programm: Van Beem startete im Doppelvierer, im Riemenvierer sowie im Achter und kämpfte sich in allen Bootsklassen durch Vorläufe, Hoffnungsläufe, Halbfinals und Finals. Mit Erfolg.

Im Doppelvierer sprintete er mit seinen Teamkollegen Yannik Sohns, Henning Käufer und Fynn Strozyk über die 450 Meter lange Strecke zur Bronzemedaille. Im Riemenvierer mit Steuermann erreichten sie in gleicher Besatzung in einem Wimpernschlagfinale den fünften Platz; mit lediglich 0,8 Sekunden Rückstand auf den Bronzerang. Dennoch war die Mannschaft mit ihrer Leistung sehr zufrieden und konnte mit dem Ergebnis ihre Vielseitigkeit in den beiden unterschiedlichen Disziplinen Riemen und Skullen direkt hintereinander unter Beweis stellen.

Ebenfalls im Doppelvierer, allerdings bei den erst 15- und 16-jährigen Ruderern, ging Mats Schlieper an den Start. Die vier Jungen, die sonst im Leichtgewichtsbereich an den Start gehen, mussten sich bei der Sprintmeisterschaft in der offenen Klasse den Konkurrenten aus ganz Deutschland stellen. Für eine Platzierung auf den vordersten Plätzen reichte es dementsprechend nicht, doch die Mannschaft konnte mit einer guten Leistung auf sich aufmerksam machen.

Jannik Elsner und Michl Drücker im Finale

Mit diesen Ergebnissen schlossen die beiden Ruderer direkt an die Leistungen der Vorwoche an: Zuvor waren sie bei der Landesmeisterschaft von NRW in Krefeld gestartet. Bereits hier konnte Lennart van Beem als erfolgreichster Sportler des EWRC die Bronzemedaille im Achter gewinnen. Weiterhin zeigten die 14-jährigen Ruderer Jannik Elsner und Michl Drücker im Zweier ihr Können: Nachdem sie sich mit einem beherzten Endspurt über die hier 1000 Meter lange Distanz noch als sechstes Boot für das Finale qualifizieren konnten, sicherten sie sich auch hier dank des Endspurts einen sehr guten vierten Platz.

Der letzte Tag dagegen stand dann ganz im Zeichen des Windes und des Wetters. Jonas Frommhold, dem seine Trainer durchaus gute Chancen auf den Titel eingeräumt hatten, traf bereits im Vorlauf auf seinen stärksten Konkurrenten. Noch zwei Wochen zuvor hatte er diesen auf den zweiten Platz verweisen können, unter den nun schwierigeren Bedingungen zog er im Vorlauf jedoch den Kürzeren und kam nur ins B-Finale, dort gewann er souverän.

Cathrin Crämer

„Wenn Ursula Flore nicht wäre …“

Die Kampfsport-Sparteleiterin wurde 80 – die erste Frau in der Männerdomäne

Das Lob ist einhellig und herzlich: „Eine starke Frau“, schwärmen sie nicht nur beim Essener Sportbund (Espo), wo Ursula Flore seit fast einem halben Jahrhundert als Spartenleiterin für Kampfsport (Budo) ehrenamtlich im Einsatz ist. Diese rührige, agile Frau genießt Respekt und Anerkennung: „Wenn Ursula Flore nicht wäre …“. Ja, dann wäre es wohl nicht so gut bestellt um den Judo-Sport in dieser Stadt.

Flore hatte schon immer hatte ein Herz für diese Disziplin. Sie war eine der ersten Frauen in Essen, die sich in die damalige Männerdomäne einmischte und auf die Matte ging. Mit 29 Jahren war sie Vorsitzende des 1. Essener Judoclubs und zwei Jahre später Mitbegründerin der Judokampfgemeinschaft (JKG).

Flore kämpfte und organisierte. Judo war ein Teil ihres Lebens, und sie genoss ihre aktive Zeit in vollen Zügen. Noch heute begleitet sie ein Projekt „Bewegt älter werden.“ Als Funktionärin erhielt sie zahlreiche Auszeichnungen, darunter das Bundesverdienstkreuz am Bande. Der Ehrenrat des Judo-Verbandes NRW verlieh ihr 2015 den 4. Dan.

„Menschen wie Ursula Flore, die sich so engagiert für den Ver-

Judoka Ursula Flore geht noch immer auf die Matte.

einssport einsetzen, sind einfach ein ganz besonderer Menschenschlag “, sagte Espo-Geschäftsführer Wolfgang Rohrberg zu ihrem 80. Geburtstag im Oktober. „So viel Herzblut, Hingabe und unermüdlicher Einsatz – das ist es, was unsere Sportlandschaft so lebendig macht.“ Für die Aktion „Länger jung bleiben durch Judo – gesund und fit durch die zweite Lebenshälfte“ gibt es kein besseres Vorbild.

Rolf Hantel

Ein Sturz verhinderte die Olympia-Teilnahme

Radfahrer Jürgen Schlitzkus tritt mit 80 Jahren noch immer in die Pedale

Jürgen Schlitzkus gehört in seiner AK weiter zu Besten.

Er rollt und rollt … Jürgen Schlitzkus war einer der erfolgreichsten Essener Radrennfahrer und noch immer tritt er kräftig in die Pedalen. Das Alter? Egal. Schlitzkus wurde im April stolze 80 Jahre alt, doch ein Ende seiner sportlichen Laufbahn ist nicht in Sicht.

Mit 18 Jahren begann er als Radrennfahrer beim RRC Staubwolke Essen. 1958 war das. Innerhalb Essens wechselte er kurzzeitig zum RRC Blitz Kray, wurde schon 1962 in die NRW-Auswahlmannschaft aufgenommen. Nach zahlreichen Siegen und Platzierungen wurde der Essener schon ein Jahr darauf in die Nationalmannschaft der Straßenrennfahrer berufen.

Auch im deutschen Trikot überzeugte Schlitzkus und wurde in den Olympia-Kader für Tokio 1964 berufen. Bei einem Sturz verletzte er sich jedoch so schwer, dass er bei den Spielen nicht starten konnte. 1965 gehörte er zur WM-Auswahl und wechselte nach den Titelkämpfen ins Profilager, wo er bei verschiedenen Rundfahrten (u. a. Spanien-Rundfahrt) erfolgreich war.

Bei den Deutschen Meisterschaften der Profis 1966 und 1967 belegte er Platz drei bzw. acht. Außerdem nahm er auch an Sechs-Tage-Rennen (u. a. in der Essener Grugahalle) teil. Nach insgesamt über 100 Siegen und Platzierungen beendete er 1967 seine Profi-Karriere.

Anfang der 70er Jahre wechselte Jürgen Schlitzkus zum Langstrecken-Lauf, wo er auch über die Marathon-Distanz startete. Seit 2011 ist der Jubilar aber wieder zu seinen Wurzeln zurückgekehrt, fährt fast täglich mit dem Rad und geht nun für den RRC Duisburg/IGZ Duisburg an den Start. Insbesondere in der Disziplin Einzel-Zeitfahren nimmt er auch jetzt noch an Wettkämpfen teil und gehört in seiner Altersklasse zu den Besten.

Rolf Hantel

Leidenschaftlich, akribisch, konsequent

Mark Warnecke ist einer der erfolgreichsten deutschen Schwimmer. Im Februar wurde er 50 Jahre alt

Ins Wasser springt Mark Warnecke nur noch äußerst selten. Der ehemalige Weltklasse-Schwimmer ist Unternehmer und schwer beschäftigt, da bleibt wenig Zeit für Vergnügen. Vergnügen? Na, ja.

Der Sport sei für ihn immer Quälerei gewesen, sagte Warnecke mit 43. „Meine Frau Elena liebt das Schwimmen, dieses Gefühl hatte ich nie", gab er damals zu und startete noch einmal zu Überraschung aller bei der Deutschen Kurzbahn-Meisterschaften, um zu testen, was der „alte Mann" noch so drauf hat. Im Februar feierte Warnecke seinen 50. Geburtstag auf Mallorca. Nicht im, aber am Wasser.

Dieser Mann wirkt zwar nicht verbissen diszipliniert, aber was er will, das packt er an mit Akribie, Leidenschaft und rigoroser Konsequenz. So war er als Spitzensportler und so hat er sich auf dem Markt etabliert.

Mark Warnecke am 27. Juli 2005: Da wurde der Wittener in Montreal mit 35 Jahren ältester Weltmeister.

Warnecke zählte zu den erfolgreichsten deutschen Schwimmern. Er sammelte deutsche und internationale Titel, hat Weltrekorde aufgestellt und holte 1996 bei den Olympischen Spielen in Atlanta Bronze über 100-m-Brust.

2005 in Montreal wurde der Brustschwimmer Weltmeister im 50 Meter Sprint, mit 35 Jahren der älteste Titelträger aller Zeiten.

Seinen Ehrentag beging Mark Warnecke mit Familie, Freunden und Wegbegleitern. Natürlich spielen alte Zeiten noch eine Rolle, aber der Sport ist längst Geschichte. „Kein anderer Schwimmer war so oft an sich selbst gescheitert wie Mark Warnecke", hatte die FAZ nach seinem WM-Triumph geschrieben. Mal hatte er sich während des Rennens verschluckt, mal litt er unter Pfeifferschem Drüsenfieber, mal verrutschte ihm die Schwimmbrille. „Ach, das mit dem Verschlucken habe ich gar nicht mehr so drauf", sagt Warnecke. Bei den Olympischen Spielen 2000 in Sydney passierte ihm im Vorlauf an der Wende das kuriose Missgeschick. Auf der zweiten Bahn holte er dann nicht einmal Luft und schied chancenlos aus.

Die Erinnerungen, die hochkommen, haben aber weniger mit Sport zu tun, sondern gehen eher zurück bis in die Jugend. „Das war auch eine intensive Zeit, weil ich trotz Sports immer alles gemacht habe, während sich andere um 10 Uhr ins Bett legten."

Warnecke wurde immer schon von neugierigem Ehrgeiz getrieben. Ständig hinterfragt er Dinge, was auch seinen Trainer Horst Melzer herausforderte. Warnecke probiert vieles aus. Er liebt den Motorsport, hat als Teenager seine Mofa frisiert, um der Schnellste zu sein, und ist später beim Porsche Carrera-Cup Rennen gefahren. Er hat einen Flugschein erworben und sich ein Pferd angeschafft. „Um das alles unter einen Hut zu bringen, musst du schon ziemlich strukturiert sein", findet Warnecke, der jedoch damals nicht immer pünktlich zum Training erschien.

Mangelnde Disziplin? „Er wohnte in Witten, studierte in Bonn und trainierte in Essen", erinnert sich Horst Melzer. Er sei die Strecken mal irgendwann abgefahren. „Und da habe ich mich gefragt, wie er das überhaupt schafft, nur zehn Minuten zu spät zu kommen."

Rolf Hantel

Er holte die Weltklasse nach Essen

Manfred Diedrich wurde im Juni 80 Jahre alt

Die Begeisterung für „seine" Leichtathletik ist über Jahre hinweg geblieben. Mit 14 Jahren entdeckte Manfred Diedrich das Interesse an dem Sport, im Juni wurde er 80 Jahre alt. Und noch immer läuft er Woche für Woche durch den bergigen Kruppwald oder umrundet von Werden aus den Baldeneysee.

Viele Jahrzehnte starteteerals Mittel- und Langstreckenläufer für die Vereine MTG Horst, Polizei SV und der späteren LAV erdgas. Nach seiner aktiven Zeit als Mittelstreckenläufer folgten Jahrzehnte als Vereinsfunktionär, als Meetingdirektor von fünf internationalen Sportfesten im damaligen Grugastadion und als 15-maliger Stadtlaufveranstalter, der immer am 1. Mai mitten in der City auf der Kettwigerstraße ausgetragen wurde.

Manfred Diedrich holte damals die Weltklasse nach Essen. 1985 gründete er aus 12 Essener Vereinen die Startgemeinschaft LAV, die in den Stadtfarben Blau und Gelb bundesweit erfolgreich auf Rekordjagd ging.

1985 gründeten Deutschlands Veranstalter die „German TOP-Meetings" Organisation. Gründungsmitglied war damals auch der Mann aus Werden. Diedrich hatte damals eine Vision. Der Leichtathletikfan wollte auch Essen mit einem internationalen Sportfest ins TV-Rampenlicht bringen. Doch als Organisator musste der Essener immer bescheiden mit einem Platz in der zweiten Reihe der Veranstalter vorliebnehmen. Nur vereinzelt war die Weltklasse in Essen am Start. Trotzdem sorgte die „Minderheit" für großes Aufsehen.

Persönliche Kontakte waren ausschlaggebend. Damals zählte der Handschlag. Oft berichtete auch das Fernsehen aus Essen.Harald Schmid über 400 Meter Hürden, ein Weltmeister Patriz Ilg, der über 3000 Meter Hindernis die Norm für Olympia in Seoul schaffte, das Weltklasse Hochsprungduo Dietmar Mögenburg und Carlo Tränhardt, ein US-10,1-Sprinter mit dem Namen Stanley Floyd: Die Essener Teilnehmerliste mit hochkarätigen Namen bei den Männern und Frauen war lang.

Silbernes Haar, Schnauzbart, mit 80 Kilogramm eine schlanke Person, geistig und körperlich voll fit, Das ist Manfred Diedrich heute. „Über meinen heutigen körperlichen Zustand bin ich so glücklich", betont der ehemalige Bürokaufmann.

Seine persönliche aktive Laufbahn beendete Manfred Diedrich als 800 Meter- und 1500 Meter-Mittelstreckenläufer mit einem 5000-Meter-Lauf. Mit 43 Jahren lief Diedrich die Distanz in guten 15:01 Minuten.

Auch im Alter von 80 Jahren verfolgt der Jubilar ein sportliches Ziel. Dafür will Manfred Diedrich aber seine alten Spikes aus dem Keller holen. Diedrich: „Ich möchte in der Altersklasse M 80 Jahre den Deutschen Rekord über 800 Meter brechen. Die Bestzeit steht jetzt bei 2:52:02 Minuten. Eine schnellere Zeit traue ich mir zu".

Georg Lukas

Der Kruppwald ist noch heute das Laufrevier von Manfred Diedrich, der bei bester Gesundheit seinen 80. Geburtstag feiert.

Der Verein war bis zuletzt eine Herzenssache

Adler Union Frintrop trauert um Werner Swienty

Die Frintroper Fußballer trauern um Werner Swienty.

Die DJK Adler Union Frintrop trauert um Werner Swienty, der im Juni im Alter von 74 Jahren verstarb. Seine berufliche Laufbahn begann mit 17 Jahren im Polizeidienst, die sehr erfolgreich bis zum GdP-Vorsitz in NRW führte. Gleichzeitig begann seine sportliche Laufbahn im Fußball, zeitlebens seine große Leidenschaft. Nach Stationen bei den RWE-Amateuren, SV Zweckel und PSV Essen schloss sich der talentierte Fußballer 1969 dem Verein SV Union Frintrop an, mit denen er als Stütze der ersten Mannschaft die Stadtpokalsiege 1973 und 1978 feierte. Später wurde er Trainer der ersten Mannschaft, später auch Coach bei Fortuna Bredeney. Doch seinen Unionern blieb er treu, als Versammlungsleiter, beim Kartenverkauf oder Helfer bei Veranstaltungen. Vorübergehend bekleidete er auch das Amt des ersten und zweiten Vorsitzenden. Der Besuch der Spiele war für ihn fast bis zuletzt eine Herzenssache.

SG Schönebeck: Trauer um Karl Berheide

Der ehemalige Vorsitzende verstarb im Alter von 84 Jahren

Die Sportgemeinschaft Essen-Schönebeck trauert um ihren ehemaligen Vorsitzenden, Karl Berheide, der im Alter von 84 Jahren verstorben ist. Mit 33 Jahren war Berheide 1968 einer der Gründungsväter des SC Grün-Weiß Schönebeck und blieb seinem Verein (später SG Essen-Schönebeck) als Mitglied und Ehrenmitglied über 50 Jahre treu verbunden. Vier Jahre lang führte er die Geschäfte der Fußballabteilung, bevor er von 1979 bis 1982 die Geschäftsführung des Hauptvereins übernahm. Von 1982 bis 1998 leitete er als Vorsitzender die Geschicke des Vereins und hatte maßgeblichen Anteil an der Entwicklung vom kleinen Sportverein hin zu einem bedeutenden Essener Breitensportverein. In seine Amtszeit fiel die Errichtung des Sport-und Gesundheitszentrums an der Ardelhütte.

Verstarb im November: Karl Berheide.

Viele Jahre war er als Schiedsrichter auf den Essener Plätzen unterwegs. Karl Berheide vertrat die SG Essen-Schönebeck seit 1981 als Beisitzer im Fußballausschuss Kreis Essen und übernahm 1992 bis 2007 dessen Vorsitz. Für sein Wirken wurde er mit der Ehrennadel in Gold und Silber des Kreis Essen und des Fußballverbandes Niederrhein ausgezeichnet. Im Jahre 2005 erhielt er die Sportplakette für besondere Verdienste um den Essener Sport.

Die Stimme der Grugahalle ist verstummt

Karl-Heinz Weißenfels verstarb mit 80 Jahren

In der Handballszene bestens bekannt: Karl-Heinz Weißenfels (r.) mit Ex-Tusem-Trainer Petre Ivanescu.

Karl-Heinz Weißenfels ist im Alter von 80 Jahren gestorben. Erst einige Zeit nach seinem Tod fand diese traurige Nachricht den Weg an die Öffentlichkeit, was in gewisser Weise bezeichnend war für diesen Mann, der über Jahrzehnte eher im Hintergrund gewirkt, sich aber durch unermüdliches Engagement vielerorts nahezu unentbehrlich gemacht hatte.

Am Maria-Wächtler-Gymnasium, wo der Studiendirektor für Deutsch und Sport auch nach seiner Pensionierung (2004) noch einen Literaturkurs leitete. Oder beim Handball-Bundesligisten Tusem Essen, wo er an der Seite von Klaus Schorn, dem ehemaligen Macher auf der Margarethenhöhe, die sportlichen Glanzzeiten des Klubs hautnah miterlebt hatte. „Ein richtig guter Handballspieler war ich nie, ich war eher ein guter Leichtathlet“, gab Weißenfels zu.

Doch als der Sportlehrer die Stadtmeisterschaften im Schulhandball koordinierte, entdeckte er seine Leidenschaft für diesen Sport. Nachdem das Wächtler-Gymnasium 1969 den Titel geholt hatte, fragte der damalige Bundesligist SC Phönix bei ihm an, ob er eine Jugendmannschaft im Klub übernehmen wolle. Das war der Einstieg. Wenig später wurde aus dem Jugendtrainer ein Hallensprecher, der sich nach mehr als 25 Jahren am Mikrofon den Titel „Stimme der Grugahalle“ erworben hatte.

Weißenfels begleitete nicht nur Handballspiele in der Grugahalle. Auch bei Fecht- oder Judo-Weltmeisterschaften oder bei Tennisturnieren mit Boris Becker machte Weißenfels die Ansagen und beim Fußball-Oberligisten ETB am Uhlenkrug saß er später ebenfalls in der Sprecherkabine. Zuletzt war er Anfang Januar beim EM-Test der Handballer gegen Island in der Mannheimer SAP-Arena im Einsatz.

Als der SC Phönix in die Pleite rutschte, holte ihn Klaus Schorn zum Tusem, wo Weißenfels bei den Europacup-Touren als Reiseleiter mit Ruhe und Geduld die eine oder andere organisatorische Hürde aus dem Weg räumte. Diese Qualität gefiel auch dem Deutschen Handball-Bund (DHB), der den Essener als Teamleiter einsetzte, der bundesweit die Gegner der Nationalmannschaften betreute. Bei der Frauen-WM 2017 war Weißenfels für Slowenien zuständig, bei der Männer-WM 2019 waren die Mazedonier „seine“ Mannschaft.

„Mit seiner ebenso herzlichen wie professionellen Art hat er Gastlichkeit gelebt“, sagt der DHB-Vorstand Mark Schober.

Rolf Hantel

Adler Union trauert um Hans Göken

Der Ehrenvorsitzende verstarb im Alter von 83 Jahren

Adler Union Frintrop trauert um den Ehrenvorsitzenden Hans Göken, der mit 83 Jahren gestorben ist. In ihm verlieren die Frintroper einen Sportsmann, der sich über viele Jahre um den Verein – erst Union und ab 2014 nach dem Zusammenschluss auch Adler Union – verdient gemacht hat. 1976 wurde Göken zum 1. Vorsitzenden gewählt. Mit kurzer Unterbrechung war der erfolgreiche Geschäftsmann 24 Jahre im Amt. Für seine Verdienste wurde er geehrt: mit der silbernen und goldenen Vereins- und Verbandsnadel, der DFB-Verdienstnadel und der Ehren-Mitgliedschaft im Verein.

Hans Göken.

Ein Leben für den Rudersport

Trauer um Gunther Kaschlun

Auch wenn viele um seine nachlassende körperliche Konstitution wussten – die Nachricht vom Tod von Gunther Kaschlun erfüllte den Etuf und insbesondere die Ruderriege mit tiefer Trauer. Gunther Kaschlun hat sich seit seinem Eintritt in den Etuf 1951 große Anerkennung und Verdienste erworben. Meilensteine seiner beispielhaften Karriere im Rudersport waren die Deutsche Jugendmeisterschaft im Achter, sein Start bei den Olympischen Spielen 1956 in Melbourne, mehrere Deutsche Meisterschaften im Zweier mit Steuermann und im Vierer ohne Steuermann und 1957 die Goldmedaille bei den Europameisterschaften, damals dem weltweit höchsten Internationalen Ruderwettbewerb, in Duisburg belohnt.

1960 unterlag er im Zweier mit Steuermann nach einer Rennfolge ohne Niederlage als Deutscher Meister in der damaligen Ost-West-Qualifikation für die Olympischen Spiele in Rom nur durch unglückliche Umstände den späteren Goldmedaillengewinnern aus Gelsenkirchen.

Nach seiner Karriere auf den internationalen Regattabahnen widmete er sich intensiv und mit neuem Elan der Verbandsarbeit. Im Deutschen Ruderverband beeindruckte er durch seine Konzepte und Ideen für die Pressearbeit. Ebenso in der Stiftung Ruderclub Deutschland. Er kehrte als Schiedsrichter – später mit internationaler Lizenz – auf die Regatten zurück.

1974 wurde er Chef der Hügelregatta, führte sie aus kritischer Lage wieder zu einer renommierten internationalen Regatta und war darüber hinaus regelmäßig Gastgeber für Deutsche und Internationale Meisterschaften. Er verstand es, durch intensive, kontinuierliche und ideenreiche Arbeit nicht nur die weltbesten Mannschaften für den Baldeneysee zu begeistern und sie hierdurch nach Essen zu holen, sondern auch das Vertrauen vieler Persönlichkeiten aus Politik und Sportverbänden zu gewinnen.

Gunther Kaschlun.

Mit Stil und geschliffenen Worten, gründlichen Kenntnissen und beispielhaftem Engagement wusste er seine Gäste bei jeder Gelegenheit zu beeindrucken. Dem Etuf und besonders der Ruderriege war er stets in Dankbarkeit verbunden. Der Etuf insgesamt profitierte von seinem unermüdlichen Engagement und ehrte ihn 2001 mit der Ehrenmitgliedschaft, und die Ruderriege wählte ihn zu ihrem Ehrenvorsitzenden.

Gunther Kaschlun war ein eindrucksvolles Beispiel, wie Leistungssportler nach ihrer Karriere mit ihrer Erfahrung dem Sport und ihrem Verein dienen können. Für ihn war der (Ruder)Sport nicht nur Training, Wettkampf und Medaille, sondern eine lebenslange innere Verpflichtung und Bildung.

Lang ist die Liste seiner Auszeichnungen, u. a. wurde er für seine Goldmedaille bei den Europameisterschaften auf dem Jubiläumsrudertag 1958 in Köln mit dem Silbernen Lorbeerblatt geehrt; die Plakette der Stadt Essen für hervorragende Sportführung erhielt er 1990; die Plakette für besondere Verdienste als höchste Auszeichnung des Deutschen Ruderverbandes für ehrenamtliche Tätigkeit auf dem Rudertag 1997 in Essen.

Eberhard Wühle

Lächelnd ins Ziel

Jan Seewald und Carsten im Brahm brachten vom Triathlon-Klassiker viele Eindrücke mit

Hawaii ist weit weg. Der Alltag hatte Jan Seewald und Carsten im Brahm schnell wieder eingefangen. „Im Kopf ist das alles schon so weit weg“, sinniert Seewald, der gemeinsam mit seinem Vereinskollegen im Brahm den legendären Triathlon auf der berüchtigten Insel absolvierte. „Das wirkt irgendwie so surreal, die lange Reise, die vielen Eindrücke und Erlebnisse …“ Und vor allem jene Ironman-Weltmeisterschaft auf Big Island, ein Wettkampf, der zu den härtesten der Welt zählt.

3,86 km Schwimmen im Pazifik, 180 km Rad fahren durch Lavawüste und 42,2 km Laufen auf heißem Asphalt, alles bei extrem hoher Luftfeuchtigkeit und sengender Hitze. Hawaii-Mythos und Traum der Triathleten, die diese Tortur immer wieder mit Stolz und Ehrgeiz auf sich nehmen. Dabei kann der exotische Dreikampf in diesem Urlaubsparadies so unglaublich grausam sein. Titelverteidiger Patrick Lange musste aussteigen, Jan Seewald und Carsten im Brahm, beide Starter des TRC 84 Essen, aber kamen durch, das allein ist ein persönlicher Triumph. „Ich bin mit einem Lächeln ins Ziel gelaufen und habe es genossen“, sagt im Brahm. „Und die Sonne stand auch noch am Himmel.“ Er gehört zu den Day-Light-Finishern, obwohl er beim Schwimmen in den Wellen vor Kailua erstmals seekrank geworden war.

Im Ziel ist die Quälerei vergessen, der Stolz über das Erreichte grenzenlos: Jan Seewald (r.) und Carsten im Brahm mit ihren Finisher-Trophäen.

Jan Seewald wollte mehr als nur ankommen und brachte eine ganz starke Leistung. „Wenn man so einen Wettkampf hinlegt, dann ist das ein tolles Gefühl“, sagt der Diplom-Ingenieur. Nach nur 9:06:18 Stunden lief der Essener als 84. (76. Mann) von rund 2500 Teilnehmern über die Ziellinie. 47 Profis waren vor ihm, aber auch einige dahinter. Unter allen „Agegroupern“ (Altersklassen ohne Profis) bedeutet das Rang 37 und in der AK 35–39 Rang 15. Seewald verbesserte sich gegenüber seinem Debüt vor zwei Jahren um beachtliche 20 Minuten. „Es lief perfekt“, schwärmt Seewald. Klar, die Schinderei relativiert sich im Erfolgsfall. Der neue Schwimmanzug half ihm enorm, das Radfahren ein Traum.

Zu Beginn des Marathons über den berühmten Ali'i Drive war es an diesem Tag extrem schwül. „Da hatte ich ordentlich zu kämpfen,“ erinnert sich Seewald. „Auf den ersten zehn Kilometern hatte ich nicht das Gefühl, als könnte es was werden.“ Er musste schon früh Kohlenhydrate tanken, aber es funktionierte. Auf dem Highway lief es wieder und Seewald konnte die Weite des Landes genießen, bis zum Horizont war niemand zu sehen.

„Das ist ein Zeichen, dass man vorn dabei ist. Und dann kam mir Carsten entgegen und hat mir zugerufen, dass da niemand ist. Das gibt einem noch mal einen Schub.“ Und dass er sich an seinem ersten Hochzeitstag über die Straßen von Kailua-Kona quälte? „Mehr Glück kann man an einem Tag kaum empfinden“, meint der Gatte. Und Ehefrau Katarina, ebenfalls eine passionierte Triathletin, fieberte schließlich als eine der vielen Supporter am Streckenrand mit.

„Die direkten Schmerzen sind so etwa nach einer Woche verschwunden“, beschreibt der TRC-Athleten die Zeit danach. Aber erst nach zwei bis drei Wochen habe sich der Körper vollends von den Strapazen erholt, dass man wieder frisch und ganz normal Sport treiben könne.

Die Karriere ist längst nicht beendet, die Gedanken eilen voraus. „Einmal auf Hawaii in der Altersklasse unter die Top-Fünf zu kommen und offiziell beim Bankett der Champions geehrt zu werden“, sagt Jan Seewald, „das ist auch noch so ein Traum von mir.“

Rolf Hantel

Speziell – aber wieder einmal hochklassig

Gastgeber TLV Germania Überruhr erhält beim „Tag der Überflieger" viel Lob – auch vom Bundestrainer

Es war eine „Special Edition". Mit diesem Zusatz hatte der Gastgeber TLV Germania Überruhr seinen „Tag der Überflieger" angekündigt, weil sich natürlich auch dieses Event der Corona-Krise unterordnen musste. Doch die vierte Ausgabe geriet so speziell auch wiederum nicht, und die Leistungen litten kaum unter den besonderen Bedingungen.

Die grünen Hemden der Verantwortlichen und Helfer waren auf der Bezirkssportanlage in Überruhr fast allgegenwärtig. Und dem Schriftzug „Fleißige Germanen" auf dem Rücken machten sie alle Ehre. Sonntagmorgen um fünf waren Cheforganisator Tim Husel und viele seiner Helfern auf der Anlage aufgetaucht. Und der sportliche Tag endete für sie erst am Abend. Natürlich fällt die Arbeit leichter, wenn man weiß, dass alles funktioniert. Das Hygiene-Konzept war aufgegangen, alles hatte seine Ordnung und nicht wenige Athleten und Trainer bedankten sich vor der Abreise bei den Gastgebern.

Dass der Hochsprung-Wettbewerb auf der einen Seite ausgetragen wurde, der Weit- und Dreisprung auf der anderen, war Teil des Konzepts. Auf dem Rasen, wo sich die wenigen Zuschauer – meist Eltern, Freunde und Betreuer – aufhielten, waren die Sitzplätze mit rot-weiß-farbigem Plastikband abgesteckt.

Die Atmosphäre war zwar nicht so stimmig wie in den Jahren zuvor, doch Totenstille herrschte nicht. Immer wieder hämmerten vor jedem Sprung die Beats aus den Lautsprecherboxen und animierten zum Mitklatschen. Tim Husel schritt als Moderator mit dem Funkmikrofon durch die Reihen und lieferte Infos.

Die Leistungen konnten sich sehen lassen. Der Hochsprung der Männer gehörte zu den Höhepunkten und endete mit einem Dreikampf zwischen Douwe Amels, Mateusz Przybylko (beide Leverkusen) und Tobias Potye (LG Stadtwerke München). Alle drei meisterten die 2,22 m und zeigten dabei ansteigende Form. Aufgrund der Fehlversuchsregel hatte der Niederländer Amels schließlich die Nase vorn.

Bundestrainer Hans-Jörg Thomaskamp freute sich: „Da war Feuer drin und Kampfgeist", sagte er. „Es war ein wichtiges Event. Wir sind den Veranstaltern mit Tim Husel an der Spitze sehr dankbar, dass sie das mit viel Engagement auf die Beine gestellt haben." Bei den Frauen siegte die U23 Vize-Europameisterin, Christina Honsel (TV Wattenscheid 01), mit 1,84 Meter.

Im Weitsprung der Frauen stellte Merle Homeier (LG Göttingen) mit 6,57 m eine persönliche Bestleistung auf, es war zudem die größte Weite, die je eine Frau in Überruhr erzielen konnte. „Mit dieser Leistung bin ich außerordentlich zufrieden", sagte ihr Trainer Frank Reinhardt, der aufgrund eines guten Saison-Auftakts in der Vorwoche nicht sonderlich überrascht wirkte. Reinhardt durfte sich zudem über den Sieg der Dreisprungfavoritin Neele Eckhardt (LG Göttingen/ 13,73 m) freuen.

Maximilian Entholzner (LAC Passau) gewann den Weitsprung der Männer mit 7,83 m souverän und stellte ebenfalls einen Veranstaltungsrekord auf. Im Dreisprung lag Gabriel Wiertz (TuS Pfarrkirchen/ 14,68 m) vorn.

Im Nachwuchswettbewerb konnten auch die Essener überzeugen. Der Veranstalter Germania Überruhr schickte Celina Bischoff, Emilia Rehbein, Elía Cebrián Schwarz und Phillip Baehr in einen Wettstreit mit der Leverkusener Konkurrenz. Drei der vier Lokalmatadore sprangen an diesem Tag so weit wie nie zuvor.

Rolf Hantel

Lokalkolorit: Die Nachwuchsathletin Celina Bischoff war eine von insgesamt vier TLV-Teilnehmern.

Bootsflüchtling aus Eritrea gewinnt das Rennen

Habtom Tedtos aus Neuss siegt über die zehn Kilometer beim Blumensaat-Lauf

Zum 29. Mal richtete der Tusem in Gedenken an den einstigen Marathonläufer August Blumensaat den gleichnamigen Seelauf in Kupferdreh aus. Es ist eine der beliebtesten Laufveranstaltungen in NRW. Diesmal starteten knapp 1200 Teilnehmer über zehn Kilometer und die Halbmarathonstrecke (21,1 km).

Bei aller Freude über gute Platzierungen kam es über die zehn Kilometer auch zu einem emotionalen Highlight. Mit der Startnummer 643 lief ein unbekannter, klein gewachsener Afrikaner im blauen Trikot mit und distanzierte die Konkurrenz.

Vor etwa fünf Jahren, nach einem langen Fußmarsch durch verschiedene Länder und einer lebensgefährliche Meeresüberfahrt, hatte der 22-jährige Habtom Tedtos, ein Flüchtling aus Eritrea, den europäischen Kontinent erreicht. Mittlerweile lebt er in Neuss und arbeitet dort als Anlagenmechaniker. Deutsch spricht der Läufer inzwischen fast fließend. Erst zwei Jahre zuvor hatte er seine Leidenschaft für die Langstrecke entdeckt. Folglich schloss er sich der Läufergruppe der TG Neuss an.

Am Baldeneysee zeigte Habtom Tedtos sein Talent. Er gewann die 10 Kilometer in ausgezeichneten 30:33 Minuten vor dem Olympiateilnehmer und mehrmaligen Deutschen Meister über 3000 Meter Hindernis, Steffen Uliczka (SG TSV Kronshagen/Kiel – 31:15 Min.).

Georg Lukas

Habtom Tedtos (Neuss) siegte über zehn Kilometer.

U23-Europameister vor Olympia-Starter

Beim 7. Werdener Crosslauf waren viele nationalen Größen am Start

Die Duisburgerin Anneke Vortmeier (r.), Deutsche Nachwuchs-Meisterin über 3000 Meter, lag im Löwental bei der U18 vorn.

In den Tagen zuvor hatte es geregnet, auf der Strecke war der Untergrund bei den Rasen-Abschnitten aufgeweicht und tief – gute Bedingungen also für eine sehr anspruchsvolle Cross-Strecke, was den Werdener TB als Ausrichter seines Crosslaufes natürlich freute. Zumal es pünktlich zum Wettkampfbeginn aufgehört hatte zu regnen, so dass die Läufe im Löwental teilweise unter blauem Himmel stattfanden.

Deutsche Meister und sogar ein Olympia-Teilnehmer sorgten für hohes sportliches Niveau. Teilweise wunderten sich die Aktiven, so viele Bekannte von den Deutschen Meisterschaften in Werden in einem Lauf zu treffen. Insgesamt gingen gut 300 Athleten an den Start.

Beim Hauptlauf über 4800 Metern gelang dem U23-Europameister über 3000 Meter Hindernis, Frederik Ruppert (SC Myhl), mit der Zeit von 16:03 Minuten der erwartete Start/Ziel-Sieg. Steffen Uliczka (TSV Kronshagen), der 2012 bei den Olympischen Spielen in London über 3000 Meter Hindernis dabei war, nutzte den Wettbewerb im Essener Süden zu einem Formtest. In 16:50 Minuten wurde er Zweiter.

Bei den Jugendlichen (2440 Meter) traten knapp 80 Athleten an. Jonas Völler und Moritz Ringk aus Myhl (Rang fünf und zwei in Deutschland über 800 Meter) machten in 8:09 bzw. 8:19 Minuten den Sieg in der U20 unter sich aus.

In 9:02 Minuten siegte die Deutsche Nachwuchs-Meisterin über 3000 Meter, Anneke Vortmeier (ASV Duisburg), in der U18. Christina Lehnen (LAZ Mönchengladbach) und Marie Winse (TV Wattenscheid) folgten auf den Plätzen zwei und drei. In der U20 lag die 1500 Meter-Spezialistin Lea Kruse (FC Schalke 04/ 9:34) vorn.

Bei den gleichzeitig ausgetragenen Regionsmeisterschaften konnten sich die Essener Starter sehr gut in Szene setzen. Den Titel holten sich Clemens Schermeyer (U18 – Werdener TB), Anika Schepers (W15 – LT Stoppenberg) und Leonhard Komp (M15 – MTG Horst).

Dominik Hamers

TEAMWERTUNG

Je ein Titel ging nach Werden (U18) und Stoppenberg (U16). Erste Plätze bei den Senioren belegten Silke Niehues (Tusem), Katrin Wand (TLV Germania Überruhr), Andreas Kühnel (TVK) und Philippe Abraham (LAC THG Kettwig).

KINDER

Es siegten in den Altersklassen Smilla Mettlach (DJK Heisingen), Blessing Achibiri (WTB), Felix Rüenauver, Hannah Lingsch, Justus Schreyer, Antonia Geers (alle TLV Germ. Überruhr).

> **3.7.**

***Boxen:* Eigentlich sollte Patrick Korte am 11. Juli im Düsseldorfer Autokino in den Ring steigen, um seinen 18. Profikampf zu bestreiten. Während die Gegnerfrage noch offen ist, hat Korte bittere Gewissheit. Wenige Tage vor dem Event nun der Schock: Der Schwergewichtler verletzt sich im Training und muss den Kampf absagen. Der Boxer ist natürlich enttäuscht über die kurzfristige Absage: „Mich ärgert es extrem, aber es hätte keinen Sinn gemacht, wenn ich verletzt in den Kampf gegangen wäre. Das wäre auch unfair dem Veranstalter gegenüber gewesen."**

> **4.7.**

Frauenfußball: Die SGS Essen unterliegt im Finale des DFB-Pokals dem VfL Wolfsburg. Nach Elfmeterschießen steht es zwischen den Schönebeckerinnen und dem haushohen Favoriten aus Niedersachen 5:7. Ganz bitter kommt es für Nicole Anyomi, die sich im Zweikampf mit Alexandra Popp einen Steißbeinbruch zuzieht.

> **11.7.**

Leichtathletik: Beim Tag der Überflieger in Überruhr gewinnt der Niederländer Douwe Amels den Hochsprung-Wettbewerb der Männer mit einer Höhe von 2,22 m. Der für Bayer Leverkusen startende WM-Teilnehmer von 2013 und 2019 liegt nur aufgrund der geringeren Zahl an Fehlversuchen vor seinem Vereinskollegen Mateusz Przybylko (Europameister 2018) und Tobias Potye (München). Alle drei Springer scheitern an 2,25 Meter.

***Basketball:* Das darf man schon fast als Zäsur bezeichnen: Nach 15 Jahren der Partnerschaft zieht sich die Wohnbau eG als (Namens-)Sponsor der ETB-Basketballer zurück, der Ein-Jahres-Vertrag, der zum Start der Miners in der Ersten Regionalliga in Kraft trat, wird nicht verlängert. Eine Entscheidung, die bereits vor einiger Zeit getroffen wurde und auf die der ETB entsprechend reagieren konnte.**

> **17.7.**

Leichtathletik: Die Corona-Krise macht auch vor Tradition nicht halt. Seit 1963 hat der Marathon am Baldeneysee ohne Unterbrechung stattgefunden und ist damit der älteste in Deutschland. Und der Tusem, der dieses Event Jahr für Jahr immer am zweiten Sonntag im Oktober ehrenamtlich auf die Beine gestellt hat, ist zurecht stolz auf. diese Leistung Doch nun steht fest: In diesem Jahr wird der Innogy Marathon „Rund um den Baldeneysee" erstmals ausfallen. Es wäre Auflage Nummer 58 gewesen.

> **25.7.**

Beachvolleyball: Alles nach Plan, wenn man so will, lief das Beachvolleyball-Turnier an der Levinstraße in Borbeck. Beim VC Allbau Cup, einem Turnier der Kategorie A, gewinnt die an Position eins gesetzte Lokalmatadorin Sandra Ferger vom Zweitligisten VC Allbau mit Partnerin Christine Aulenbrock (Vfl Oythe). Das Duo war schon vor dem ersten Aufschlag für die Beach-DM (4.–6. September in Timmendorf) qualifiziert, weil es zuvor schon beim Qualifikationswettbewerb in Düsseldorf auf dem obersten Treppchen gestanden hat.

> **26.7.**

Fußball: Fußball-Regionalligist Rot-Weiss Essen braucht eine einstündige Anlaufzeit, ehe das Team von Neutrainer Christian Neidhart beim 11:0 (4:0)-Sieg über den Bezirksligisten VfB Bottrop in der zweistündigen Spielzeit so richtig ins Rollen kommt. Für Trainer Neidhart der Beweis, dass es nach der langen Coronazeit nur ein Rezept gibt: „Spielen, spielen, spielen!". Darum übt er sich auch in Nachsicht, was die Anlaufschwierigkeit seiner Truppe anging: „Wir müssen erst das Gefühl, die Selbstverständlichkeit für das Spiel wiederfinden."

***Tennis:* Nach Rang zwei von Oscar Otte in der Gesamtwertung überzeugt auch die Bredeneyerin Mina Hodzic (WTA 869/DTB 48). Die 18-Jährige aus dem Team des Bundesligisten TC Bredeney gewinnt das Nachwuchsturnier, das parallel zur Finalrunde der German Ladies-Serie auf der Anlage im Tennispark Versmold ausgetragen wird.**

> **1.8.**

Fußball: Der SC Frintrop sorgt aktuell für Schlagzeilen. Nach der Aufregung um die Gruppeneinteilung des Fußballverbandes Niederrhein (FVN), der die drei Essener Bezirksligisten SC Frintrop, Adler Union Frintrop und SC Werden-Heidhausen in die Staffel 3 mit den Klubs aus dem Bergischen versetzt hat, gibt es nun aber positive Neuigkeiten. Der SCF landet einen Transfer-Coup und verpflichtet den zweitligaerfahrenen Maurice Exslager.

Fußball: Auch das dritte Testspiel im Rahmen der Vorbereitung entscheidet Rot-Weiss Essen für sich. Nach den Erfolgen gegen VfB Bottrop (11:0) und ETB Schwarz-Weiß (2:0) gewinnt die Mannschaft von Trainer Christian

Philipp Baer von der TLV Germania Überruhr beim Tag der Überflieger.

Neidhart beim Südwest-Regionalligisten TSV Steinbach Haiger verdient mit 2:1. „Wir hatten den Gegner über weite Strecken im Griff und haben ein gutes Spiel gemacht. Wir hätten sogar höher gewinnen können", zeigt sich der Cheftrainer zufrieden.

> 9.8.

Beachvolleyball: Bei den Junioren-Landesmeisterschaften holen Jonah Luditzki und Leif Strecker vom VV Humann Silber. Tom Borchert/Lukas Kock und Luc Lüfner/Tamino Kleibrink (beide VVH) belegen Platz fünf.

> 14.8.

Fußball: Die Trennung der Rot-Weissen von Cheftrainer Christian Titz ging relativ geräuschlos über die Bühne, keine schmutzige Wäsche gewaschen, kein böses Wort. Nun gibt es doch noch Nachwehen, denn Titz zieht vor Gericht und klagt gegen seine Kündigung. Titz ist der Auffassung, dass seine Kündigung unzulässig gewesen sei. Allein deshalb, weil in dem Arbeitsvertrag nur für den Verein eine Kündigungsmöglichkeit vereinbart worden sei, für ihn aber nicht.

> 15.8.

***Rugby:* Bis zuletzt hoffen die Assindia Cardinals, dass es in der GFL2 noch eine Saison geben würde. Doch daraus wird nichts – in diesem Jahr wird es keinen Zweitliga-Football in Essen geben. „Unwägbarkeiten der Entwicklungen und eine Vielzahl von Restrisiken, wie etwa kurzfristige Spielabsagen, präventive Quarantäne für ein ganzes Team bei einem Corona-Fall, aber auch das immer kleiner werdende Zeitfenster führten letztlich zu dem gemeinsamen Entschluss, keinen GFL 2-Ligabetrieb in NRW für 2020 weiterzuverfolgen", teilen die Cardinals mit.**

Handball: Neu auf der Trainerbank der Regionalliga-Handballerinnen der SG Überruhr wird Jonathan Fricke sitzen. Der 24-Jährige ist Nachfolger von Sinje Weisz, die sich nun wieder auf ihre Funktion als Spielgestalterin konzentrieren kann. Weisz war nach dem Rücktritt von Sonja Fischer im Dezember 2019 als Spielertrainerin eingesprungen und hatte mit der Mannschaft beim Saisonabbruch im März Rang neun belegt.

Der neue Überruhr-Trainer Jonathan Fricke mit den Neuzugängen Jessica Nell, Tabea Schulte und Talia Bey.

> 19.8.

***Frauenfußball:* Große Ehre für Carlotta Wamser: Der Stürmerin der SGS Essen wird vom DFB die Fritz-Walter-Medaille in Bronze verliehen. Damit wird ihr eine der höchsten Einzelauszeichnungen im deutsschen Nachwuchsfußball zuteil. Nach Lena Oberdorf (Bronze 2018, Silber 2019) und Jana Feldkamp (Gold 2017) sowie Kyra Malinowski (2010, Trainerin der U17-Bundesliga-Juniorinnen) ist Wamser bereits die vierte Preisträgerin in Reihen der SGS.**

> 22.8.

Fußball: Rot-Weiss Essen ist Niederrheinpokal-Sieger. Nach dem 3:1-Finalsieg gegen den Oberligisten 1. FC Kleve schickt sogar Trainer Christian Neidhart eine Kampfansage an den Bundesliga-Aufsteiger Arminia Bielefeld, auf den das Team von der Hafenstraße nun im DFB-Pokal treffen wird. Sein Team muss sich aber noch steigern.

> 4.9.

Frauenfußball: Fast genau einen Monat ist es her, dass die SGS Essen im Finale des DFB-Pokals erst im Elfmeterschießen gegen den VfL Wolfsburg die Sensation verpasste. Von dieser Dramatik und dem Niveau ist das Eröffnungsspiel in der Frauenfußball-Bundesliga weit entfernt: In aller Sachlichkeit setzt sich der haushohe Favorit gegen die neuformierten Essenerinnen glanzlos mit 3:0 durch. Bitter für die SGS: Ex-Spielerin Lena Oberdorf schenkt ihren alten Kolleginnen dabei zwei Treffer ein.

> 6.9.

Fußball: Vor den versprengten Zuschauergrüppchen im Stadion Essen gibt es gleich zum Saisonauftakt einen Dämpfer. Mit dem späten 1:1 verdirbt Aufsteiger SC Wiedenbrück dem Favoriten Rot-Weiss den Aufgalopp gründlich. Das Team von Christian Neidhart zeigt dabei eine eklatante Abschlussschwäche.

> 14.9.

***Fußball:* Riesen Triumph für Rot-Weiss Essen: In der ersten Runde des DFB-Pokals schlägt der Regionalligist den Bundesliga-Aufsteiger Arminia Bielefeld mit 2:0 und zieht in die zweite Runde ein. Vor 300 Gästen – so viele sind an diesem Tag zugelassen – trifft Simon Engelmann bereits im ersten Durchgang.**

> 16.9.

Handball: Endlich wieder Zuschauer beim Tusem Essen: 20 Prozent der Auslastung wie in der Fußball-Bundesliga gilt auch für die Testphase der Handball-Bundesliga. „Unser Konzept ist auf knapp 1000 Zuschauer ausgelegt", sagt Niels Ellwanger (Foto), Geschäftsführer beim Erstliga-Aufsteiger. Die Halle am Hallo in Stoppenberg hat etwa 2000 Sitzplätze. Die Gästemannschaft so- wie Fernsehleute kommen on top, wobei der Bewegungsraum in der Halle jeweils klar begrenzt sein wird. Demnach dürfen sich die Spieler nur in der Kabine und auf dem Spielfeld aufhalten.

> 19.9.

Fußball: Das geht gerade nochmal gut: Die Spitzenpartie bei der U23 von Borussia Dortmund scheint schon verloren, da gibt es beim Stand von 0:1 noch einen letzten Verzweiflungsschuss von Felix Backszat von der Strafraumgrenze, leicht abgefälscht – und der sitzt. Mit diesem 1:1 ist Rot-Weiss Essen am Ende dann gut bedient.

Volleyball: Das ist ein Auftakt, der Hoffnung macht. Der stark verjüngte Volleyball-Zweitligist VV Humann bietet den knapp 200 Zuschauern am Hallo gegen den etablierten USC Braunschweig einen Tiebreak-Krimi und löst den Fall schließlich zu seinen Gunsten. Mit 3:2 siegt die Mannschaft von Trainer Peter Bach und hat damit die ersten zwei Punkte im Sack.

***Volleyball:* Einen Auftakt nach Maß feiern die Volleyballerinnen des VC Allbau in der 2. Bundesliga Nord. Nach dem Sieg gegen Aufsteiger Sorpesee (3:0) gewinnen sie auch das zweite Spiel bei SCU Emlichheim mit 3:1. „Was die Punkte angeht, können wir natürlich zufrieden sein. Inhaltlich allerdings noch nicht", meint VCA-Trainer Marcel Werzinger, der sich vor allem über den dritten Satz ärgert.**

> 23.9.

Fußball: Es ist ein hartes Stück Arbeit für Rot-Weiss Essen. Der Liga-Favorit tut sich gegen den kampfstarken Aufsteiger aus Ahlen richtig schwer, liegt zweimal zurück, siegt aber am Ende verdient mit 3:2. Das Spiel hätte in der Schlussphase auch noch klarer ausgehen können, doch RWE stellt sich bei Kontern wenig clever an, obwohl der Gast die Deckung völlig entblößt hatte. „Da hätten wir die Konter besser fahren müssen. So war es ein Katastrophe", kritisiert RWE-Trainer Christian Neidhart.

Essens Kapitän Marco Kehl-Gomez feiert sein Tor gegen Ahlen.

> 26.9.

Volleyball: Der perfekte Saisonstart ist geschafft: Mit 3:0 setzen sich die Volleyballerinnen des VC Allbau Essen in der 2. Bundesliga Nord gegen die Stralsunder Wildcats durch und sichern sich damit den dritten Sieg im dritten Spiel. „Das war ein sehr gutes Spiel von uns. Dementsprechend gut war auch die Stimmung in der Halle", freut sich VCA-Coach Marcel Werzinger über den Heimerfolg gegen den „Corona-Meister", der in der Saison 2019/2020 insgesamt nur drei Pleiten kassierte.

Haushoch überlegen: Lisa Schreiner und Isabelle Zwingmann gegen die Stralsunder Wildcats.

> 27.9.

Fußball: Die Woche nimmt für Rot-Weiss Essen ein versöhnliches Ende: 3:0 beim letztlich überforderten SV Lippstadt klingt nach gemütlicher Überlandfahrt, ist es am Ende auch. Aber die große Ruhe im Spiel hätte schon eher eintreffen können. „Zur Halbzeit hätte es schon höher als 2:0 stehen müssen, dann kann man am Ende einer Englischen Woche schon zur Pause durchschnaufen und es locker zu Ende spielen", kritisiert RWE-Trainer Christian Neidhart die mangelhafte Chancenauswertung.

***Frauenfußball:* Aufatmen bei der SGS Essen: Nach zwei Auftaktniederlagen fahren die Bundesliga-Fußballerinnen am dritten Spieltag die ersten Punkte ein. Gegen Aufsteiger Werder Bremen treten die Essenerinnen dominant auf und gewinnen letztlich verdient mit 3:1. „Die Erleichterung ist groß. Das war ein sehr wichtiger Erfolg", erklärt SGS-Trainer Markus Högner.**

> 2.10.

Fußball: Rot-Weiss Essen erledigt die Aufgabe und bleibt auf Erfolgskurs. Die Gastgeber besiegen die U23 von Fortuna Düsseldorf verdient mit 2:0, aber es ist ein hartes Stück Arbeit gegen einen unangenehmen Gegner, der sich beherzt wehrt. 5000 Zuschauer an der Hafenstraße? Früher, vor Corona, eine sehr mäßige Zahl für Essener Verhältnisse. Doch in der neuen Normalität sind die Rot-Weissen begeistert, dass so viele Fans gegen Düsseldorf ins Stadion dürfen. Erstmals nach sieben Monaten und zwei Tagen.

> 3.10.

Volleyball: Die Siegesserie der Volleyballerinnen des VC Allbau Essen hat ein Ende: Am vierten Spieltag der 2. Bundesliga Nord muss sich das Team von Trainer Marcel Werzinger mit 0:3 bei DSHS SnowTrex Köln geschlagen geben. Für den VCA ist es nach drei Dreiern in Serie das erste Spiel ohne Punkte.

> 4.10.

Frauenfußball: Die SGS Essen verliert gegen Bundesliga-Tabellenführer FC Bayern München mit 0:2. Doch die Enttäuschung hält sich im Rahmen, denn die Mannschaft von Markus Högner hält lange gut mit. „Ich bin zufrieden mit unserer Leistung", sagt der Coach. „Mich hat erstaunt, dass wir das Spiel in der zweiten Halbzeit so offen halten konnten. Am Ende stehen wir zwar ohne Punkte da, können aber trotzdem darauf aufbauen."

> 6.10.

Fußball: Duschen, abtrocknen und weitermachen. Einen Schönheitspreis gibt's nicht für Rot-Weiss Essen, aber Hauptsache erfolgreich. RWE siegt beim Bonner SC verdient mit 1:0 durch ein Tor von Oguzhan Kefkir. Die Essener sind an der Tabellenspitze angekommen.

> 7.10.

Handball: Tusem Essen ist zurück in der 1. Handball-Bundesliga – und bekommt sofort erste Grenzen aufgezeigt. Zum Auftakt unterliegt die Mannschaft von Trainer Jamal Naji beim TVB Stuttgart mit 23:31. Nach gutem Beginn leisten sich die Gäste zu viele Fehler, die die Schwaben mit all ihrer Erfahrung zu nutzen wissen.

Frauenfußball: Die SGS Essen zahlt in der Frauenfußball-Bundesliga weiter Lehrgeld. Gegen die TSG Hoffenheim kassiert die Elf von Trainer Markus Högner bereits die vierte Niederlage im fünften Spiel. Und über das 0:3 müssen sich die Essenerinnen ärgern. Denn es wäre deutlich mehr drin gewesen, wenn die SGS vor dem Tor die Kaltschnäuzigkeit und Cleverness gezeigt hätte wie TSG Hoffenheim. Zwei Treffer gelingen den Essenerinnen – aber beide gehen ins eigene Tor.

Die ehemalige Essenerin Lea Schüller und der FC Bayern schlugen die SGS mit 2:0.

> 8.10.

***Handball:* Direkt nach der Auftaktniederlage beim TBV Stuttgart verpflichtet Handball-Erstligist Tusem Essen den Linkshänder Tim Rozman vom Zweitligisten Wilhelmshavener HV. Der 21-jährige slowenische Junioren-Nationalspieler ist für den rechten Rückraum vorgesehen und wird mit einen Zweijahresvertrag ausgestattet.**

> 10.10.

Handball. Tiefes Durchschnaufen bei Trainer Martin Schwalb und seinen Rhein Neckar Löwen. Das Spitzenteam der 1. Handball-Bundesliga hat mit dem Aufsteiger Tusem Essen ordentlich zu tun und kann nicht so dominieren wie geplant. Die Gäste verkaufen sich achtbar und halten das Spiel lange offen, am Ende setzt sich dennoch die internationale Erfahrung der Baden-Württemberger durch, die mit 33:27 gewinnen.

Fußball: Rot-Weiss Essen holt gegen den Titel-Konkurrenten Fortuna Köln einen Punkt. Mit dem 1:1-Remis lässt es sich leben, auch wenn mehr drin ist. Doch im zweiten Durchgang sind die Domstädter das bessere, weil mutigere Team.

Volleyball: VV Humann verliert das Heimspiel gegen den SV Warnemünde mit 1:3. Eine Enttäuschung, aber keine großartige Überraschung für den Volleyball-Zweitligisten aus Steele, der mit seinem blutjungen, unerfahrenen Team wohl oder übel Rückschläge in dieser Saison ein- kalkulieren muss. Weil die Lichtanlage am Hallo erneuert wird, müssen die Humänner zu diesem Spiel nach Bergeborbeck umziehen; in eine Halle, die sie noch nie von innen gesehen haben.

> 11.10.

***Frauenfußball:* Die SGS Essen schließt die Englische Woche in der Frauenfußball-Bundesliga mit einem Sieg ab. Nachdem bei den Niederlagen gegen Bayern (0:2) und Hoffenheim (0:3) die Leistung durchaus ansprechend war, belohnt sich die Elf von Trainer Markus Högner nun gegen Aufsteiger Meppen auch mit dem Ergebnis. Mit 3:1 behalten die Essenerinnen die Oberhand und schließen ins Mittelfeld der Tabelle auf. Auch dank der 16-jährigen Carlotta Wamser, deren erstes Bundesliga-Tor in der Schlussphase für die Entscheidung sorgt.**

> 15.10.

Fußball: Rot-Weiss Essen verpflichtet mit Felix Weber einen weiteren Neuzugang. Der 25-jährige Innenverteidiger spielte zuletzt beim TSV 1860 München und führte die „Löwen" zwischen 2017 und 2020 als Mannschaftskapitän auf das Feld und in diesem Zeitraum auch zurück in die 3. Liga. Seit Ende September hielt sich Weber bereits mit der RWE-Mannschaft im Trainingsbetrieb fit.

Ein neuer Versuch – mit neuen Gesichtern

Die Hot Rolling Bears streben weiterhin den Aufstieg in die 1. Bundesliga an

Hoffnungsträger*innen bei den Baers: Die drei Zugänge aus den Niederlanden (v. l.) Jelle van der Steen, Bo Kramer und Amy Kaljen.

Die Hot Rolling Bears werden es erneut versuchen. In der Vorsaison ging dem Rollstuhlbasketball-Zweitligist die Puste aus und er verpasste auf den letzten Metern die Teilnahme an der Aufstiegsrunde zur 1. Bundesliga. Doch die Essener haben die 1. Liga nicht aus den Augen verloren. Der Kader für die neue Saison stand rechtzeitig fest und mit dabei waren drei neue Gesichter, die als Verstärkung für die Mannschaft verstärken sollte.

Trotz der erheblichen Einschränkungen, die durch die Corona-Pandemie entstanden waren, ist es den Bears-Verantwortlichen gelungen, das vorherige Team vom Verbleib an der Katzenbruchstraße zu überzeugen. Kein einfaches Unterfangen, da viele Spieler Angebote anderer Vereine aus der ersten und zweiten Bundesliga erhalten hatten. Zudem wechselten in Bo Kramer, Amy Kaijen und Jelle van der Steen gleich drei niederländische Nationalspielerinnen und -spieler nach Essen und eröffneten Trainer Markus Pungercar deutlich mehr taktische Möglichkeiten.

Die 21-jährige Kramer kam vom Bundesligisten Baskets 96 Rahden und gilt als eines der größten internationalen Talente im Rollstuhlbasketball. Die Nationalspielerin ist zwar noch jung doch sie durfte schon große Erfolge feiern. Sie hat bei der Welt- und Europameisterschaft den Titel gewonnen.

Auch die 26-jährige Kaijen hatte in der vergangenen Saison in Rahden gespielt. Sie stand ebenfalls im Welt- und Europameister-Kader der Niederländerinnen. Komplettiert wurde der Bears-Kader durch den 39-jährigen van der Steen, der vom RSC Osnabrück zu den Bären wechselte. Van der Steen gehört zum erweiterten Kader der niederländischen Herren-Nationalmannschaft und sammelte in den vergangenen Jahren schon viel Erfahrung in der 2. Rollstuhlbasketball-Bundesliga.

Zusammen mit Ilse Arts, Walter Vlaanderen und Romario Biswane haben sich die Essener nun schon insgesamt sechs niederländische Spielerinnen und -spieler geschnappt, um zu neuen Ufern aufzubrechen. Was kein Zufall ist, wie erste Vorsitzende der „Bären", Ronny Berger, anmerkte: „Wir sind zunächst sehr froh, dass es uns gelungen ist, die Mannschaft auf einem so hohen Niveau zu verstärken. Dies ist nur möglich, da unsere Sponsoren, Spender und Vereinsgönner in dieser schwierigen Situation weiter an unserer Seite stehen." Dass man so viele niederländische Spielerinnen und Spieler im Team habe, sei kein Zufall: „Es hat in erster Linie mit unserer über die Jahre gewachsenen guten Kooperation mit dem niederländischen Verband zu tun. Aber natürlich auch mit ein wenig Glück, dass das Ruhrgebiet an den Niederlanden grenzt."

Bears-Trainer Pungercar kann durch die hochkarätigen Neuverpflichtungen in der neuen Saison aus dem Vollen schöpfen: „Ich bin sehr froh, dass es uns gelungen ist, unser bisheriges Team zusammenzuhalten. Das ist ein sehr positives Zeichen und zeigt, dass wir in den letzten Jahren einiges richtig gemacht haben. Mit den drei Neuzugängen haben wir uns verstärkt. Wir sind nun in der Lage in verschiedenen Aufstellungen zu spielen, ohne einen Leistungsabfall befürchten zu müssen."

WAZ

DLRG-Preis für Leibniz-Gymnasium

Schulsiegel für besonders hohes Engagement bei der Schwimmausbildung

Fünftklässler während einer Doppelstunde Schwimmunterricht.

Mehrere Kleingruppen, die von Lehrern und Studenten betreut werden. Hier wird Wassergewöhnung gemacht, dort werden Bahnen geschwommen und an den Blöcken der Kopfsprung geübt. So sieht der Unterricht der Schwimm-AG am Leibniz-Gymnasium aus.

Rund 60 von 145 Fünftklässlern, die zu dieser Schule kommen, sind keine sicheren Schwimmer. Sie besitzen noch nicht das Schwimmabzeichen in Bronze und haben somit einen Förderbedarf. „Das ist ganz traurig, die würden einfach untergehen", erklärt Sportlehrer Eric Bardenberg. Er weiß, dass das ein Problem der modernen Zeit ist. Schwimmbäder schließen, beide Eltern sind berufstätig, mit G8 hätten die Kinder viel Stress gehabt und Medienzeit werde wichtiger.

Er habe das Gefühl, Sport habe in den Familien nicht mehr einen so hohen Stellenwert. „Manche Siebtklässler, die eine halbe Runde um den Sportplatz gelaufen sind, sind völlig erschöpft, vor allem nach dem Lockdown."

Beim Schwimmen sei es ähnlich. Er ist froh, dass seine Kollegin Maike Voshege seit zehn Jahren viel Herzblut in die Schwimmausbildung an dem Altenesser Gymnasium steckt. Das wurde mit dem DLRG-Schulsiegel für besonders hohes Engagement bei der Schwimmausbildung belohnt.

Viele Schüler machten in Essen damals Abitur, ohne sichere Schwimmer zu sein. Dieser Zustand war für die Sportlehrerin nicht hinzunehmen, und so entstand das Konzept der Schule, welches anfangs versuchte, trotz wenig vorhandener finanzieller Mittel eine Förderung der Schüler zu ermöglichen und allen einen Zugang zum Wassersport zu bieten.

„Wir sind saustolz", sagt Bardenberg und erläutert das Konzept seines Teams: Die Fünftklässler haben alle eine Doppelstunde pro Woche Schwimmunterricht. Mindestens zwei Lehrer und zum Teil noch ein Student mit Trainerlizenz sind dabei, um auf die Schüler individuell einzugehen.

Schon das ist eine Ausnahme: An den meisten Schulen gehen ein oder zwei Lehrer mit der ganzen Klasse – oft knapp 30 Kinder – schwimmen. Bardenberg: „Im Schnitt sind pro Klasse fünf bis sieben Nichtschwimmer dabei. Diesen dann tatsächlich Schwimmen beizubringen, ist unter den Bedingungen fast unmöglich."

Zusätzlich zum Unterricht gehen am Leibniz alle, die noch kein Bronzeabzeichen haben, wöchentlich zur 60-Minuten-Schwimm-AG. Nicht ganz freiwillig, aber laut Bardenberg ohne zu murren. Auch hier werden Kleingruppen von fünf bis acht Kindern gebildet und individuell an den einzelnen Problemen gearbeitet. Möglich ist das nur durch ein hohes soziales Engagement von schwimmstarken Schülern, die als Helfer aktiv sind.

„Die Angst nehmen, ist das wichtigste", erklärt Bardenberg. Das wird spielerisch gelöst, etwa indem die Kinder Tischtennisbälle durchs Wasser pusten oder gegenseitig unter Wasser Zahlen zeigen und erraten. Einige haben Angst, den Beckenboden zu verlassen, da hilft eine Poolnudel oder ein Schwimmbrett. In den nächsten Schritten geht es dann um die Technik – Bahnen zu schwimmen, reinzuspringen, zu tauchen und irgendwann mit dem Schwimmabzeichen nach Hause zu gehen.

Im Schuljahr 2019/2020 verteilten Eric Bardenberg und seine Kollegin jede Menge Bronze-, Silber- und Goldabzeichen. „Erst wer Bronze hat, darf an Wassersportaktivitäten in Schule und Freizeit teilnehmen", erklärt Bardenberg.

Iris Müller

Ein Kindheitstraum geht in Erfüllung

Marius Kusch holt sich den EM-Titel über 100-Meter-Schmetterling und den deutschen Rekord

Eigentlich ohne große Ambitionen waren die drei Asse der Startgemeinschaft Essen – Lisa Höpink, Damian Wierling und Marius Kusch – zu den Kurzbahn-Europameisterschaften nach Glasgow gereist. In der olympischen Saison genoss die 50-m-Bahn eindeutig Priorität. Form testen, an die Bestzeiten heranschwimmen – mal sehen, was noch geht. So in etwa hatte es sich auch Marius Kusch vorgestellt. Und plötzlich wurde er Europameister über 100-m-Schmetterling.

Was für ein Triumph. Es war eine Demonstration des Essener Starters, der seit einigen Jahren in den USA trainiert. 49,06 Sekunden sind Weltklasse und Deutscher Rekord. Im Alltime-Ranking ist Kusch der sechstschnellste Schwimmer aller Zeiten über 100-m-Schmetterling und der zweitschnellste Europäer. Nur Russlands Evgeny Korotyshkin (48,48) war in Europa bisher schneller.

Mit viel Mut war Kusch das Rennen angegangen. In einer gelben Badehose, oder war sie gar goldfarben – in weiser Voraussicht gewählt? Jedenfalls lieferte der Deutsche ein furioses Rennen. Den zehn Jahre alten, noch zu Zeiten der Hightech-Anzüge geschwommenen Rekord von Steffen Deibler unterbot er um 17 Hundertstel.

„Für mich geht mit diesem Sieg ein Kindheitstraum in Erfüllung. Früher habe ich immer Steffen Deibler zugeschaut, und jetzt habe ich es selbst geschafft", strahlte das Ass der SG Essen, das schon 2017 bei der EM in Kopenhagen Bronze gewonnen hatte. „Ich habe speziell an der Unterwasserphase sehr, sehr hart gearbeitet und das hat sich ausgezahlt. Es ist super schön, aber es steckt auch viel harte und strukturierte Arbeit dahinter."

Lange abschalten konnte er nicht. Zum einen warteten in Glasgow noch EM-Aufgaben, zum anderen stand Olympia im Fokus – sogar an Weihnachten. Am Tag nach seinem Sieg dachte Kusch schon wieder an Verbesserungsmöglichkeiten – allerdings nicht in sportlicher Hinsicht. „Vielleicht sollte ich mir für die Zukunft mal Kontaktlinsen besorgen", sagte er und erklärte, warum er nach seinem Top-Rennen zunächst etwas ungläubig geschaut hatte. „Das liegt ein bisschen daran, dass ich nicht die beste Sehkraft habe", sagte er und lachte. „Es hat ein bisschen gedauert, bis ich gesehen habe, dass da die 1 neben meinem Namen steht."

Kusch gönnte sich eine kurze Auszeit und zog mit seinen Eltern durch Glasgow. Die Wettkämpfe in Schottland waren für ihn auch eine Gelegenheit, seine Familie zu treffen. An Weihnachten mussten Mutter und Vater aber auf ihn verzichten. Statt Festtagsschmaus und Bescherung in der Heimat zu genießen, trainierte Kusch in den USA. Mit dem Ziel Olympia vor Augen. Selbstverständlich hätte er nicht wissen können, dass er die Feiertage getrost bei seiner Familie hätte verbringen können.

Rolf Hantel

Ein glücklicher Europameister: Marius Kusch holte sich EM-Gold in Rekordzeit.

Ein Comeback für den Teamgeist

Doro Brandt hilft der SG Essen bei Deutschen Mannschaftsmeisterschaften, den Abstieg zu verhindern

Es war ein starker Auftritt der Startgemeinschaft Essen. Dabei war die erfolgsverwöhnte Delegation vom Bundesstützpunkt in Rüttenscheid bei den Deutschen Mannschaftsmeisterschaften (DMS) in Wiesbaden bei weitem nicht stark genug, um im Titelkampf mitmischen zu können. Nicht einmal für eine Medaille hat es in der 1. Bundesliga gereicht. Und doch sind die Essener zufrieden und stolz zurückgekehrt. So ist das halt, wenn Einzelkämpfer plötzlich den Teamgeist entdecken und leben. Ein schönes Erlebnis, das diesen Wettbewerb so besonders macht. Und sportlich hatte die SGE die Erwartungen zu dem noch übertroffen.

Gemeinsam stark: die beiden Mannschaft der Startgemeinschaft Essen bei der DMS in Wiesbaden.

Die Männer hatten auf Platz vier Bronze nur hauchdünn verpasst – was etwas ärgerlich war. Aber viel wichtiger: Der Worst Case war für die Frauen nie ein Thema. Den Abstieg hatten sie befürchtet, aber schon am ersten der zwei Wettkampftage waren sie als Sechstplatzierte auf der sicheren Seite.

Und dass es ein relativ entspannter Wettkampf wurde, lag auch an Dorothea Brandt, Olympia- und WM-Teilnehmerin, einst schnellste Schwimmerin Deutschlands. „Oh ja, wir haben Gas gegeben und es hat super viel Spaß gemacht", schwärmt die frühere Top-Schwimmerin. „Wir hatten echt Angst vor dem Abstieg, deshalb habe ich mich auch noch mal in die Anzüge gedrückt."

Im Februar 2018 war sie bei der DMS ihr letztes Rennen geschwommen. Inzwischen hat sie ihr Psychologie-Studium beendet und in Köln einen festen Job als Prozess-Managerin angenommen. „Ich war in den vergangenen zwei Jahren vielleicht fünfmal im Wasser", sagt Brandt. Aber im Schwimmzentrum in Rüttenscheid taucht sie regelmäßig auf, gibt Tipps beim Krafttraining oder geht selbst an die Eisen.

Nicole Endruschat, Cheftrainerin am Bundesstützpunkt, hatte die Idee und angesichts der Personalnot bei Doro Brandt angefragt, ob sie helfen wolle. „Sie ist ja immer noch fit", sagt die Chefin. „Und weil die 50-Meter-Strecken mit ins Programm aufgenommen wurden, passte es ja auch ganz gut."

Sprint geht bei Brandt noch immer. Gleich am ersten Wettkampftag gewann die flotte Spezialistin ihr Freistil-Rennen, über die 50-m-Schmetterling und 50-m-Brust wurde sie später jeweils Fünfte. „Wir hatten ein sehr, sehr junges Team", sagt Endruschat. „Da hat uns eine erfahrene und so erfolgreiche Schwimmerin wie sie ganz gut getan. Bei ihr kann sich der Nachwuchs schon noch etwas abschauen."

Bei den Männern wurde während des Wettbewerbs aber mal so richtig der Kampfgeist geweckt. Ohne Abstiegsangst waren sie angetreten, aber auch ohne hohe Erwartungen. Und dann schrammten sie am Ende doch so knapp am Podest vorbei. 97 Punkte fehlten für Platz drei. „Das ärgert uns schon ein wenig", gibt Endruschat zu, „aber nicht, weil wir unzufrieden wären, sondern weil wir nicht damit gerechnet hatten."

Rolf Hantel

Ben Zwiehoff folgt dem Ruf der Berge

Cross-Country-Fahrer wird Zweiter beim Marathon in Neustadt. Sturz in der Schweiz

Es lief insgsamt rund für Ben Zwiehoff. Corona? Über Monate keinen Wettkampf? Dem Essener Mountainbiker (MSV Steele 11) scheint das alles nichts ausgemacht zu haben. Er hat offenbar die Zwangspause ebenso gut weggesteckt wie die Verschiebung der Olympischen Spiele in Tokio, für die er sich zunächst einmal vergeblich abgestrampelt hatte. Ben Zwiehoff, der inzwischen für das Team Centurion Vaude fährt, gehört zu den besten deutschen Cross-Country-Fahrern und hat sich beim ersten nationalen „After-Corona-Marathon" in Neustadt an der Weinstraße eindrucksvoll zurückgemeldet – flott wie eh und je.

Die europäische Elite nahm nach der langen Durststrecke das Angebot dankbar an. Gestartet wurde in Zehnergruppen, um den Abstand zu wahren. Für Zwiehoff machte das allerdings keinen Unterschied, weil er ohnehin mit den Top Ten-Fahrern als erste Gruppe auf die Strecke durfte.

Nach 90 Kilometern und rund 2000 Höhenmetern landete der Essener auf Rang zwei. Es war am Ende verdammt knapp. Das Finish hatte Zwiehoff gegen den dreimaligen Marathon-Weltmeister Alban Lakata aus Österreich nur um wenige Hundertstel verloren. Man muss sich das mal vorstellen: Ein paar Hundertstel nach dreieinhalb Stunden Berg und Tal und fast 40 Grad Celsius.

„Es hätten noch ein paar Berge mehr sein können", grinst Ben Zwiehoff. So drahtig wie er daherkommt, kann man sich leicht vorstellen, dass ihm gerade die Anstiege liegen. „Ich hätte das Ding auch gewinnen können, war zwischenzeitlich ja schon eine Minute weg vom Feld." Doch weil ihm früh im Rennen die Gabel gebrochen war, musste er sich bei den Abfahrten etwas bremsen und vorsichtiger fahren, während die Konkurrenz voll durchziehen konnte. „Am vorletzten Berg haben sie mich dann wieder eingefangen."

Aber egal, die Form stimmt, so viel ist sicher. Und das, obwohl Zwiehoff wie alle anderen lange Zeit keine Wettkampfpraxis hatte. Klar, auch zu Hause gibt's Strecken zum Trainieren, doch das alles genügt einem Weltklassefahrer natürlich nicht.

Die Reise zum Swiss Epic dürfte der Essener hingegen in schlechter Erinnerung behalten. Nach einem Sturz auf der dritten Etappe musste er im Krankenhaus behandelt werden. Mit dem Cut am Knie hätte er nicht weiterfahren können. Eine unglückliche Situation: „Wenn ich mit dem Knie einen Zentimeter weiter links den Boden berührt hätte, wäre einfach nichts passiert."

Rolf Hantel

Bei einem Lockdown kommt man schon mal auf kuriose Ideen. Ben Zwiehoff in seinem Wohnzimmer.

Radrennfahrer treten kräftig in die Pedale

Die Cycle Bros radeln und sammeln Spenden für den guten Zweck

Ganz gleich, ob im Sommer bei 30 Grad oder im Winter bei Schnee: Die Cycle Bros sind alles andere als nur Schönwetterfahrer, sondern regelmäßig bei Wind und Wetter mit ihren Fahrrädern unterwegs. Zum einen, um sich körperlich fit zu halten und um gemeinsam Zeit zu verbringen, aber zum anderen auch, um sich hin und wieder für einen guten Zweck zu engagieren. Im Juli spendeten die Männer knapp 3000 Euro an die Aktion „Lichtblicke".

2014 war das Gründungsjahr der inzwischen 15-köpfigen Truppe. Etwa eine Handvoll Männer verabredete sich damals gelegentlich zum Fahrradfahren. Mit der Zeit schlossen sich mehr und mehr Fahrradbegeisterte an und aus den sporadischen Treffen wurden fixe Termine, die stets von allen eingehalten werden.

Die Cycle Bros aus Werden und Umgebung treten fünfmal pro Woche in ihren eigens designten Trikots für etwa drei Stunden gemeinsam in die Pedale.

Mittlerweile treten die Männer aus Werden und Umgebung fünfmal pro Woche in ihren eigens designten Trikots für etwa drei Stunden gemeinsam in die Pedale. Die Routen gehen um den Baldeneysee oder quer durch den grünen Essener Süden.

An jedem Sonntag stehen größere Touren auf dem Terminkalender. Mal Richtung Düsseldorf, mal in die Elfringhauser Schweiz oder aber auch über die holländische Grenze „zum Pommes-Essen nach Venlo", lacht Cristiano Cofano, der seit Anfang an Mitglied der Cycle Bros ist.

Einmal im Jahr geht es gemeinsam ins Trainingscamp nach Mallorca; zudem nehmen die Männer an verschiedenen Radrennen in Deutschland, Belgien, Italien oder Frankreich teil. Auch beim berühmten Eintagesrennen „Paris-Roubaix" gingen die Männer aus dem Ruhrgebiet schon an den Start.

Im Sommer werden die Rennräder aus den Garagen geholt; im Winter die Mountainbikes. Bei allen Fahrten zusammen kommen jährlich insgesamt etwa beachtliche 60.000 Kilometer auf den Tachometern der Cycle Bros zusammen.

Zum einen ist es der Spaß an dem gemeinsamen Hobby, zum anderen aber auch die Gemeinschaft, die nicht nur sportlich, sondern auch menschlich zusammenschweißt. „Jeder kann sich immer auf jeden verlassen", so Mitglied Robin Wendt über die Truppe, die aus doch so unterschiedlichen Charakteren und Berufsgruppen besteht.

Hier trifft etwa der Anwalt auf den Arzt, der Arzt auf den Gastronomen, der Friseur auf den Makler und der Makler auf den Sachverständigen. Im Sattel und bei der Sache sind sie alle gleich. „Wir haben das Glück, dass es uns allen gut geht, daher haben wir uns vor einigen Jahren dazu entschieden, etwas für Menschen zu tun, denen es vielleicht nicht so gut geht", erzählt Cristiano Cofano, Inhaber der Pizzeria La Tombola in Werden.

So entstand die Idee, lokale Organisationen finanziell zu unterstützen. 2016 wurde an „Menschenmögliches" gespendet, 2017 ging eine größere Summe an die „Freddy Fischer Stiftung".

Die Spenden kommen zum einen durch die verschiedenen Sponsorenlogos auf den Cycle-Bros-Trikots zusammen, aber auch durch Spenden aus den eigenen Taschen der Fahrradjungs.

Im Juli überwiesen die Männer der Fahrradgruppe knapp 3000 Euro an die „Aktion Lichtblicke e. V.". Ein Verein, der 1998 von den NRW Lokalradios gegründet wurde und Familien unterstützt, die materiell, finanziell oder seelisch in Not geraten sind.

Julia Witte

Das Motto: Hart im Wind

Langes Warten auf die 37. Krupp-Regatta

Kenterungen inklusive: Lange hatten die Segler in NRW auf diesen Moment warten müssen: Unter Beachtung der Corona-Hygieneauflagen konnte der Etuf nun endlich die 37. Alfried Krupp von Bohlen und Halbach Gedächtnisregatta, kurz Krupp-Regatta, starten. Um die Teilnehmerzahl überschaubar zu halten, waren in diesem Jahr nur die Bootsklassen 420er, Conger und O-Jolle zugelassen.

An Land war zuvor ein strenges Hygienekonzept erarbeitet worden: Beim Hantieren mit den Booten mussten Masken getragen werden und die Duschen waren nur für Ausnahmen geöffnet. Das umfangreiche Land- und Abendprogramm, welches eigentlich zu jeder Regatta dazugehört, wurde in diesem Jahr ganz gestrichen.

Keinen Einfluss hatte Corona allerdings auf fünf großartige Wettfahrten bei fast optimalem Wind. 53 Boote gingen an den Start. Dazu sechs Sicherungsschlauchboote, die in den starken Böen viele Einsätze an gekenterten Schiffen hatten. Doch auch wenn teilweise fünf Segelboote gleichzeitig mit dem Mast nach unten schwammen, gehört bei diesen Bootsklassen eine mögliche Kenterung dazu. Wieder aufgerichtet ging es überwiegend direkt weiter. Bei den 20 O-Jollen dominierten die Niederländer Thies Bosch (Platz eins) und Luuk Kuijper (Platz zwei). Dritter wurde Joerg Legien vom Yacht-Club Bayer Leverkusen.

Bester Segler vom Baldeneysee war Roland Franzman (SKS) auf Platz fünf. Cristian Decker und Tobias Kahlert von der Betriebs-Sportgemeinschaft Stadtwerke Essen gewannen bei den zehn Congern. Ihnen folgten Thomas Gothe/Olaf Bertallot (SVH) und Michael Aldag/Mia Sophie Aldag (HSC).

Spannend war es bei den 23 Jugendbooten 420er. Die ersten drei Teams beharkten sich an jeder Wendetonne und wechselten sich in den fünf Wettfahrten mit den Einzelgewinnen ab. Am Ende vorne lagen mit sieben Punkten Felix Brachtendorf/Moritz Pickert (Foto, Etuf), gefolgt von Vorjahressiegern Maria Anna Klasen und Moritz Frankhof (Etuf) mit acht Punkten. Dritte wurden Jesper Fleischer/Theo Gnass (SCR). Alles in allem eine sehr schöne, wenn auch durch Corona etwas eingeschränkte Regatta. Trotzdem sind alle froh, dass wieder gesegelt werden konnte.

Sieger der 420er: Felix Brachtendorf, Steuermann, und Moritz Picker, Vorschoter im Trapez, (Etuf).

Markus Kaatz

„Der Staat tut zu wenig für diese Menschen"

Das Elektro-Rollstuhl-Team von Tusem Essen benötigt neue Rollstühle für die Rückkehr in die höchste Liga

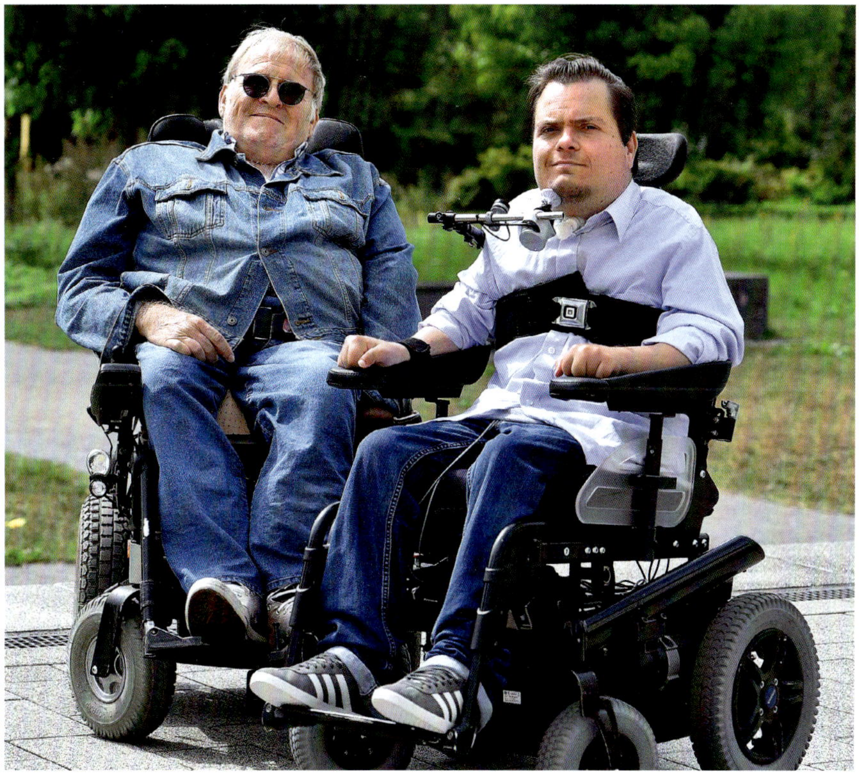

Hoffen auf Fördermittel: Peter Kalthoff (l.) und Patrick Anders vom Tusem Essen.

Im Café Extrablatt in Herdecke wird Patrick Anders die Tasse mit dem doppelten Espresso an die Lippen geführt. Fast geräuschlos trinkt er daraus. Dann spricht er über die Fußball-Bundesliga und ihre Sonderstellung in der Corona-Krise. „Ich mag den Sport an sich, aber es fällt faktisch natürlich auf, dass ein Ungleichgewicht herrscht", sagt der 34-Jährige.

Patrick Anders ist querschnittsgelähmt. Seit einem Unfall ist der Wuppertaler auf ständige Hilfe angewiesen. Er kann seine Arme nicht bewegen. Seinen Rollstuhl manövriert er mit feinen Bewegungen seines Kinnes um die Stühle des Cafés. Anders ist so gut darin, dass er auch in seinem Sport ein Ass ist: beim Elektro-Rollstuhl-Hockey, neudeutsch Powerchair-Hockey. Wenn nicht ein Virus auf der Welt wütet, trifft er sich mit den Ruhr-Rollers des Tusem Essen einmal in der Woche zum Training in der Halle der Ruhr-Universität Bochum. „Der Sport ermöglicht Freundschaften und holt die Spieler aus ihrem gewohnten Umfeld."

Mit Corona fingen im Fußball die Probleme an, bei den Ruhr-Rollers des Tusem waren sie schon vorher da. Die Mannschaft war zuvor aus der ersten Liga abgestiegen, weil sie nicht über die richtigen Rollstühle verfügt. 15 statt 12 km/h schnell sollen sie sein und dynamischer, damit die Sportart ins paralympische Programm aufgenommen werden kann. Doch für den Tusem bedeutete das eine immense Herausforderung. Ein Rollstuhl kostet 18.000 Euro, mindestens zwei werden benötigt, um in der ersten Liga mithalten zu können. „Im Alltag kann man sie nicht verwenden", sagt Abteilungs-Vorsitzender Peter Kalthoff. „Die Krankenkassen geben kein Geld dazu."

Während Fußballklubs die Existenzgefährdung fürchten, der Dachverband DFL aber alles zur Rettung tut, zerbrechen sich Kalthoff, Anders und Tusems früherer Präsident Ulrich Gaißmayer den Kopf, wie sie zwei Rollstühle finanzieren können.

„Mich irritiert es sehr, wenn ich sehe, welche Summen in den ersten Ligen ausgegeben werden. Der Staat macht zu wenig für jene, die am Rand der Gesellschaft stehen", sagt Gaißmayer. In der Corona-Krise, in der die Bundesregierung ein 200-Millionen-Euro-Hilfspaket für den Profisport jenseits erster und zweiter Fußball-Bundesliga bereitgestellt hat, steht er vor verschlossenen Türen: Die Sportstiftung der Sparkasse gebe 8000 Euro, der Essener Sportbund 1600, „aber das reicht nicht mal für einen Rollstuhl". Gaißmayer suchte den Weg über die Stiftung Behindertensport. Die Antwort fiel negativ aus. In der Begründung heißt es, das Spendenaufkommen sei im Vergleich zum Vorjahr stark zurückgegangen, die Fördermittel seien eingeschränkt: „Wir können deshalb für das laufende Jahr zurzeit keine Förderanträge entgegennehmen und bitten um Ihr Verständnis."

Für viele Sportler aus Tusems Rollstuhlabteilung ist der Überlebenskampf die Bestätigung, dass sie noch leben. Viele leidesn an der Muskelerkrankung Muskeldystrophie des Typs Duchenne, die oft einen frühen Tod zur Folge hat. Ihre Lebenszeit ist begrenzt. „In den 17 Jahren, die ich beim Tusem spiele, habe ich sieben Mannschaftskollegen verloren", sagt Patrick Anders.

Dominik Loth

Gerd Zachäus – ein ausgezeichneter Organisator

Der Tusem-Funktionär und Organisationschef des Essener Marathons erhielt deutsche Verdienstmedaille

Marathon-Organisator Gerd Zachäus erhielt vom Essener OB Thomas Kufen die Verdiensturkunde überreicht.

Gerd Zachäus ist der Marathon-Mann von Tusem Essen. Nein, er läuft sie nicht mehr am Stück, diese strapaziöse 42-Kilometer-Strecke, schließlich ist Zachäus schon über 80 Jahre alt. Aber Ausdauer und Stehvermögen hat der Mann trotzdem. Nur stellt er beides nach dem Ende seiner sportlichen Laufbahn anders unter Beweis. Seit knapp drei Jahrzehnten Cheforganisator dieser Wettlaufes „Rund um den Baldeneysee“, der vom Tusem ausgerichtet wird und der älteste seiner Art in Deutschland ist. Ehrenamtlich – versteht sich.

Auch 2019 lief's mal wieder tadellos am See – wie immer traditionell am zweiten Sonntag im Oktober. Gutes Wetter, keine Zwischenfälle, keine Klagen. Allerdings wird gerade Zachäus dieses für ihn besondere Jahr ganz sicher nicht vergessen: Für sein außergewöhnliches Engagement hat ihm Bundespräsident Frank-Walter Steinmeier die Verdienstmedaille der Bundesrepublik Deutschland verliehen.

Das offizielle Drumherum ist nicht sein Ding. Doch wenn Zachäus von der Zeremonie in der 22. Etage des Rathauses erzählt, klingt schon ein bisschen Stolz durch. „Das war keine Massenabfertigung und Oberbürgermeister Thomas Kufen hat das auch schön locker gemacht“, sagt er. Und im gleichen Atemzug verweist der Funktionär natürlich auf sein Team, ohne dessen tatkräftige Mithilfe ein solches Leichtathletik-Event gar nicht zu stemmen sei. Und das Schöne sei gewesen, dass er die Familie und einige der Mitstreiter zu dem Empfang im Rathaus einladen durfte.

Die Glückwünsche kommen aus ganz Deutschland

In der Leichtathletik-Szene werden solche Auszeichnungen sehr wohl registriert. „Ich habe Glückwünsche aus ganz Deutschland bekommen, darüber habe ich mich sehr gefreut“, sagt Zachäus. Auch bei einem Treffen in Tübingen, wo sich knapp 70 Laufveranstalter trafen, gab's viel Applaus für den Essener, der vor 52 Jahren aus Thüringen ins Ruhrgebiet gekommen ist.

Zwar ist Gerd Zachäus schon seit 1999 Rentner, doch für die Leichtathletik-Abteilung des Tusem ist er noch heute tagtäglich unterwegs. Und für den Funktionär ist es nicht die erste Auszeichnung. 2017 erhielt er die Ehrennadel des Deutschen Leichtathletik-Verbandes. Vier Jahre zuvor gab es die Goldene Ehrennadel des Essener Sportbundes. Und 2012 erhielt Zachäus den Organisatoren-Preis von der Marathon-Vereinigung „German Road Races“, in der rund 60 Veranstalter aus ganz Deutschland sitzen.

Inzwischen plant Gerd Zachäus bereits für die kommenden Auflagen des Essener Marathons, auch wenn das nicht ganz einfach ist. Die Corona-Pandemie macht vieles unplanbar. Aufgeben, nein Danke. „Solange ich geistig fit bin, bleibe ich dabei“, sagt er. „Schließlich hängt man ja auch daran, wenn man so etwas mitaufgebaut hat. Ich schaue einfach von Jahr zu Jahr, wie es läuft.“

Rolf Hantel

Hohe Auszeichnung für Gerd Gatzweiler

Heute zählt Taekwondo zum Breitensport. Daran hat der Essener maßgeblichen Anteil

Hohe Auszeichnung für eine ehrenvolle Lebensaufgabe: Oberbürgermeister Thomas Kufen überreicht die Bundesverdienstmedaille nebst dazu gehöriger Urkunde an Gerd Gatzweiler.

Als Gerd Gatzweiler in seinen jungen Jahren eine sportliche Herausforderung suchte, stieß er auf ein Angebot, das ihn aufhorchen ließ. Da er schon mit Judo von einer asiatischen Sportart angetan war, fand er „koreanisches Karate", wie es damals hieß, vielversprechend. Es sollte fortan sein Leben prägen – und mehr als das. Er hat maßgeblich dazu beigetragen, dass Taekwondo, so der heutige Name, bekannt wurde und auch als Breitensport beliebt ist. Für sein unermüdliches Engagement hat er jetzt die Bundesverdienstmedaille erhalten.

Aber noch einmal zurück in die 60er Jahre. Wie heute waren auch damals viele Jugendliche von Fußball oder Handball angetan, der gebürtige Essener hatte eher ein Faible für Einzelsport. Da hörte er von südkoreanischen Bergleuten auf den Zechen des Ruhrgebiets, dass sie nach Feierabend ihrem Nationalsport nachgehen und Unterrichtsstunden geben würden. Schon nach wenigen Trainingsstunden war für den langjährigen Mitarbeiter im Krupp-Konzern die Sache entschieden. Er wollte bleiben, denn die Kombination, die er dort kennenlernte, passte genau zu seinen Vorstellungen.

Gerd Gatzweiler war so in dem Sport aufgegangen, dass er auch viele andere Menschen dafür begeistern wollte. Zunächst gründete er innerhalb des DJK Rüttenscheider Sportclub Essen (RSC Essen) einen der ersten gemeinnützigen Vereine für Taekwondo seiner Art in Deutschland. „Schon bald hatten wir rund 400 Mitglieder und damit genau so viele wie damals Fußball, Tischtennis und Gymnastik zusammen", merkt er augenzwinkernd an. Einige Zeit danach begab sich der Essener unter die Autoren und schrieb Bücher über die Sportart, die heute als Standardwerke gelten.

Damit möchte Gatzweiler nicht nur Techniken und Übungsformen vermitteln, sondern auch geschichtliche und kulturelle Hintergründe der Kampfkunst. Als Ausgangspunkt bietet sich der Name selbst an, der drei Begriffe beinhaltet: Tae (übersetzt Fuß), Kwon (Faust) und Do (Weg). In der Entwicklung der Sportart sei es immer darauf angekommen, dass man lernt, sich mit seinem eigenen Körper, eben mit Faust und Fuß, selbst zu verteidigen, betont Gatzweiler. Waffengewalt sei absolut verpönt.

Zu den Höhepunkten in der Historie des koreanischen Nationalsports zähle zweifellos, dass Taekwondo 1988 zur olympischen Disziplin wurde. Damals war Seoul Austragungsort der Wettkämpfe. Gleich zwei Schüler errangen Weltmeistertitel, mehrere wurden Europameister und die Bronzemedaille für die Deutschen in Seoul erlangte einer seiner Zöglinge. Der RSC Essen war über viele Jahre die erste Adresse für Taekwondo.

Nach und nach habe das Vereinsleben durchaus familiären Charakter gewonnen, denn viele Eltern hätten auch für sich Taekwondo entdeckt. Ob Mädchen, Jungen oder Erwachsene, in dieser Sportart seien die Teilnehmer bestrebt, immer höhere Leistungsstufen zu erreichen. Die Farben ihrer Gürtel gebe Aufschluss, so der Trainer, welchen Grad sie bereits geschafft haben, Weiß sei den Anfängern vorbehalten, Schwarz stehe für die höchste Kategorie.

Gatzweiler selbst hat mit dem 8. Dan die zweithöchste Graduierung erreicht. Während der coronabedingten Zwangspause hält sich Gatzweiler daheim mit sportlichem Training fit und hat im Übrigen nicht nur in Vereinen und Verbänden Überzeugungsarbeit geleistet. Seine Frau hat auch schon einen Titel geholt, sie wurde 1979 Deutsche Meisterin.

Theo Körner

Neues Projekt: Schwimmen lernen in den Ferien

Aktion des Essener Sportbundes und der Schwimmvereine

Wenn Katharina Pfannkuche ins Wasser steigt, ist für gewöhnlich eines von ihr gefragt: Tempo. So schnell wie möglich von der einen gekachelten Schwimmbadwand zur nächsten, möglichst ohne Widerstand durchs nasse Element gleiten, immer auf der Jagd nach der neuen Bestzeit. Sie ist Leistungsschwimmerin der SG Essen. Das Wasser ist nahezu ein täglicher Begleiter, ihre Bewegungen darin sind selbstverständliche Routine. An einem Vormittag im Essener Nord-Ost-Bad aber ist die Geduld der Teenagerin gefragt. Denn im Lehrschwimmbecken ist das Anspruchsdenken ein anderes.

Dort schwimmen zwölf Kinder, Jungs und Mädchen, für die es überhaupt nicht selbstverständlich ist, das zu tun. Manche, weil sie es nicht können – sie haben es bisher noch nicht gelernt. Andere wiederum haben Angst vor dem Sprung ins Wasser. Die Kinder sind zwischen vier und sieben Jahren alt. Sie alle sind aus demselben Grund da: Sie wollen lernen, wie man schwimmt. Im Nord-Ost-Bad bekommen sie Hilfe. Weil der Essener Sportbund (Espo) gemeinsam mit Essener Schwimmvereinen das Projekt „In acht Tagen zum Schwimmabzeichen" ins Leben gerufen hat, bei dem junge Nichtschwimmer in den Schulferien Schwimmen lernen können.

Szenenwechsel: Nils Grunau ist nicht im Wasser, seine Aufgabe ist eine andere. Vor etwa einem Jahr sah der 28-Jährige, der beim Espo für die Bereiche Integration, Mitgliederverwaltung und Veranstaltungsmanagement zuständig ist, eine dringend zu bearbeitende Baustelle: „Wir haben gemerkt, dass es eine immer größer werdende Problematik gibt. Viele Kinder in dem Alter können nicht schwimmen, obwohl sie es können sollten", erklärt er.

Das berge zum einen die Gefahr des Ertrinkens in einer kritischen Situation, die auch im Alltag auftreten könne. Zum anderen verhindere das die Teilnahme der betroffenen Kinder am Schul-Schwimm-Unterricht. „Anfängerkurse in Vereinen sind teuer, und teilweise gibt es Wartezeiten von bis zu zwei Jahren", betont der Espo-Mitarbeiter. Möchte ein Kind also im Verein schwimmen, kann die entsprechende Tauglichkeit aber noch nicht nachweisen, kann es lange dauern, bis es aufgenommen wird.

Der Name dieses Projektes dürfe keine falsche Erwartungshaltung wecken: „Wir können nicht garantieren, dass ein Kind nach dem Kurs in den Ferien perfekt schwimmen kann. Aber wir sehen, dass jede Teilnehmerin und jeder Teilnehmer Fortschritte macht. Und darauf kommt es an." Rund 250 Kinder, so Grunau, nehmen aktuell am Programm des Espo in Kooperation mit der PSV Essen, dem Schwimmclub Aegier, dem Schwimmverein Steele 1911 und der TVG Steele teil. Bislang seien die Rückmeldungen „zu 99 Prozent positiv" wie Grunau betont.

Zum einen komme von Schulen positives Feedback, weil mehr Kinder am Schwimmunterricht teilnehmen können. Zum anderen freuen sich viele der Eltern über die günstigen Preise. Denn aufgrund der finanziellen Förderung durch das Kommunale Integrationszentrum der Stadt sowie das Essener Jugendamt kann der Espo die Kurse für nur 15 Euro anbieten. „Das liegt deutlich unter dem, was Vereine für Anfängerkurse nehmen", so Grunau.

Dominik Hamers

Jennifer Pfannkuche, Mitte, unterrichtet Kinder im Schwimmen im Nord-Ost-Bad in Essen. Der Essener Sportbund bietet in Kooperation mit Vereinen Schwimmunterricht für Nichtschwimmer an.

„Team Talente Essen“ nimmt's sportlich

Die Kooperation trägt erste Früchte. Erklärtes Ziel: Essen muss wieder Sportstadt werden

„Team Talente Essen“ steht auf dem schwarzen Kleinbus. Damit jeder lesen kann: Da kommt was ins Rollen. TTE – heißt der Verein, den sechs Essener Sportvereine gegründet haben. Jeder für sich ist eine „große Nummer“ in der Stadt, die sich selbst gerne so gerne Sportstadt nennt. Doch im nationalen Vergleich reicht es für keinen der sechs für einen Spitzenplatz. Ihr gemeinsam Ziel: „Essen muss wieder Sportstadt werden“, sagt Dirk Rehage. Wie? Indem die Clubs ihre Jugend fördern, und das gemeinsam. Mittlerweile trägt das Projekt Früchte.

Dirk Rehage ist Vorsitzender der Teams Talente Essen und in Personalunion Aufsichtsratsvorsitzender der SGS Essen, deren 1. Mannschaft sich trotz bescheidener Mittel wacker in der 1. Frauenfußballbundesliga hält und sich dort gegen große Namen behauptet. Doch wie alle anderen muss auch die SGS um jeden Euro kämpfen. Denn Essen ist zwar Sitz zahlreicher großer Unternehmen. Doch die Marketingabteilungen haben ihre Budgets fürs Sponsoring zusammengestrichen. Und auch bei städtischen Tochtergesellschaften sitzt das Geld längst nicht mehr so locker.

Dass es ums Geld gehen könnte, darauf hatten sie gehofft, erinnert sich Dirk Rehage, als Oberbürgermeister Kufen Vereinsvertreter ins Rathaus einlud. Die SGS ist dabei, der Tusem, VV Humann, die ETB Baskets, die Moskitos und der RWE. Keiner der sechs habe allerdings geahnt, dass auch die anderen fünf mit am Tisch sitzen würden, so Rehage. Die Überraschung war umso größer. Gab es doch Zeiten, da würdigte man sich keines Blickes. Geschweige denn, dass man miteinander geredet hätte. Fürchtete doch jeder, der andere könnte einem ein Stück wegnehmen vom Kuchen. „Plötzlich fangen wir an, uns gegenseitig zu helfen“, berichtet Rehage und klingt dabei, als staune er noch selbst darüber.

Er könne Türen öffnen, habe Oberbürgermeister Kufen die Runde beim Treffen im Jahr 2017 wissen lassen und dann gefragt, welchen gemeinsamen Nenner es den gäbe außer der knappen Kasse, über die alle klagen. Was die sechs verbindet, war dann schnell gefunden: die Jugendarbeit. Sie soll der Schlüssel sein für eine gemeinsame erfolgreiche Zukunft.

Auch diese Erfahrung eint sie: Es ist nicht einfach, talentierte Jugendliche bei der Stange zu halten. Und im Ruhrgebiet mit seiner dichten Sportlandschaft ist es noch schwieriger als anderswo. Es gilt: Schüler müssen Schule und Sport unter einen Hut bekommen.

Ambitionierte Nachwuchssportler der am „Team Talente Essen“ beteiligten Vereine trafen sich vor Ausbruch des Coronavirus zum Foto-Shooting auf Zollverein.

Hier setzt das Team Talente Essen an: Beim gemeinsamen Fahrdienst, bei der Hausaufgabenhilfe, aber auch bei der medizinischen Betreuung. Mit dem Uni-Klinikum gibt es eine Kooperation und eine Telefonnummer mit einem Ansprechpartner für den Fall, dass sich ein Sportler verletzt. Noch während er oder sie auf dem Feld liegt, ruft jemand die Nummer an, damit in der Klinik alles ganz schnell geht, berichtet Rehage.

Der TTE-Vorsitzende spricht von einem sehr erfolgreichen ersten Jahr. „Mit dem Thema Jugend haben wir einen Nerv getroffen.“ Es sei gelungen, Sponsoren zu akquirieren, darunter namhafte Unternehmen, die sich komplett aus der Sportförderung zurückgezogen hatten. Die Stadt Essen hat einen Sondertopf zur Förderung des Leistungssports aufgelegt; 150.000 Euro pro Jahr kommen der Jugendarbeit zugute.

Marcus Schymiczek

Olympischer Geist schwebt über dem Forum

Bei der Gala kann noch niemand ahnen, dass das Folgejahr sämtliche Pläne durchkreuzt

Die Rot-Weissen waren gut drauf, die Zweitliga-Handballer vom Tusem gar spitze. Die Rockets waren Doppel-Europameister im Skaterhockey und gleich mehrere Essener Schwimmer und Kanuten hätten zu den Olympischen Spiele nach Tokio fahren sollen. Die Sportszene in dieser Stadt ist groß und vielfältig. Wer da – trotz viel „hätte" und „könnte" im Sportjahr 2020 – den Überblick behalten möchte, sollte in der „Sportschau Essen" schmökern.

Die 30. Ausgabe wurde im Rahmen des Sportforums der Sparkasse Essen vorgestellt. Mehr als 28 Jahre gibt es schon diesen Treff in der Sparkassen-Zentrale unweit des Kennedyplatzes. Das nennt man Tradition. Der Anfang dieses informativen und ästhetisch bebilderten Blau-Buches ist „verdammt lang her", wie es Projektleiter Achim Nöllenheidt (Klartext-Verlag) und Wolfgang Rohrberg (Espo-Geschäftsführer) im Vorwort formulieren.

Aber das Forum braucht sich dahinter nicht zu verstecken. Die Sparkasse, ohnehin einer der Top-Förderer des Sports, ist ebenfalls am Ball geblieben und lädt einmal im Jahr im Spätherbst die hiesige Sportszene – zumeist sind es Trainer und Funktionäre – zu einer Talkrunde, die in einem gemütlichen Gedankenaustausch mündet. Auch der Hausherr gehört zu den vielen „Helfern, Anpackern und Möglichmachern" in dieser Stadt, die vom Sparkassenvorstand Helmut Schiffer bei seiner Eröffnungsrede gelobt wurden.

Die Beginn der Sportschau war Thema der ersten Gesprächsrunde. Jochen Sander, 2. Vorsitzender beim Espo, verriet, dass bei ihm etliche Exemplare im Schrank stehen, hob den verstorbenen WAZ-Sportredakteur Erwin Remplewski als engagierten Protagonisten hervor.

Die Rot-Weissen, im Krisenjahr 2018 nicht im Blickpunkt, durf-

Gruppenbild vor der Talkrunde: Autor Tobias Blasius, Stefan Lukai (Sparkasse), Bürgermeister Rudi Jelinek, Wolfgang Rohrberg (Espo), Helmut Schiffer (Sparkasse), Achim Nöllenheidt (Klartext) Jochen Sander (Espo), Niels Ellwanger, Christian Titz, Dirk Rehage, Jörn Nowak, Klaus Diekmann (Sportaussschuss) und Autor Christian Schwarz.

RWE-Trainer Christian Titz und Sportdirektor Jörn Nowak.

Moderator Björn Schüngel mit dem Steeler Mountainbiker Ben Zwiehoff, der die Olympischen Spiele in Tokio ansteuert.

ten sich diesmal wieder präsentieren. Und in dem Sportlichen Leiter Jörn Nowak und Cheftrainer Christian Titz standen ja auch zwei relativ neue Gesichter auf der Bühne, wenngleich die Visionen und Perspektiven des Fußball-Regionalligisten den meisten im Auditorium bereits bekannt gewesen sein dürften.

Was man vom „Team Talente" so nicht behaupten kann. Ein Projekt, dass auch für Außenstehende nicht so leicht zu greifen ist. 2018 hatten sich sechs Vereine zusammengetan, um die Nachwuchsarbeit in den olympischen Ballsportarten (Fußball, Handball, Basketball) sowie im Eishockey voranzutreiben. Und Niels Ellwanger (Handball-Chef Tusem) sowie Dirk Rehage (Aufsichtsratsvorsitzender SGS Essen) können erste Erfolge melden. „Wir sind im sechsstelligen Bereich", deutete Ellwanger den Umfang der akquirierten Fördersumme an.

Bekannter hingegen war zu diesem Tag im November das Ziel des Mountainbikers Ben Zwiehoff, der die Teilnahme an den Olympischen Spielen in Tokio im Blick hatte. Zu diesem Zeitpunkt hätte selbstverständlich noch niemand ahnen können, dass das folgende Jahr ihm vorerst einen Strich durch die Rechnung machen würde.

Ob er 2021 an den Start gehen wird, wie sich Fußballer und Handbller schlagen – und was sich darüber hinaus im Essener Sport getan haben wird: Die Sportschau Essen wird darüber informieren.

Rolf Hantel/Dominik Hamers

„Du hast für den Sport in Essen Großartiges geleistet!“

Wegbegleiter*innen nehmen Abschied von Espo-Geschäftsführer Wolfgang Rohrberg

Auch in den vielen „Kleinigkeiten“, die das Arbeitsleben so mit sich brachte, war er immer der „Mann der Stunde“. Ich erinnere nur an die (Farb-) Gestaltung und Ausstattung des SGQZ Haarzopf bis hin zur „Baum-fäll-Aktion“, Handwerkerdienste sowie mehrere Einsätze als „Kammerjäger“.

Karin Stitz
Päd. Leiterin der Außenstelle Essen, SportBildungswerk NRW e. V.

Auf dem Umschlag eines Buches in meinem Büro steht „Ein Leben für den Sport“. Etwas, das aus meiner Sicht zu hundert Prozent auf Wolfgang Rohrberg zutrifft. Privat und beruflich, immer für den Sport in Essen unterwegs. Engagiert, motiviert, auch gegen zahlreiche Widerstände, sieben Tage die Woche.

Petra Fischer
Leitung der Abteilung Sportarbeit beim Essener Sportbund e. V.

Gerne erinnere ich mich auch an die zahlreichen sportpolitischen Gesprächsrunden, bei denen es öfter mal zu lebhaften Diskussionen kam und auch schon mal „die Fetzen flogen“, wenn es um die Suche nach dem richtigen Weg ging. Mir hat die Zusammenarbeit mit Wolfgang Rohrberg immer Spaß gemacht. Mit einem herzlichen Glückauf.

Klaus Diekmann
langjähriger Vorsitzender des Ausschusses der Sport- und Bäderbetriebe Essen

Wolfgang hat mir mit seinem ersten Einsatz im Sport gleich eine Niederlage verpasst. Er hat mir die von mir anvisierte „Beförderungsstelle“ auf der anderen Flurseite – wir waren jung und brauchten das Geld – vor der Nase weggeschnappt. Aber das ist längst vergessen. Wenn wir auch nicht die großen sportlichen Erfolge verbuchen konnten, so sind wir doch ausdauernd, beim Sport geblieben. Ausdauersportler eben; und denke daran: Das eine oder andere Surf- und Kiterevier, dein MTB, die Inliner und gewachste Ski warten auf dich. Bleibe gesund; wir sehen uns.

Kurt Uhlendahl
Abt.-Leiter Bädermanagement

Für mich einer der tatkräftigsten und erfolgreichsten Sportfunktionäre der letzten Jahre in Essen. Ich habe aber auch sein soziales Engagement kennen gelernt. Auf Anfrage war er sofort bereit, für eine Benefizveranstaltung krebskranker Kinder, zu helfen. Er legte sich die entsprechende Polsterung an und schnallte sich Schlittschuhe unter Füße, um mit bekannten Persönlichkeiten aus Wirtschaft, Fernsehen und ehemaligen Eishockey Cracks aus EHC-Zeiten, wie Ricky Alexander, Eric Legros oder Shane Tarve, für den guten Zweck zu spielen. Ich war erstaunt, wie Wolfgang sich auf dem Eis bewegte und welches Talent er für das Eishockeyspielen entwickelte.

Jürgen Konrad
Geschäftsführer des Trägervereins Eissporthalle e. V.

Mit dem Hauptbad hatten nicht nur die Schwimmer*innen ihr Standbein verloren, auch die Geschäftsstelle des ESPO brauchte eine neue Heimat, die wir mit der aufgegebenen Grundschule an der Planckstraße dann auch gefunden haben. Bei der Einweihung führte ich die Vize-Präsidentin des LSB durch unser neues Domizil, das neben dem ESPO auch vielen Sparten und Vereinen zur neuen Heimat wurde. Dabei fragte sie mich, wo denn mein Büro sei. Etwas verdutzt sagte ich ihr, dass es ein solches Büro nicht gäbe, schließlich wolle ich doch dem Geschäftsführer seine Arbeit nicht wegnehmen.

Dr. Bernhard Görgens
langjähriger Vorsitzender des Essener Sportbundes e. V.

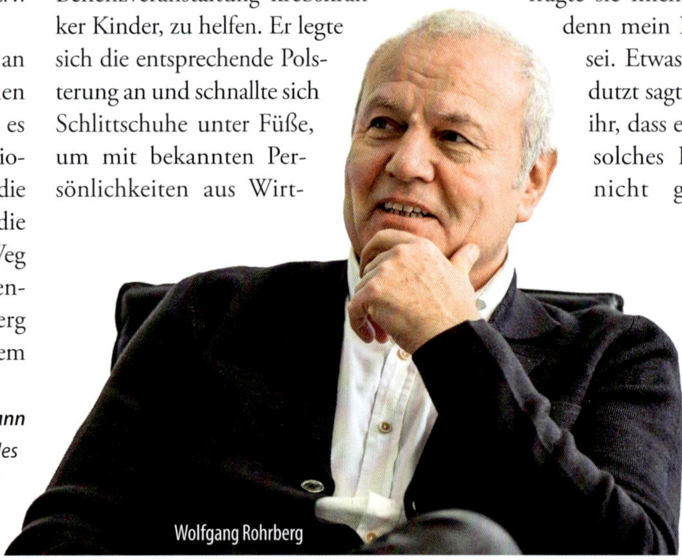
Wolfgang Rohrberg

Wolfgang Rohrberg war ein herausragender Geschäftsführer des Essener Sportbundes und er war – wie zuvor Günter Kropp – auch der richtige Geschäftsführer zur richtigen Zeit. War zu Beginn der Kropp-Ära vor allem Pionierarbeit angesagt, sprich: den damaligen Stadtsportbund überhaupt erst zu „vitalisieren“, stand Wolfgang Rohrberg vor der Herausforderung, dieses hohe Niveau zu halten und noch auszubauen und das in wirtschaftlich schwieriger werdenden Zeiten. Lieber Wolfgang, Du hast für den Sport in Essen Großartiges geleistet.

Christian Hülsmann
ehemaliger Vorsitzender des Essener Sportbundes e. V.

Wolfgang vermittelte mir durch seine Haltung und Aufrichtigkeit nie das Gefühl, dass er als Geschäftsführer letztendlich auch mein Chef war, sondern er gab immer zum Ausdruck, dass er mich als Kollege wertschätzte und meinen Rat gerne annahm. Dieses führte am Ende dazu, dass wir auf eine langjährige und für den ESPO und unsere Unternehmen erfolgreiche von gegenseitigem Vertrauen getragene gemeinsame Zeit zurückblicken können.

Jörg Samel
Verwaltungsleiter des Essener Sportbundes e. V.